大学之道，在明明德，
在亲民，在止于至善。

《礼记·大学》

明德

Human
Resource
Management

21世纪应用心理学系列教材

名誉主编 | 张厚粲　杨玉芳
主　　编 | 孙健敏

人力资源管理

孙健敏 ◉ 编著

中国人民大学出版社
· 北京 ·

序言（一）

德国心理学家艾宾浩斯说："心理学有一个漫长的过去，却只有一个短期的历史。"尽管在大约 2 500 年以前古希腊时代的柏拉图、亚里士多德等和我国的孔子、孟子等大思想家们都有大量关于人性和心身关系之类的重要论述，但是那些都属于哲学思想的范畴，只有从 1879 年冯特在莱比锡大学创建了世界上第一个心理实验室开始，心理学才被认为是一门独立的学科，从哲学中分离出来。心理学成为独立的学科至今不过 130 多年。冯特对心理学贡献巨大，他不只在德国成立心理学实验室，使心理学成为一门独立的科学，同时他还广收学生，为世界各国培养了第一代心理学家，其中也包括了我国学者蔡元培。

20 世纪初，心理学从西方传入我国，首先是 1917 年在北京大学建立实验室，1921 年成立中国心理学会，在众多老一代心理学家的共同努力下，一度蓬勃发展，30 年代在人员、机构、出版物等诸多方面都迅速增长，出现了中国心理学的第一个繁荣时期。抗日战争爆发后，心理学与我国的其他学科一样都发展变慢，年轻的心理学更因本来就人数不多的学者大多南迁，受到更大的影响。新中国成立以后，心理学的教学被停止，研究受到批判，开始进入它特有的曲折坎坷的长期发展历程。"文革"期间心理学被打成伪科学，陷入了一个更深的低谷。直到 70 年代末，心理学才又恢复发展。经过 30 多年的奋斗，心理学从过去的冷门成为现在的热门学科。我在心理学领域工作了 60 多年，亲眼见证了心理学在我国发展的起伏变化，从对心理学的热爱到与学科一起受打击挨批判，几经波折，现在终于看到心理学在中国得到了认可和欢迎，受国家重视，被大力提倡研究并推广应用，并且我国的心理学研究在国际上也赢得了应有的地位。自 20 世纪 80 年代中国心理学加入国际心理科学联合会以来，我国学者已经担任过三届国际心理科学联合会副主席，至今仍有一位在执委会工作。目前中国心理学在学习国际先进科学技术，大力开展认知神经科学等实验研究的同时，有意识地发扬东方文化传统，体现我国特色，发展前景无限光明。

教学是培养新生力量的基本途径。20 世纪 80 年代初，历经苦难坚持下来的中国心理学工作者为数很少，恢复初期以显示心理学的科学性质、赢得社会认可为主要目标，集中力量加强心理学基础，在实证研究与理论探讨方面取得了一系列成绩，培养的人才大多数正是当代中国心理学的领军人物。改革开放以后，社会与经济发展转型，心理学也开始走向社会，加强联系实际，首先是在教育、医学、军事等几个新中国成立前已有一定基础的领域，从事研究、应用和推广。取得的初步成绩不仅提高了心理学为社会服务的能力，还更加明确了意义、增强了信心。心理学应用范围日益扩大：教育改革中推行素质教育、加强幼儿教育、培养创新型人才，教育考试改革，实行公务员考试，企业和部队等各行各业的人员选拔，我国体育健儿为国争光、在各种运动项目上的出色表现等等，都包含着心理学应用做出的贡献。近年来心理健康问题引起了社会的广泛关注，心理咨询与心理治疗迅速发展，已成为心理学应用的一个重要分支。此外，在以人为本的政策指引下，工程、管理、司法、消费等领域的心理学应用也在不断地迅速发展壮大。心理学的作用和取得的成绩受到国家的重视和人民的欢迎，为了向更高水平前进，培养新生力量的教学工作自然就被提上了日程。

近年来教育部每年都在十几所高等院校新增心理学专业。现在国内共有 300 余所院校开设心理学系或专业，其中 200 多所开设的是应用心理学专业，这一点也反映出社会对应用心理学人才的需求，因而应该更多更快地培养出学以致用的应用型人才。为实现此目的，除进行适合应用心理学专业的科学的课程设置外，还应开发适合不同实践领域的应用型教材。鉴于国内应用心理学学科发展的需要，中国人民大学出版社组织了这套“21 世纪应用心理学系列教材”。本套教材以国内应用心理学学科发展比较成熟的分支为线索，力求反映应用心理学各个分支最前沿的理论和成果；其作者都是在特定的学科领域内具有多年教学经验和丰硕科研成果的学者，有非常坚实的学科知识积淀和丰富的教学经验；本套教材还根据国内应用心理学发展的现状及人才培养的需要，在人力资源与管理和心理健康与咨询这两个相对更成熟的分支学科上进行挖掘和拓展，做到进一步细分。总之，本套教材在借鉴国外应用心理学发展成果的基础上，充分反映了国内应用心理学发展的需求与现状，以加强学科知识基础为出发点，以有效应用于实践为落脚点，做到了理论与实践的紧密结合。衷心希望本套教材的出版，能够为促进我国应用心理学的迅速发展做出贡献。

张厚粲

2014 年 4 月 13 日

序言（二）

心理学研究人的心理与行为。心理行为既有生物学基础，又受到社会文化环境的影响。因而，心理学兼具自然科学和社会科学的双重属性，在人类社会发展中具有重要而又独特的地位。

由于研究对象的复杂性，心理学研究的多层次和多角度并存。心理学对心理行为的研究可以分为三个层次：一是神经生理学层次，探索神经系统产生心智的机制；二是个体层次，探索个体的行为和心理活动，以及发展过程中的心智结构及功能特点；三是社会层次，研究人与社会情境交互影响，以及不同社会文化环境下心智活动的差异。心理学对基本主题的研究采用了不同的视角，包括结构、发生和发展、内容、比较、进化等。结构视角注重研究对象的结构和形式。发生和发展的视角关注心理结构和功能随时间推移所发生的变化过程，解释心理行为的发生和发展，以及认知老化的过程和规律。内容视角研究已有心理结构内部的特殊成分对心理行为的影响。比较的视角研究个体之间以及群体之间的差异。进化的视角关注心理结构的来源，以及随着功能的变化而发生的适应和选择。这些研究视角在不同的研究层次上都有所体现。

按照心理学研究的不同层次、研究者采用的不同视角，心理学学科体系可以划分为不同的分支和领域。认知心理学注重人的意识和认知过程的研究，如注意、知觉、表象、记忆、思维和语言等。认知心理学不仅是一个学科分支，而且是心理学整体研究的理论和方法论基础。生理心理学主要探讨心理活动的生理基础，研究脑与行为的演化、脑的结构功能与行为的关系等。发展心理学主要研究人类在毕生发展过程中心理的变化过程及其规律。社会心理学研究个体和群体的社会心理现象。文化心理学强调不同文化条件下的心理特点和行为，主要研究心理与文化的关系，不同文化下的心理行为的比较等。

对心理学理论和方法的应用深入到社会生活的各个领域，形成了庞大的应用心理学的分支学科群。临床心理学通过心理咨询与治疗帮助病人克服自己的精神和行为障碍，更有效地适应环境。教育心理学研究教学过程和学习的一般规律，侧重于研究正常学生群体的心理规律，是教师进行教学活动的重要依据。组织心理学以组织中的人作为特定的研究对象，致力于最大限度地调动人的积极性和创造性，共同实现管理目标。工程心理学研究人—机—环境系统，探求工程技术设计与人的身心特点的匹配，提高系统效率、保障人机安全和实现有效而舒适的工作环境。法律心理学是建立在法学和心理学基础之上的应用学科，研究与法律有关的心理活动和规律。心理学应用中比较成熟的分支学科还有军事心理学、运动心理学、健康心理学等等。在传统的应用领域不断发展并取得丰硕成果的同时，心理学的应用正在延伸到越来越广泛的社会领域，为社会性问题的解决发挥着独特的作用。

20世纪初，科学心理学就已经开始在我国传播。但是，直到改革开放之后心理学才获得稳定和高速的发展。至今我国已经拥有300多个心理学研究和教学机构，遍布全国各省市。研究内容涵盖了心理学几乎所有传统和新兴分支领域。在某些基础研究领域，已经达到或者接近国际领先的研究水平。进入21世纪以来，中国心理学工作者在国际优秀刊物上发表的论文数量不断增加。心理学应用研究主要集中于临床心理学、心理咨询与治疗、组织管理心理学、军事心理学和运动心理学等，其成果为社会建设与经济发展做出了贡献。

尽管如此，我国心理学研究的整体水平和规模，与发达国家相比，还有很大差距。尽快提高心理学的科学研究水平、加强原创性研究，提高心理学专业人才的培养数量与质量，发挥心理学科在国民经济和社会发展中的作用，是我国心理学科未来发展的重要任务。我国正处于社会与经济发展的转型期，各类矛盾凸显。中国社会和历史的独特性，为心理学的创新与发展提供了广阔的空间和舞台。心理学家应该具有社会责任感，对重大社会现实问题从心理学角度提出科学系统的解决办法，提高应用研究的针对性和时效性。人才是科学研究的关键，是一个学科的研究水平和未来走向的决定因素。目前我国心理学人才的培养，在数量和质量上都有待提高。培养目标、培养模式以及课程设置和教学方法等，与国外相比存在很大差距。因此尽快提高我国心理学专业人才的培养质量和数量，也是未来心理学科发展的必要条件。

与基础心理学相比，应用心理学的发展或许有自己独特的规律和条件，因而在学科体系中具有特殊地位。它的形成与发展通常以社会需求为牵引，以心理学与相关学科的交叉与融合为基础。在不同社会生活领域的应用，为心理学研究提出了许多新鲜课题。应用性成果所产生的效益和影响，又为心理学赢得了更好的社会文化与政策环境。

本套“21世纪应用心理学系列教材”立足于应用心理学的国际发展趋势，服务于我国应用心理学的学科建设，它的编撰和出版，必将有助于我国应用心理学教学和应用性人才的培养，也有助于应用心理学自身的发展与繁荣。

杨玉芳

2014年3月15日

序言（三）

应用心理学在我国的普及和流行，近年来出现了突飞猛进的趋势。国内已经有300多所院校设置了心理学本科专业，其中绝大部分是应用心理学专业。根据教育部的学科设置，应用心理学属于心理学的二级学科，与基础心理学和发展与教育心理学并列。作为一个二级学科，应用心理学在人才培养和科学研究方面，都面临着难得的机遇和相当大的挑战。首先，对于什么是应用心理学，还缺乏一个统一的定义。其次，应用心理学所涉及的领域十分广泛，例如教育、法律、咨询、运动等，是把不同领域的知识和技能整合到一个专业里，还是在一个统一的“大帽子”下侧重不同的专业领域，这是应用心理学人才培养和课程设置中亟待解决的问题。最后，社会上对应用心理学的需求十分旺盛，需要各种人才去解释和解决现实中的问题，而我们的研究和人才培养，无论从质量上还是从数量上，尚不能完全满足这种不断增长的社会需求。

《韦伯斯特大辞典》对应用心理学的定义是：心理学的分支之一，试图把心理学原理应用到教育、工业或市场领域的实际问题中。

百度百科提供的定义是：应用心理学是心理学中迅速发展的一个重要学科分支。由于人们在工作及生活方面的需要，多种主题的相关研究领域形成心理学学科。应用心理学研究心理学基本原理在各种实际领域中的应用，包括工业、工程、组织管理、市场消费、社会生活、医疗保健、体育运动，以及军事、司法、环境等各个领域。随着经济、科技、社会和文化的迅速发展，应用心理学有着日益广阔的前景。

维基百科对应用心理学没有提出标准的定义，而且声明，现在提供的信息（截至2013年12月底）不属于百科全书式的说明，只是个人观点的表达，希望有人能进行补充和完善。其定义是：应用心理学是心理学原理和理论在克服真实生活情境中的问题中的应用。心理健康、组织心理学、企业管理、教育、健康、产品设计、法律等是几个应用心理学原理和科学发现的典型领域。还有一些应用心理学领域，包括临床心理学、咨询心理学、进化心理学、工业与组织心理学、法律心理学、神经心理学、职业健康心理学、人的因素（人—因工程，也叫工效学）、法医心理学、工程心理学、学校心理学、运动心理学、交通心理学、社区心理学、医学心理学。另外，普通心理学中的一些专门的领域也有应用的分支，例如应用社会心理学、应用认知心理学等。但是，专门的分支领域和主要的应用心理学分类的界限常常是模糊不清的。例如，人的因素心理学家必须使用认知心理学理论，这可以称为人—机因素心理学，也可以称为应用认知心理学。

成立于1892年的美国心理学学会（APA），属于全球最大的心理学专业学会，拥有54个分会，13万多名会员（包括国际会员）。其研究问题和分会的设立，大多属于应用心理学或与应用有关的学科，例如：社会问题的心理学研究（第9分会）、临床心理学（第12分会）、工业与组织心理学（第14分会）、学校心理学（第16分会）、军事心理学（第19分会）、消费者心理学（第23分会）、健康心理学（第38分会）、传媒心理与技术（第46分会）、创伤心理学（第56分会）。

1920年，国际应用心理学会正式成立，标志着这个学科的学术地位得到普遍认同。目前有来自80多个国家和地区的会员1 500多人，共有18个分会（包括一个学生分会，即第15分会）。实际上，应用心理学的出现，远比国际应用心理学会的成立要早。闵斯特伯格（Hugo Munsterberg）被认为是应用心理学的创始人。19世纪末，他从德国到了美国，开始研究哲学。但他对心理学领域的广泛兴趣，使他的研究大多集中在社会现实的心理问题上，例如目的心理学、社会心理学、法庭心理学等。他发表了多篇关于证词、法庭程序与认罪等方面的文章，1908年出版了《证人的立场》（*On the Witness Stand*）一书。次年，应用心理学部合并到哈佛大学心理学实验室。

100多年来，应用心理学的研究和人才培养在世界各地都有了长足进展，心理学家在社会生活的各个领域发挥的作用越来越大。但在我国，由于各种原因，心理学的学科建设和发展经历了很多挫折和磨难，应用心理学的发展更是步履蹒跚。随着我国经济和社会各方面的发展，对应用心理学的需求逐渐凸显出来，人们对心理问题的关注，政府对心理科学的重视，为应用心理学的发展提供了难得的机遇。

遗憾的是，目前我们还没有一套能够既反映国际前沿的发展趋势和研究成果，又能结合中国实际的适当的应用心理学教材。尽管国内已经出版了几种版本的应用心理学丛书，但还不能完全满足各类高校在课程设置、专业选择、师资开发和提升等方面的广泛需求，广大师生还期望有更多的高质量的教材。

在这种背景下，中国人民大学心理学系两年前与中国人民大学出版社协商，邀请国内应用心理学各领域学有专长的老师，编写一套相对体现前沿研究成果和中国实际、针对心理学专业本科生的应用心理学教材。本套教材的编写原则是兼顾综合性和专业性、科学性和实用性、先进性和现实性、学术性与实践性，尽量使师生们在课程设置和内容取舍方面可以根据自己的特点进行必要的选择和组合。

中国人民大学心理学系是相对年轻的系，但心理学在中国人民大学却有着长久的历史，从20世纪50年代的心理学研究生班开始，到80年代在社会学系发展起来的社会心理学专业和后来的国内第一个社会心理学博士点的设立，以及在经济、管理和法律等相关领域的心理学应用研究和人才培养，在某种程度上形成了一些特色。2013年第一届21名本科生已经顺利毕业，其中11人考取了海外大学的博士或硕士研究生，9人考取了国内的研究生，1人顺利就业。这一成绩的取得，是我们在本科生教学和人才培养上贯彻中国人民大学培养“厚重人才”的指导思想的结果，也是我们以科研促教学、打好基础、培养顶尖人才的教学思想的体现。我们愿意与国内兄弟院系的同行一起，团结合作，探索和完善应用心理学人才培养的成功之道。

本套丛书的策划和出版，得到了我国著名心理学家张厚粲教授、杨玉芳教授的大力支持和悉心指导。两位前辈不仅同意做名誉主编，而且身体力行，在百忙之中指导丛书的选题，为丛书推荐作者，多次参与讨论和审定编写大纲，并为本套丛书撰写序言。前辈严谨的学术态度和敬业精神，使我们深受教育。

本套丛书从策划、编写到出版，得到了来自全国各地的各位作者的大力支持。我作为主编，在此向各位作者表示衷心的感激和敬意！

本套丛书的策划编辑张宏学，更是不遗余力，对丛书的编写、出版做出了重要贡献。

恳请丛书的读者和使用者提出意见和建议，使我们不断改进和完善。

孙健敏

2014年4月16日

作者简介

孙健敏，博士，中国人民大学劳动人事学院教授，博士生导师，理学院副院长，心理学系主任，兼任中国人民大学领导科学研究中心执行主任，新疆维吾尔自治区特聘“天山学者”，美国纽约州立大学、美国西肯塔基大学、澳大利亚新南威尔士大学、新加坡南洋理工大学、香港浸会大学、北京大学、对外经贸大学、厦门大学、云南师范大学等兼职教授，美国富布莱特高级访问学者，我国人力资源管理专业创始人之一。先后获得美国管理学会（AOM）服务奖（2014）、美国管理学会优秀论文奖（2009，2011）、教育部优秀教学成果奖（2009）、北京市优秀教学成果奖、北京市优秀博士论文指导教师称号（2013）等。主持国家社会科学基金项目1项、国家自然科学基金项目2项、北京市教育科学规划重大课题1项，以及国际合作项目和政府、企业合作项目多项。在*Strategic Management Journal*、*Journal of International Business Studies*、*Leadership Quarterly*、*Management and Organization Review*、*International Journal of Human Resource Management*、*Journal of Experimental Social Psychology*，以及《管理世界》、《心理学报》、《社会学研究》、《南开管理评论》、《经济管理》、《经济理论与经济管理》等国内外权威学术期刊发表论文近百篇，出版《幸福社会》、《人力资源管理》、《组织行为学》、《人员测评理论与技术》、《管理技能开发》、《管理思想史》等专著、译著十余部。担任*Asian Journal of Social Psychology*、*Academy of Management Learning and Education*、*International Journal of Human Resource Management*、*Asia-Pacific Journal of Management*、*Journal of Business and Psychology*、*Journal of Managerial Psychology*、*Leadership Journal*等多种英文期刊编委。在教学和科研之余，积极参与社会服务和企业咨询，先后担任中粮集团、华为技术有限公司、TCL集团、招商银行、山东六合集团等多家企业高级管理顾问，为北京市政府、外交部、商务部、中央电视台、中国电信、中国移动、中信银行、三星中国等多家政府机构和企业提供管理咨询和培训。

前　言

20世纪90年代以来，世界经济发生了深刻的历史性变化。人类社会已经进入知识经济和全球化时代。组织赖以生存的外部环境和组织间的竞争方式已经或正在发生着悄无声息但却深入持久的变革。经济全球化导致社会的物质资源和财务资源在全世界范围内重新优化和配置，同时加快了人力资源在不同产业、不同职业、不同地区和国家间的流动，大大改变了人们对资源的传统认识。在这种形势下，越来越多的组织和个人都坦然地接受了这个新的理念：人力资源是组织竞争的首要资源。这种认识的转变，使得人才的竞争越发激烈，同时对人力资源管理也提出了新的挑战。

联想集团创始人柳传志先生认为："人才是利润最高的商品，能够经营好人才的企业最终是大赢家。企业需要各种各样的人才，但最主要的是三种人才：(1) 能独立做好一摊事的人；(2) 能带领一班人做好事情的人；(3) 能审时度势、具备一眼看到底的能力、制定战略的人。"

中粮集团董事长宁高宁说："我们相信人是可以教育、可以提升、可以塑造的。我们相信把人放在一个伟大高尚的组织中他也会变得伟大高尚起来。我们相信把人的个体和一个组织的整体目标协同起来是管理学的核心。我们相信管好了人几乎等于管好了一个企业的全部。我们相信每个人的生命都应该是五彩缤纷的，任何组织的成功都赖于成员的潜力得到发挥。"

阿里巴巴集团创始人马云说："招有潜力的员工，在他们身上花时间，训练他们改变自己，训练他们提升自己，训练他们超越自己，永远是你老板的责任，也是最值得和正确的投资。"

深圳华为技术有限公司创始人兼总裁任正非说："华为早期留下的员工都是'傻瓜'，不'傻'怎么会留下来，慢慢爬到这么高位置？因为相信我们，傻乎乎地跟着走到现在。为什么我们是傻瓜也成功了？因为我们向西方学习形成了一个大平台，大平台弥补了我们的笨拙。一两个人在前面作战，但后方有几百人、数千人在提供支持，让前面的'傻瓜'看起来就不傻了。""希望社会要宽容，人都是有缺点的，他自己会改进的，不必大家这么费心去帮他寻找。乔布斯、比尔·盖茨……都有缺点，宽容使他们伟大。一个人完美多累啊，他在非战略机会点上，消耗太多的战略竞争力量。孩子应该是优点突出、缺点突出，他才能找到自己的爆发点。"

但是，对人力资源重要性的认识并不能必然带来人力资源管理实践的改进。正如美国联邦捷运前董事局主席弗雷德里克·W·史密斯所指出的："每一家公司都可以说企业是由人组成的，但要想一贯地把人放在第一位却不是一件容易的事情。要做到在每一次行动中、每一次计划过程中、每一次业务决策中都能将人放在第一位，还要求每一位管理者和每一位员工都具有高度的献身精神……将某种哲学理念转化为实际，就意味着我们必须找到大量的方法来把语言变成行动。"遗憾的是，我们还没有找到这套系统的方法。

人力资源管理作为企业管理的一个重要职能，在西方经过了100多年的发展过程，从泰勒时代的科学管理，到后来的行为学派、文化学派，再到后来的战略管理，每个管理阶段的演进最终都体现在人力资源管理原理和方法的改进上。我国在计划体制时代没有人力资源管理，那时候普遍的说法是人事管理和行政管理。人力资源管理这个舶来品，基本上是20世纪90年代在改革开放的大背景下开始在我国兴起的。中国人民大学劳动人事学院从1992年开始率先招收人力资源管理方向的本科生和研究生。我国教育部在1998年正式确认了人力资源管理本科专业。在实践方面，三个因素推动了人力资源管理在国内企业的兴起。一是中小企业的成长发展出现了对人才的大量需求，使得企业经营者感受到人才的重要性；二是外资企业与合资企业带来的管理制度影响了国内企业的实践；三是一批学者、媒体及出版商的推动。无论是在企业实践还是教学和科研中，人力资源管理在过去的20多年中都获得了长足发展。但在人力资源管理专业人才的培养方面，我们还很落后，还不能满足社会的广泛需求，在教材建设、师资队伍建设、教学方法等方面还有很大的改进空间。

心理学专业的学生学习人力资源管理，既有先天的优势，也有明显的不足。优势在于对于人的行为规律的认识和分析，对于技术手段的掌握和运用。人力资源管理的一个主题是承认员工是组织的核心资源、宝贵财富。因此，人力资源管理是组织管理的核心成分。但如何对人力资源进行有效管理，我们还无法提供系统的建议，还没有成熟的对策和技术。例如，如何提高员工满意度、组织认同和组织承诺，如何塑造员工的心理契约，如何降低优秀人才的流失率，如何制定合理的报酬体系，等等，都需要心理学、社会学或经济学的原理，更需要从员工心理的角度进行分析，才有可能找到科学、系统而实用的方法。心理学还可以为人力资源管理提供技术支持，例如工作分析、人员测评、培训需求分析与培训效果评估、绩效指标设计与绩效评价、员工满意度调查，以及最近社会上流行的员工帮助计划（EAP）等等，都有赖于心理学提供的原理和技术。不可否认的是心理学专业的学生从事人力资源管理工作，也有一些明显的不足。首先，人力资源管理离不开组织理论和管理理论，离不开组织管理的实践。相对而言，心理学专业的课程设置基本不包括组织理论和组织管理的知识，也较少涉及企业管理和法律方面的知识。而这些知识对于组织的人力资源管理实践具有重要的影响。

本书是针对心理学专业学生编写的教科书。全书共分十章，系统地介绍了人力资源管理的相关概念、原理和技术，并对其理论性和实践性的问题做了深度分析。第一章绪论，从人力资源管理的作用到战略及其含义，为全书提供了一个内容框架。第二章为工作分析，第三章为人力资源规划，第四章为人员招募与录用，第五章为人员测评，第六章为绩效考核与管理，第七章为人员培训，第八章为薪酬管理，第九章为员工福利，第十章为劳动关系。全书通俗易懂、简洁全面、针对性强，且有大量鲜活的案例，有助于学生对知识的深度理解和掌握。

本书是集体劳动的结晶。我本人提出编写大纲，我的研究伙伴和研究生帮我收集资料并完成初稿的编写，最后由我修改和统稿。参与本书编写的有李原副研究员（中国社会科学院）、穆桂斌副教授（河北大学）、李秀凤副教授（山东师范大学）、张瑞娟讲师（中华女子学院），以及王宏蕾、杜玲毓、崔兆宁、彭文彬、周培等。

书中纰漏在所难免，恳请各位读者和使用者不吝赐教。

孙健敏

2015年3月28日

目　　录

第一章 绪论

【学习目标】

学完本章后，你应该能够：

1. 了解人力资源的概念和特点。
2. 理解人力资源管理的内涵。
3. 了解人力资源管理的目标、功能和活动领域。
4. 了解人力资源管理的发展阶段及现代人力资源管理面临的挑战。

| 章节导引 |

联想集团的人力资源管理

联想集团从1984年创业时的11人、20万元资金发展到现在的上万名员工、数亿元资产，成为具有一定规模的贸、工、技一体化的中国民营高科技企业。当外界纷纷探索联想成功的奥秘的时候，当一大批优秀的年轻人被联想的外部光环吸引而云集联想的时候，我们不妨走入联想内部，去看看联想的人力资源管理。

观念的转变：从“蜡烛”到“蓄电池”

联想和每一个企业的成长历史相类似，也经历了初创、成长到成熟几个阶段。在企业成长过程中，随着企业规模扩大，企业领导层越来越认识到人的作用。1995年，集团“人事部”改名为“人力资源部”，这种改变不仅是名称变化，更是一种观念的更新。

蒋北麒先生说：“过去的人才管理把人才视为蜡烛，不停地燃烧直至告别社会舞台。而现在，把人才看作是资源，人好比蓄电池，可以不断地充电、放电。现在的管理强调人和岗位适配，强调人才的二次开发。对人才的管理不仅是让他为企业创造财富，同时也要让他寻找到最适合的岗位，最大限度地发挥自身潜能，体现个人价值，有利于自我成长。”

中关村是人才争夺“重地”，贝尔实验室、微软研究院、IBM（国际商业机器公司）研究中心等外资研发机构纷纷在此安营扎寨。在这场人才抢夺战中，联想并不是被动挨打，而是主动迎战。它认为这些跨国公司的进入，大大刺激了中国的人才市场，同时也给国内企业提供了一个更新人才观念、改变管理机制的学习机会。为此，联想提出了自己的崭新理论：项链理论。也就是说，人才竞争不在于把最大最好的珠子买回，而是要先理好自己的一条线，形成完善的管理机制，把一颗颗珍珠串起来，串成一条精美的项链，而没有这条线，珍珠再大再多还是一盘散沙。没有好的管理形成强有力的企业凝聚力，仅仅依赖高薪也难留住人才。

在赛马中识别好马

联想为那些肯努力、肯上进，并愿为之奋斗的年轻人提供了很多机会。联想电脑公司的总经理杨元庆、联想科技发展公司总经理郭为、联想科技园区的总经理陈国栋……成为总经理时都是没有超过35岁的年轻人，他们各自掌控着几个亿，甚至几十亿营业额的决策权。从1990年起，联想就开始大量提拔和使用年轻人，几乎每年都有数十名年轻人受到提拔和重用。联想对管理者提出的口号是：你不会授权，你将不会被授权；你不会提拔人，你将不被提拔。从制度上保证年轻人的脱颖而出。

联想启用年轻人采取的策略是“在赛马中识别好马”。主要包括三个方面的含义：

（1）要有“赛场”，即为人才提供合适的岗位。

（2）要有“跑道”划分，不能乱哄哄挤作一团，必须引导他们有秩序地竞争。

（3）要制订比赛规则，即建立一套较为科学的绩效考核和奖励评估系统。

媒体评论说联想“爱折腾”。从1994年开始，联想每到新年度的三四月间都会进行组织机构、业务结构的调整。在这些调整中，管理模式、人员变动都很大，通过“折腾”，联想给员工提供尽可能多的竞争机会，在工作中崭露头角的年轻人脱颖而出，而那些故步自封、跟不上时代变化的人就会被淘汰——这就是“在赛马中识别好马”。

善于学习者善于进步

联想创始人之一、公司副总裁李勤总结自己时说过一句话：办公司是小学毕业教中学。其含义是：办企业对他是一项全新的挑战，需要学习的知识太多。不仅是李勤一个人，不仅仅是联想一家企业，可以说中国整个企业界尚处于少年期，需要学习的地方太多，善于学习者善于进步。

联想注重向世界知名的大公司请教。在人力资源管理上，IBM（国际商业机器公司）、HP（惠普公司）等都是它的老师，联想和这些公司的人力资源部保持着亲密的关系。同时，与国际上一些知名的顾问咨询公司合作，引入先进的管理方法与观念。他们和咨询公司 CRG（国际资源管理咨询集团）合作，参照该公司的“国际职位评估体系”在集团内开展岗位评估，统一工薪项目，推行“适才适岗、适岗适酬”的管理方针。

蒋北麒介绍说：适才适岗，首先，要求对岗位进行分析评估，岗位职责明确并有量化考核指标；其次，对员工的技能素质、心理素质和潜质等进行分析。同时，还必须有一套机制来保证适才适岗。通过建立企业内部劳动力市场，通过轮岗制度，来实现人和岗位的最佳配置。

小公司需要关、张、赵，大公司需要刘备

当问到什么人在联想成长最快时，蒋经理的回答是首先要明白联想需要什么样的人。联想决策层一直关注领军人物的培养，柳传志总裁曾说过：领军人物好比是 1，后面跟 1 个 0 是 10，跟 2 个 0 是 100……

用一个不太确切的比喻：一个刚兴起的小公司需要关羽、张飞、赵云的勇猛善斗，而一个已具规模的企业更需要刘备的知人善用。好的领袖人物需要有识人的眼光和培养人的胆略。

那么，什么人更能获得成功?

第一，他要具有极强的上进心。联想要培养的是更在乎舞台和自我表现机会的年轻人，为国家、为民族富强而把职业变成事业的人，纯粹求职的人在联想没有大的发展。

第二，他要乐于接受新的知识并勤于学习。科技飞速发展的今天，知识更新越来越快，不会学习者就是文盲。

第三，他要有对事物的敏感性，能预见结果，具备一眼看到底的透彻力（此种能力更是智慧加经验）。

第四，也是最重要的，要有自知之明，不要自视过高，要时时清醒意识到公司及个人所处的位置，知不足而后改之。年轻人总有点自视过高，不能清醒评价自己，也不能充分领略别人的精彩之处，这种人往往不易进步。

第五，年轻人悟性要强，要善于总结。犯错误并不可怕，可怕的是在同一个地方同一原因摔倒第二次。

资料来源：www. cjol. com/article/hrassistant/practice/81939. htm.

伴随着知识经济和经济全球化的发展，中国经济面临着更大的挑战。这种挑战的直接表现就是作为市场经济主体的企业之间竞争空前激烈。而企业业务流程的各个环节，从产品设计、生产到销售、服务等都离不开“人”的参与。因此，竞争的焦点已从资金、产品等物化资源转为智力资源，即人才的竞争。而对组织中的“人”构成直接影响的管理决策及其实践活动将直接改善一个企业的内外部环境，优化业务流程，提升竞争能力。因此，从这个意义上讲，企业中人力资源管理工作的有效性，已经成为促进企业发展的战略性因素。

第一节 人力资源管理概述

资源，顾名思义，是指资财或财富的来源，泛指社会财富的源泉。迄今为止，世界上的资源可以分为四大类：人力资源、自然资源、资本资源和信息资源。毛泽东说过：“世间一切事物中，人是第一个可宝贵的……”“一切物质因素只有通过人的因素，才能加以开发利用。”这是对人力资源重要性的最直接阐述。电影《天下无贼》中的台词——“21 世纪什么最贵？人才”精辟地表达了人力资源的重要性。那么，什么是人力资源？人力资源管理有哪些特点呢？

一、人力资源的特点

人力资源是资源的一种，要理解人力资源的含义，必须从其内涵和特性两个方面进行分析。从内涵上看，人力资源是指能够推动整个经济和社会发展的具有智力劳动和体力劳动能力的人员的总称，包括数量和质量两个方面。因此，具有智力劳动和体力劳动能力的人的总和称为人力资源。

人力资源作为国民经济资源中的一个特殊部分具有下列主要特点。

1. 不可剥夺性

人力资源属于人类自身所特有，具有不可剥夺性。人力资源可以被利用，但不能被拥有。人力资源的拥有者是本人。这是人力资源最根本的特征。

2. 时代性

人力资源在其形成过程中受到时代条件的制约，人一生下来就置身于既定的生产力和生产关系中，社会发展水平从整体上制约着人力资源的素质。他们只能在特定的时代背景下，努力发挥其作用。

3. 时效性

任何有生命的活体都有其生命周期，因此，人力资源的形成、开发、使用都在一定程度上受到时间的制约。与自然界存在的物质资源不同，由于人力资源在不同的年龄阶段有不同的生理和心理特点，所以对人力资源的开发使用要用当其时。人力资源长期闲置或学非所用，就会造成极大的浪费。

4. 生物性

人力资源存在于人体之中，是一种活的资源，它与人的自然生理特征密切联系，人的最基本的生存需要带有某些生物性的特征，这是一个不容否认的事实。因此，尊重人的基本需要，并想方设法满足人的基本需要，是人力资源管理和开发的前提。

5. 能动性

自然资源在开发过程中，完全处于被动的地位，人力资源则不同，因为它是由劳动者的劳动能力构成，而劳动能力存在于劳动者的身体之中。劳动者在从事各种活动中，总是处在发起、操纵、控制其他资源的位置上，根据所处的具体外部环境、自身的条件和愿望，有目的地确定活动的方向，创造性地选择自己的行为。因此，人力资源具有主观能动性。

6. 再生性

一般而言，自然资源大部分属于非可再生资源，而人力资源在劳动过程中被消耗之后，还能够再生产出来，因此，人力资源是一种可再生资源。它以人身为天然载体，其再生性可以通过人力资源总体内各个个体的不断替换更新和恢复得以实现，在特定时间内是用之不尽、可充分开发的资源。

7. 增值性

人力资源不仅具有再生的特点，而且，其再生的过程也是一种增值的过程。人力资源在被开发和使用过程中，一方面可以创造财富，另一方面通过知识经验的积累、更新，提升自身的价值，从而使组织实现价值增值。

二、人力资源管理的概念

一般说来，人力资源管理的概念包括宏观和微观两个层面。

宏观人力资源管理，是对一个国家或地区的人力资源实施的管理。它是指在全社会范围内，对人力资源进行计划、配置、开发和使用的过程。国家政府通过一系列制度、政策和措施，为人力资源的形成、开发提供条件，对人力资源在全社会范围的合理配置和有效使用进行协调和控制，这些都是宏观人力资源管理的体现。对人力资源进行宏观管理的目的在于调整和改善人力资源整体状况，使之适应社会发展的要求，促进社会经济的良性运行和健康发展等。

微观人力资源管理，指的是特定组织的人力资源管理。这里的特定组织包括企业、事业单位、政府部门和其他公共管理部门等各种类型的组织。本书所讲的人力资源管理主要是指微观层面的人力资源管理。下面重点论述微观人力资源管理的含义。国内普遍把人力资源管理界定为选、用、育、留四个职能。

我们认为，理解人力资源管理的含义，离不开对人的本质属性的界定。人的本质属性在于人的社会性，因此，人力资源管理，在很大程度上是对人的本质属性的管理。因此，我们提出如下的定义：

人力资源管理，是对人在组织中的四种关系的管理，包括人与人之间的关系、事（工作）与事之间的关系、人与事的关系，以及人与组织的关系，以调动人的积极性，发挥人力资源的潜能，提高人员工作效率，实现人尽其才，事得其人，人事相宜，最终实现组织目标。围绕这一切展开的理论、方法、工具、技术、政策、制度等，统称为人力资源管理。换言之，人力资源管理是对人力资源获取、整合、保持、开发、控制与调整等方面所进行的计划、组织、协调和控制等活动，即通过规划、招聘、甄选、培训、考核、报酬等各种技术与方法，有效地运用人力资源来达成组织目标的活动，其实质就是对人的管理。

关于上述定义，我们可以从以下几个方面去进一步理解：

人力资源管理最终是为了支持组织目标的达成，因此，人力资源管理的各项工作必须为组织的战略服务。实际上，人力资源管理是从宏观战略到微观操作的全面系统的管理。人力资源管理工作需要首先根据对组织内外部环境的分析，制订相应的人力资源管理战略，并以此指导人力资源管理的具体工作。

为了实现对人的管理，人力资源管理需要通过规划、招聘、甄选、培训、考核、薪酬等技术方法的运用，达成组织目标。

人力资源管理既不是简单的对人或事的管理，也不是对劳动过程的直接管理，而是通过对人与人、事与事、人与事、人与组织之间相互关系的管理，达到间接管理生产和经营过程的目的。通过管理人与人之间的关系，处理相互矛盾，协调相互关系；通过管理事与事之间的关系，优化组织架构，保持流程顺畅；通过管理人与事之间的关系，实现人事相宜，达到人尽其才；通过管理人与组织的关系，协调劳动关系，构筑心理契约，最终实现经营与管理的目标。

人力资源管理在注重人与事的匹配上，不是使人被动地适应组织任务的需要。人力资源管理给员工提供展示才华的平台，实现人与事匹配的同时，并不限制其发展，人力资源管理十分注重人力资源的开发和培养，当工作承担者资质提高的时候，会通过适当的职位调整，实现新的人与事的和谐。

人力资源管理是通过计划、组织、协调和控制等手段实现人力资源的获取、整合、保持、开发、控制与调整。计划是任何管理活动的基础，详尽、科学的计划为人力资源管理各项工作的开展提供了依据；组织是指使用各种可能的资源实现人与事的匹配结合；协调是解决人与人、人与事、事与事之间矛盾的核心；控制是采用制度和文化的手段防止人与人、人与事以及人与组织关系对抗的各种手段的统称。现代人力资源管理不仅强调通过制度进行管理，更重要的是通过文化、思想、技术和方法进行管理。

人力资源管理不仅是人力资源管理者的工作，而且各层管理人员，尤其是高层管理者都必须直接参与到人力资源管理的活动中来。高层管理人员需要把人力资源管理与组织的经营战略结合起来，或者在战略层面上考虑人力资源管理问题。高层管理者并不是直接从事人力资源管理的各项活动，而是从战略的角度对组织的人力资源管理政策和实践提出希望和要求，在制订企业经营发展战略时，把人力资源作为重要组成部分，从而对制订人力资源政策提供思想基础和价值标准。

三、人力资源管理的目标与功能

现代人力资源管理，已经超出了传统人力资源管理功能的范畴，正在发挥战略导向作用。人力资源管理致力于建立一种能把人的问题与商业问题综合考虑的机制。它以发现问题、解决问题为导向，力图建立具有鲜明特色的组织运行机制，建立能够体现员工个人特点的、协调合作的组织体系。需要强调的是，人力资源管理不是一组人事管理活动的简单集合，而是要协调地管理组织的人力资源，配合其他资源的利用来实现组织效率和公平的整体目标。

1. 人力资源管理的目标

人力资源管理有特定的目标，具体体现在下列三个方面：

首先，建立科学的人力资源管理系统，达到有效管理员工的目的。这一目标的达成主要包括人力资源管理体系的建设等，直接目的是充分合理地运用各种人力资源，使其发挥出最大潜能。

其次，通过人与人、事与事、人与事关系的管理，在实现人员管理的同时，达到组织体系、文化体系协同发展的目的。

最后，通过人力资源管理，提高组织生产率，实现组织目标。

2. 人力资源管理的功能

组织目标的达成及组织战略的实现是人力资源管理活动的最终目标，人力资源管理的各项功能和活动都必须围绕这个目标展开。人力资源管理的主要功能可以概括为对组织所需人力资源的获取、整合、保持、开发、控制与调整五个方面：

(1) 获取。获取是通过对职位和人员测评，选拔出与组织中的职位最为匹配的任职人员的过程。这一过程包括工作分析、招聘录用等环节。

(2) 整合。整合是指通过培训教育，实现员工个体的再社会化，使其具有与企业一致的价值观，认同企业文化，遵循企业理念，最终成为组织人的过程。

(3) 保持。保持主要包括两个方面的内容，即保持员工工作积极性和保持员工队伍相对稳定性。这一功能主要通过薪酬和考核过程体现。

(4) 开发。开发是指提高员工知识、技能以及能力等各方面的资质，实现人力资本保值增值的过程。这一过程主要包括日常工作指导、技能知识培训等一系列活动。

(5) 控制与调整。这是对于工作行为表现以及工作达成结果情况做出的评价和鉴定的过程。这一过程主要体现在绩效管理方面。

四、人力资源管理的活动领域

基于上述功能，人力资源管理在具体实践中由六种活动组成。其中每一种活动都代表着人力资源管理中的一个特定领域。这六种活动领域分别是：工作分析与工作设计，人力资源规划，招募与甄选，培训与开发，绩效考核，薪酬、奖金和福利。

1. 工作分析与工作设计

工作分析是通过搜集工作岗位的相关信息来明确界定每个岗位的职责、任务或活动。一份精确的工作说明书可以规范员工的生产经营活动，有利于最大程度地发挥每个岗位的功效，提高企业产出，从而增强企业的竞争力。工作设计则通过对工作的再设计，来提高员工的工作满意感，增加对组织的信任感，提高工作绩效水平。

2. 人力资源规划

人力资源规划是指根据组织的战略目标和外部环境的发展变化，合理地分析和预测组织对人力资源的需求和供给情况，并据此制订出相应的计划或方案，以保证组织在适当的时候获得适当数量、质量和种类的人员补充，满足组织和个人发展的需要。因此，人力资源规划不仅在组织的人力资源管理活动中具有先导性和战略性，而且在实施组织总体规划过程中处于核心地位。

3. 招募与甄选

人才是形成竞争优势的源泉，因此，挑选和录用合格乃至优秀的员工是企业占据主动竞争地位的重要环节。许多企业都十分注重员工的招聘方式，以求最快最省地找到最合适的员工。例如，有的企业采用本企业员工内部举荐的方式招聘新员工，既能节省费用，又能快速地找到企业所需的人员。

4. 培训与开发

培训分为岗前培训和在职培训。岗前培训是对新员工进行职业教育，使其具有基本的职业素质；在职培训是结合员工的工作表现，进一步开发和提高其工作能力。良好的培训能提高员工生产效率，培养稀缺的人才资源。当企业员工的技巧、知识和技能与竞争对手截然不同时，就成为一种具有竞争优势的资源。此外，对员工能力的进一步开发对于企业的健康、持续发展也是至关重要的。

5. 绩效考核

绩效考核又称为业绩考核，是指通过系统的方法、原理来评定和测量员工在特定岗位上的工作行为和效果，也就是指在工作一段时间或工作完成之后，对照工作说明书或绩效标准，采用科学的方法，检查和评定员工对自己担任的职务所规定的职责的履行状况以及员工个人的发展情况，对员工的工作结果进行评价，并将评定结果反馈给员工的过程。科学的绩效考评体系能够识别员工绩效的不足，从而对症下药，制定绩效改进方案，提高员工工作技能。此外，对于在考评中表现优秀的员工，企业可以通过晋升、加薪等多种方式使员工产生满足感和成就感，进而迸发出更大的工作热情和创造精神。这一切都能带来员工工作绩效的改善，从而提升企业在市场中的整体竞争实力。

6. 薪酬、奖金和福利

薪酬、奖金和福利对竞争优势的影响表现为两个方面。要想在日益激烈的市场竞争中占有一席之地，必须拥有优秀的人力资源，合理的报酬和福利正是吸引和留住员工的重要手段。员工激励的实施过程，实际上就是人的需要满足的过程，员工的表现受感情、情绪与态度的影响很大，他们在工作中产生的满足感会直接影响工作绩效。由于人的需要是多层次、多类别的，企业中的员工不仅受物质奖励的激励，而且也受各种不同的社会和精神因素的激励。因此，应根据员工的不同情况，采取不同的激励方式，使各自的合理需求都能得到相应的满足，以充分调动员工的积极性，提高企业绩效。

五、人力资源部门的结构

任何职能的实现，都要有组织结构的保证。一个组织中人力资源部门的设置，在一定程度上决定了这个部门的地位和作用，同时也决定了对人力资源管理专业人才的需求。

目前，绝大多数组织，包括政府、学校、公益组织等，都设有专门的人力资源部门或人事部门，在不同的组织其具体分工会有差异。图 1.1 是国外企业人力资源部门的两种代表性结构，一种是小型组织，一种是大型组织。图 1.2 是国内企业常见的人力资源部门的结构。

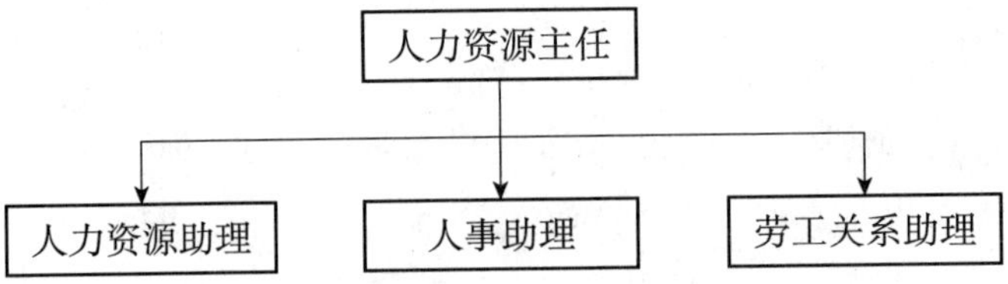

(a) 小型组织的人力资源部门

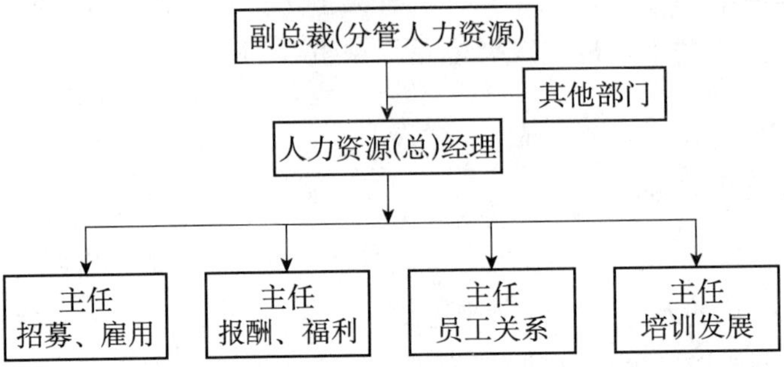

(b) 大型组织的人力资源部门

图 1.1　国外企业人力资源部门的两种代表性结构

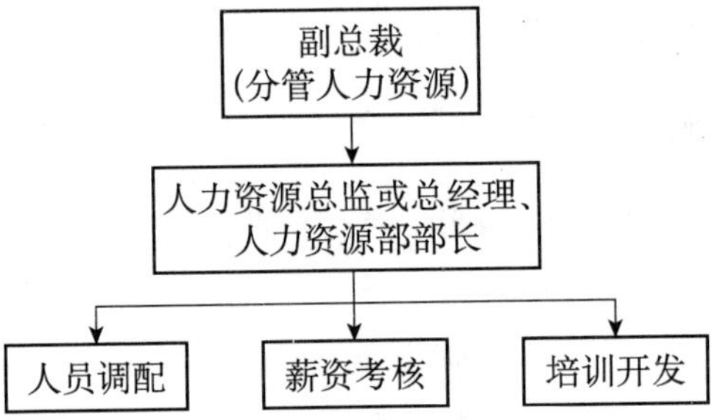

图 1.2　国内企业人力资源部门的结构

六、人力资源管理的模式

米尔科维奇等提出人力资源管理具有四种不同的功能模式。这四种功能模式在一定程度上反映了人力资源管理在不同发展阶段的特点。

第一种模式：产业（工业）模式（Industrial Model），20 世纪 50 年代之前。

20 世纪 20 年代组织中人事部门的出现，诞生了第一种人力资源管理模式，也就是产业模式。这一模式关注的问题主要包括工作规则的建立、职业晋升（发展）阶梯和职业生涯设计、以资历为基础的报酬体系、雇佣关系、绩效评估等。所有这些问题都需要人力资源专家来处理和解决。这一时期心理测验的发展、科学管理运动对工作的科学研究和劳动力短缺所导致的社会需求，为科学的人员选拔提供了理论和技术方面的保障。

第二种模式：投资模式（Investment Model），20 世纪 60—70 年代。

产业模式主要关注劳工关系的协调。随着 20 世纪 60 年代美国一系列关于雇用和就业法令的颁布，对公平就业机会的关注成为主流。同时，由于白领劳动力的增加，很多依赖知识型员工的技术型企业产生了大量的非工会会员员工，像 IBM 等知名企业，对这些员工的管理与传统的人事管理有很大差异。因此，人力资源管理从以劳工关系为重点转到以人力资源的培训和开发为重点，具体措施包括给员工更多的自主权，丰富工作，终生雇用，培训和长期薪酬等。

第三种模式：参与模式（Involvement Model），20 世纪 80—90 年代。

进入 20 世纪 80 年代，全球性的企业竞争和跨国企业、多国企业的出现，使人力资源管理思路和方法发生了很大变化，尤其对于西方企业，现代经济竞争对企业提出的要求，在某些方面与西方传统的价值观是不一致的，例如，强调团队合作、相互信任、共同目标的建立、思想观念的一致、对组织的承诺与认同等等。而这些管理观念和方法迫使企业在对人的管理中更多地采用参与、民主的方式。这也是人力资源管理在任何一个组织管理中具体作用的体现。

第四种模式：高灵活性模式（High-Flex Model），20 世纪 90 年代。

随着现代科学技术的发展，尤其是通信技术和计算机技术的发展，人们的工作方式和生活方式都受到很大影响，甚至可以说正在发生革命性的变化。因此，企业管理方式和企业人力资源管理方式也必然发生相应的变化。进入 20 世纪 90 年代，企业重整、流程再造、收购兼并等崭新的管理概念和技术不断出现，知识经济和网络时代的人力资源管理必须采用高度灵活的模式。没有任何一个组织能够凭借自己一成不变的管理制度或方法保持长久的发展，因此，借助于“外脑”、聘请顾问、人力资源管理外包化、灵活的雇佣关系和工作时间、多样的报酬和福利方案、权变的组织结构和权力分配等，寻求新的发展动力，成为人力资源管理新模式的主要内容。

第二节
人力资源管理的发展阶段

人力资源管理实践活动的历史源远流长，从某种意义上说，自从有了人类的物质生产劳动，就有了人力资源管理的活动。但在相当长的历史发展阶段中，它融合在各种管理活动中，并没有形成专业化或职业化的特征。

人力资源管理作为一种科学的管理理论可以说是近代工业革命的产物，它的每一次变革都是以社会的发展和科学技术的进步为推动力的。为了更好地理解人力资源管理，我们有必要回顾一下人力资源管理的形成和发展历史，通过考察这一领域的成长过程，可以加深我们对其功能的认识，从而有助于我们制定相应的政策和制度，有效地推行现代人力资源管理。

纵观人力资源管理的发展历史，不难发现，人力资源管理从产生到现在经历了四个主要的发展阶段，即初级阶段、人事管理阶段、人力资源管理阶段和战略人力资源管理阶段。

一、初级阶段：以劳动关系改善和劳动效率提高为中心

从西方发达国家的发展历程来看，这个时期人力资源管理的理论来源是早期的工业心理学和以泰勒为代表的古典科学管理学派。使用最多的术语是劳工关系、工业关系、雇佣关系、劳动管理、人力管理、人事管理等。

泰勒运用“时间—动作分析”的方法进行了大量的试验，提出了“劳动定额”、“工时定额”、“工作流程图”、“计件工资制”等一系列科学管理制度和方法，使劳动工具、操作方法、工作环境、原材料标准化。他主张人事相宜，由工作挑选工人，并对挑选出来的工人进行培训，凡达到定额的工人按高工资率计算工资。“泰勒制”的推行，使美国当时的劳动生产率提高了三倍。以泰勒等人为代表的管理学派的兴起，使管理学开始走向科学。对人在提高生产率方面的重要作用的研究，客观上促进了劳动关系的改善和劳资矛盾的缓和。为了改善劳资关系，一些工厂主开始给工人增加福利，如工厂设置澡堂和食堂，提供医疗保健服务，修建娱乐健身设施，甚至派福利代表到工人家中嘘寒问暖，提供营养和卫生方面的咨询。于是，工厂里出现了专门管理工人的工资、医疗保健、工作关系改善的部门，这就是人事管理部门。

在泰勒等倡导的科学管理运动和时间—动作研究的基础上，美国的企业于第一次世界大战期间开始实行工作分析制度，1920 年这一制度得到美国国家人事协会的正式肯定并开始推广。到 20 世纪 20 年代前后，人事管理的内容不断扩大和完备，“人事管理”一词便流行起来。随着企业人事管理的迅速发展，英美等国相继把企业人事管理的某些制度和方法，嫁接于政府行政机构的文官管理。

因此，这一阶段的管理中心是如何通过科学的工作方法来提高人的劳动效率，大部分的实践活动都是围绕劳工关系展开的。但是，这一时期人们还是把员工视为机器和工具，看作是简单的生产手段和成本。尽管当时所采用的管理手段剥夺了人性的尊严，但是劳动效率却获得了空前提高，创造了辉煌的产业革命历史。

二、人事管理阶段：以工作为中心

这一时期的人力资源管理借助于心理学的研究方法和研究结果，强调的是人对工

作的适应。此时的人力资源管理主要以工作为中心，工作分析、心理测验、绩效考核、职业生涯、管理开发等成为主题。

随着社会经济和文化的发展，古典的劳动管理已经难以适应管理的要求，一个较为完整的人事管理体系逐渐建立起来，提出了体系化的人事管理思想，建立了一些人事管理的模型。这些管理模型主要是强调以工作为中心的管理，包括如何挑选一流的工人，如何培训员工以提高生产效率，如何科学调配和使用员工，如何正确进行考核和给付薪酬，如何妥善处理劳资纠纷，如何维护劳动力以维持再生产等。例如：在招募人员的时候，强调人对工作的适应性；对员工工作绩效的评价标准，取决于工作的要求；工资分配的标准，根据工作的特征来制定等。

这种管理思想和方法，在当时的社会经济发展条件下，取得了令人满意的结果。

三、人力资源管理阶段：人与工作的相互适应

随着科学技术的迅速发展，以微电子技术为标志的信息时代，对管理提出了进一步的要求，人在工作中的能动性对工作的效率和质量具有更重要的意义。从 20 世纪中期开始，原子能、电子计算机和空间技术的出现开启了第三次技术革命，由此促使西方国家的产业结构发生了巨大变化。以生物工程、光导纤维、激光等一系列新兴工业为标志的“朝阳工业”迅速发展，使社会生产向高度知识密集型和智能型方向转变。生产上和技术上的变化，必然要求对人的管理发生相应的改变。例如，计算机的诞生、机器智能化的提高，使得工作对人体力的依赖越来越少，而对脑力的依赖越来越高。脑力劳动和体力劳动是有很大区别的。对于体力劳动者，直接的监督和控制可以奏效；但对于脑力劳动者，这一招是不灵的，因为智力激发必须在人的良好心态下才有可能实现。同时，经济的发展和生活水平的提高，使得人们的需求结构也发生了重大变化，除了生理需要之外，人们越来越需要得到安全、友谊、自尊甚至自我实现的满足。人们更多地开始追求自我价值的实现，希望自己的才能得到充分发挥。另外一方面，由于世界范围内的经济竞争日益激烈，各国在激烈的国际较量中发现，人才质量的高低是在竞争中能否获胜的决定性因素；另一方面，世界各国展开了激烈的人才争夺战。在这样的情况下，如何调动员工的积极性、如何吸引保留人才成为管理中的一大难题。传统的人事管理已远远不能满足需要，它必须在管理理念和方法上实行根本变革，现代人力资源管理便应运而生。

这一时期，人力资源管理作为一种理论体系，对传统人事管理进行了改造和提升，与传统的人事管理有质的不同。传统的人事管理和大机器生产方式相适应，它基本上是以管理机器的理念和方法来管理人，而这一时期，人力资源管理更多地转变为人与工作的相互适应，将人的发展和企业的发展有机地联系在一起，人力资源管理是以人为中心的管理，强调工作为人服务，包括客户和员工，人是最重要的资本和资源。因此，人们把人力资源管理的时代视为人性回归的时代。

此时，组织变革、企业文化、员工权利、灵活的报酬制度和管理制度、全员持股方案等成为流行术语。

四、战略人力资源管理阶段：将人力资源管理提升到企业战略的高度

20世纪后期，企业人力资源管理的重要发展是把人力资源管理与公司的总体经营战略联系在一起。在这个阶段，人力资源管理成为整个企业管理的核心，原因在于人们已经达成共识：在国际市场竞争中，公司无论大小，要想获得和维持竞争优势，核心的资源是人力资源。快速变化的外部世界使得战略在企业管理中比以往更为重要，同时也使得战略的制订与实施更加困难。企业经营战略所确定的目标是由产品结构、科学技术、工艺水平等具体的发展计划表达的，其中的每一项计划都与特定的人力资源数量、质量和结构分不开，如果企业不能根据战略实施的不同阶段、不同时间及时提供合乎质量和必要数量要求的劳动力，就无法有效地实现战略所提出的任务，贻误战机。因此，必须把人力资源管理提到战略高度来对待。

人力资源战略（Human Resource Strategy）是一种职能战略，通常情况下与公司竞争战略一样，均属于企业战略的一个层次。人力资源战略是指组织中一切与人有关的问题的方向性谋划，它是一种旨在充分合理地运用企业各种人力资源，使其发挥出最大优势，以符合企业的战略需求，实现组织目标的各种人力资源使用模式和活动的综合。

人力资源战略是改变企业行事方式的计划，可以是自上而下的，由支持变革的管理人员所发起和实施的，有时也可能是自下而上产生的。一般来说，大多数人力资源战略都具有清晰的方向性。人力资源战略管理就是制订、实施和监控人力资源战略的过程，人力资源战略管理的目的就是实现企业人力资源管理活动与企业战略的一致。

1. 人力资源战略的类型

人力资源战略指导着企业的人力资源管理活动，使人力资源管理的各类活动之间能够有效配合。因此，不同的人力资源战略必然会影响到人力资源的管理活动。舒勒认为人力资源战略可以分成累积型、效用型和促进型三种。

（1）累积型（Accumulation）战略，即用长远观点看待人力资源管理，注重人才的培训，通过甄选来获取合适的人才。以终身雇用为原则，以公平原则对待员工，员工晋升速度慢；薪酬是以职务及年资为标准，高层管理者与新员工工资差距不大。

（2）效用型（Utilization）战略，即用短期的观点来看待人力资源管理，较少提供培训。企业职位一有空缺随时进行填补，非终身雇用制，员工晋升速度快，采用以个人为基础的薪酬。

（3）促进型（Facilitation）战略，即介于累积型战略与效用型战略之间，个人除

了需要技术性能力之外，还需要在同事之间拥有良好的人际关系。在培训方面，员工负有学习责任，公司只是提供协助。公司的管理政策和制度目的在于促进员工工作技能的提升和个人的发展。

从人力资源战略的分类及其特征中我们可以看出，当企业将人力资源视为一种资产时，就会提供较多的培训，如累积型战略；而当企业将人力资源视为企业的成本时，则会提供较少的培训以节约成本，如效用型战略。

2. 人力资源战略的特征

虽然人力资源战略的类型有所差别，但是它们都具有一些共同的特征，詹姆斯·沃克在2001年提出人力资源战略的特征主要包括以下几个方面：

（1）人力资源战略提出总体方向，包括各种方案或者活动计划，涉及多种职能，有时时限会超过一年。

（2）人力资源战略提出实现企业战略的行动计划的焦点。行动计划包括多种必需的活动以及方案，而且每一种活动及方案都有具体的责任和期限。

（3）人力资源战略与其他企业中的战略一样，一般也要经过自上而下或者自下而上的方式来制订。

3. 人力资源战略与企业战略的关系类型

制订与实施人力资源战略的过程是一个管理过程。人力资源战略是实施企业战略的一个重要方面。管理人员和人力资源职能人员通过一系列的活动来实施人力资源战略，这些活动包括：组织设计、确定人员配置需求、人员配备、员工能力开发、工作绩效改善、绩效考核和绩效评价等等。

从逻辑上看，人力资源战略是整个企业战略的一部分。但是在实际中，企业战略与人力资源战略往往是分开来制订的。从制订方式上看，人力资源战略与企业战略关系类型存在着较大的差异。当人力资源管理被提到了战略层面以后，两者的关系类型可以划分为以下三种：

（1）整体型。此时的人力资源战略是真正意义上的企业战略的一个组成部分。企业战略制订的过程，同时也是人力资源战略制订的过程。企业战略与人力资源战略是一种动态的、全面的、持续的联系，不存在先后的顺序。作为整体过程，人力资源成为环境的组成部分，在研究环境变化时同时考虑人力资源问题及其他企业有关问题。此时，人力资源战略直接融入企业战略制订的过程中。这是人力资源战略制订的首选方法。

（2）双向型。从总体上看，这时人力资源战略和企业战略是分开的，然而，却是同时制订的。双向型与整体型的最大差异表现在制订步骤上的先后。此时往往是企业战略制订小组将已经在考虑中的战略选择告知人力资源职能部门，由人力资源职能部门分析不同战略选择下的人的问题，然后再把分析结果报告给战略制订小组。最后战略制订小组再把据此做出的企业战略传达给人力资源职能部门，由他们制订相应的人力资源战略。在这里，从企业战略的制订上看，其具有一定的整体型的特征，但人力资源部门往往处于较为被动的地位。

（3）独立型。这是目前最为常见的实施方法，往往是企业先期已经单独制定了企业战略，然后再制订企业人力资源战略的一个过程。独立型的最大特点就是人力资源战略与企业战略的制订过程分开，由人力资源职能部门或是人力资源战略制订小组单独制订人力资源战略。从时间上看，两者的制订可能是同时进行，也可能是先后进行，但是无论哪一种，这时人力资源战略的制订往往会更多地受到企业战略的影响，而企业战略制订过程却有可能忽视了人力资源的问题。

第三节 现代人力资源管理面临的挑战和发展趋势

20 世纪 90 年代以来，世界经济发生了深刻的历史性变化。我们的社会已经进入知识经济的时代。组织赖以生存的外部环境和组织的竞争方式也正进行着悄无声息但却深入持久的变革，组织的各种管理职能必须适应潮流，不断改变自身以应对正在改变着的世界。在这种形势下，值得我们深思的问题是：人力资源管理面临着哪些挑战？人力资源部门应该怎样给自己重新定位？人力资源管理者怎样才能更胜任自己的工作？

一、人力资源管理面临的挑战

1. 经济一体化的冲击

随着区域性合作组织如欧盟、北美自由贸易区、亚太经合组织等的产生，国与国之间的界限开始变得越来越模糊，地区经济甚至全球经济牵一发而动全身，无论是发达国家、发展中国家，还是经济转型的国家，正日益成为一个不可分割的有机整体，企业对世界经济的依赖程度越来越强。各国经济在你中有我、我中有你的全球化市场中互相依赖、互相竞争。这种无国界竞争格局的逐步形成，又反过来进一步加快了全球化的进程。日益加快的经济全球化进程正在深刻地改变着世界经济的面貌。

经济全球化促使社会的物质资源和资本在全世界范围内重新优化和配置，加快了人力资源在不同产业、不同职业、不同国家和地区间的流动，大大改变了劳动力市场的面貌，也使组织的外部环境更加复杂多变。经济全球化还促使企业间并购与重组在更大范围内产生。所有这一切都对人力资源管理产生了重大影响。人力资源部门需要根据组织目标和经营战略的调整对组织进行重新设计，对人力资源进行重新配置，还要在开放的国际劳动力市场上寻找、开发、激励和保留有价值的员工，帮助员工更快、更平稳地适应各种变化。

中国经过10多年的不懈努力终于加入了世界贸易组织（WTO），WTO将中国融入一个没有边界的经济体系和全球化的生存环境中。中国企业不得不面对强大的国外竞争对手的挑战，包括市场的挤压和人才的争夺。在新的竞争环境中，卓越的人力资源管理将成为企业获得一切竞争优势的根本前提。当前的中国企业，必须审时度势，把本企业置身于国际大环境中，制定国际化的战略，提高人力资源国际化的管理水平。

2. 多元文化的融合与冲突

作为经济一体化自然结果的跨国公司在不同国家的运行，带来了企业人力资源跨文化的融合与冲突。虽然跨国企业只是一般企业的特例，从人力资源管理职能来看，都是执行人力资源计划、招聘、甄选、培训、绩效考核、报酬管理等职能，但对一个跨国公司来说，地域上的分散，以及法律和价值观的差异，都对人力资源管理提出了挑战。管理者们经常会遇到类似国籍、文化背景、语言都不同的员工如何共同完成工作，以及管理制度与工作价值观迥然不同的组织如何沟通等问题。企业人力资源国际化管理活动的范围比国内人力资源管理要广泛，人力资源管理活动受到更多外部力量的影响。它不仅需要制定相应的就业制度去迎合母国和东道国的法律要求，还要与东道国的政府官员、各种社会和经济利益团体打交道。人力资源管理专业人员也必须学会应对各种就业法律以及语言、文化、价值观方面的差异问题。目前，我国的人力资源管理面临的一个严峻挑战是不同年龄段的员工在价值观和行为模式等方面的差异，“80后”与“90后”的员工管理，已经成为各类组织共同面临的难题。

3. 信息技术的全面渗透

电子通信、计算机、互联网和其他互动技术的迅猛发展对企业管理方式产生了巨大影响。目前，信息技术正不断渗透到企业经营的每一个环节，人力资源管理也不例外。计算机技术的普及和应用，改变了组织结构的模式、工作以及沟通的方式。例如，处在传统金字塔结构最高层的管理者和最底层的一线员工可以通过计算机网络实现沟通和联络，组织的结构趋于扁平化，网络组织结构改变了原来自上而下的信息传递方式，加强了横向联系，使组织更具弹性和灵活性，由此出现了不需要到某一固定办公室来统一办公的“远程职工”（在英文中称为Tele-Staff）和相互不见面而只靠电脑和互联网联系的虚拟组织（Virtual Organization）。如何管理这种类型的组织和员工也是时代向人力资源管理提出的重大挑战。

4. 人才争夺的国际化

农业社会的主要生产要素是土地和劳动力；工业社会的主要生产要素是资本和能

源；而知识经济社会的主要生产要素是知识和信息。人力资源是信息和知识的载体，知识靠人去继承和创造，信息靠人去捕捉和传播，知识和信息只有靠人才能转化成为现实的生产力。人力资源成了知识经济时代的第一资源。全球化加剧了市场竞争，使人力资源成为全球争夺的焦点。特别是随着新科学技术革命的迅猛发展，世界各国面临的一个共同问题是高级人才严重短缺。一些发展中国家自己培养的人才本来就少，还大量外流，严重影响着本国经济的发展。人才的短缺已成为世界各国特别是发展中国家的普遍现象，如得不到根本解决，将严重阻碍本国经济的发展。因此，世界各国都把争夺人才，尤其是高级人才置于重要的战略地位。在 21 世纪，人才危机是世界普遍现象，国际间的人才争夺将会日趋白热化。

二、人力资源管理的发展趋势

很多专家学者分析，作为对上述变化的回应，人力资源管理呈现出许多新的可能的发展趋势。

1. 战略性人力资源管理

战略性人力资源管理，是指通过制订和实施恰当的人力资源管理政策和实践，帮助组织获取能够实现战略目标的员工能力和行为。战略人力资源管理的理念是在制订人力资源管理政策和措施时，管理者应该基于为实现公司战略的出发点，帮助公司获得所需的员工胜任素质和行为。首先，公司高管应制定战略规划，提出对员工队伍的需求，随后，人力资源管理者据此来制定人力资源战略，确定需要的员工胜任素质、技能、行为，人力资源管理者还要明确衡量这些人力资源政策和实践的指标。

在如今这个竞争激烈的市场上，企业必须通过制定并实施战略规划来谋求生存并进一步争取繁荣和发展。人力资源管理必须超越事务性的活动，全面参与组织的战略管理过程，投入组织战略制订和执行的活动中，从组织整体战略的层面来履行其职能，很多一流组织已经做到了这一点。

壳牌石油公司前首席执行官理查德森介绍其公司的战略性人力资源管理时谈道："人力资源管理过程是我们企业战略规划工作的一个有机组成部分。对于关键性经营计划以及企业外部环境所包含的人力资源问题，我们都要加以考虑。在我们的战略规划过程中，我们还专门以人力资源问题为中心来召开战略评价会议。"

在阿莫科公司，其战略规划过程主要集中在为了实现企业的短期和长期目标而要求获得的各种财务以及经营性信息方面，而人力资源职能则利用这些信息以及已经确立下来的这些目标来评价组织的人员需要，并且通过制定适当的计划来招募、开发、激励及维持企业所需要的员工。这一过程的最后阶段就是把经营、财务以及人力资源这几大要素有机结合起来，最终形成企业的战略规划。

在组织战略形成的过程中，人力资源管理部门应该通过提供有关组织人力资源数量和质量方面的信息对组织决策施加影响，促使高层管理者考虑组织应当怎样以及以何种代价去获取或者开发成功地实现某种战略所必需的人力资源。一旦组织战略确定下来，人力资源管理就必须为战略的执行创造条件，从人力资源的角度确保战略的执行。

首先，要使战略得到执行，人力资源部门就要对工作任务进行分析和设计。

其次，人力资源管理必须保证组织能够得到适当的人员配备，这些人必须具备在战略执行过程中完成各自工作任务所必备的知识、技能、态度，这主要通过招聘、甄选、培训开发来实现。

此外，人力资源管理职能还必须建立起组织的绩效管理系统和报酬系统，引导员工支持战略规划并以实际行动推动战略规划的完成。

2. 高绩效工作系统

20世纪90年代，高绩效工作系统开始流行，管理者将一系列配套的人力资源管理实践称为高绩效工作系统。高绩效工作系统（High-Performance Work System，HPWS）是指能提升组织有效性的一整套的人力资源管理政策和实践。任何企业都有自己独特的人力资源管理政策和实践，采用成本领先战略的企业和奢侈品生产企业采用的面试、培训和薪酬等政策肯定是不同的，许多学者和专家认为，人力资源管理政策和实践是许多高绩效公司成功的关键。

高绩效工作系统是整合在一起能产生优良员工绩效的一系列人力资源管理政策和实践。孙健敏、张明睿（2009）通过研究发现，高绩效工作系统可以通过影响员工的态度进而影响员工的行为性认知。高绩效工作系统中的授权和培训会提高员工满意度，进而减少工作中的退缩性行为；相反，团队合作却会降低员工满意度。更重要的是，在不同所有制的企业中，高绩效工作系统对员工满意度的影响有所不同。

一项研究通过对17家制造工厂进行考察，其中的部分工厂采用高绩效工作系统。研究发现，高绩效工厂支付了更高水平的薪酬，小时工资中值是16美元，所有工厂的小时工资中值是13美元。提供了更多的培训，高绩效工厂中年均为员工提供人均超过20小时培训的占到83%，但是所有工厂中能提供这样时长培训的只占到32%。招募和雇用方法更加精细和复杂，如在面试和测试环节，自我管理团队也使用得更多。另外，从运营成本和员工离职率更低、盈利水平更高等方面而言，总体绩效水平也是那些采用高绩效工作系统的工厂最高。

因此，如何针对公司自身的条件和目标定位，建立高绩效工作系统，是当前人力资源管理遇到的较大挑战。

3. 人力资源管理外包和人才租赁

随着组织人力资源管理向战略地位的提升，人力资源管理部门将要用越来越多的时间和精力来从事战略重整、组织变革、知识管理、文化建设等活动。人力资源高层管理人员越来越多地在探讨如何通过业务外包的形式来改善人力资源管理系统，以提高人力资源管理的有效性。在组织的人力资源管理活动中，有大量的事务性活动，如人事档案、福利管理、筛选简历等等，这些活动附加值低，耗费时间多，容易使人力资源管理者偏离战略性管理，降低管理效率，增加管理成本。目前，已有很多组织将一些事务性的活动外包，即将这些活动委托给组织外的专业服务公司承担。比如在招聘活动中，企业人力资源管理部门经常要面对大量应聘材料，人工处理效率很低。将简历筛选工作外包给招聘网站，招聘网站把简历汇集起来后，利用简历筛选软件，根据企业设定的个性化条件，不符合要求的简历就会自动被淘汰。随着中国金融服务业的成熟，企业人力资源管理中的养老金、公积金等员工福利方面的事务性工作也可以外包给相应的保险公司、银行等。

人才租赁也是一种新型的人力资源管理模式。它是指人才租赁公司通过合同的形式吸收、储备人才，然后根据用人单位的需要，与用人单位签订租赁合同。一般来说，人才租赁公司负责人员的招聘、测评、培训、工资、福利、保险、休假等人事劳动关系，用人单位只负责使用人才。人才租赁的模式早在 20 世纪 70 年代就已经出现，当时主要集中在欧美等发达国家。随着全球市场竞争的加剧，越来越多的组织意识到要想在一个动态的市场条件下成为一个胜利者，必须要有配套的柔性流动员工队伍来提高组织的响应速度和对成本有效性的反应，由此加剧了对人才租赁的需求。美国对人才租赁的需求增长在全球范围内是最快的。欧洲和亚洲的这种需求也在不断增长，整个欧洲，通过临时员工创造的“柔性工作力量”已经对欧洲的经济周期产生了巨大的作用。甚至在终身工作制的日本，也由于经济的长期不景气开始对人才租赁表示了极大的兴趣。人才租赁这种新兴的人力资源管理模式的出现对传统的人力资源管理念和模式带来了巨大的挑战，也为组织带来了更高的效益。组织通过和人才中介机构签订租赁合同，既可以减少用于人才招聘、培训等方面的昂贵成本，同时也可以转移人才市场的巨大风险，使组织内部的人力资源管理者得以将更多的精力集中在对组织价值更大的管理活动以及战略经营伙伴的形成等功能上。人才租赁成为了一种改善人力资源管理职能的有效手段。

4. 直线管理部门承担人力资源管理的职责

随着信息技术日新月异的发展，企业的组织形式和管理方式发生了巨大的变化。传统的规模经济在知识经济社会里已不再占有优势，取而代之的是一些规模小、技术含量却很高的小型企业，它们为客户提供高附加值的产品和服务。在中小型企业里，管理部门，尤其是职能管理部门的浓缩是降低成本的有效方式。在这些企业中，人力资源管理部门、行政管理部门，有时甚至还有财务会计部门都可能合并为一个部门，统一为企业提供综合职能支持。另一方面，巨型跨国公司在新的市场环境中发现其巨大规模不再是优势，为了应对激烈竞争的压力，也在集团内部实行所谓的“内部企业家”式的管理方式，把全球几十万人的大公司整编成数百个相对独立的、自负盈亏的成本—利润中心。这些成本—利润中心享有巨大的自主权，在财务、人事、生产、销售等企业管理方面享有独立的管理权。这样的成本—利润中心与上面提到的单个的中小公司十分相似，其人力资源管理部门的职能弱化同样不可避免。这也意味着人力资源管理是所有管理者的共同职责。直线部门的经理既是部门的业务经理，也是这个部门的人力资源管理经理。直线管理者将面对越来越多的传统上认为属于人力资源部门的管理任务。

5. 政府部门与企业的人力资源管理方式渐趋一致

一般来说，政府部门的管理方法与企业大相径庭，因为政府属于社会公共事务管理部门，其主要目标是公正、公平；而企业是营利单位，效率、效益是它的典型特征。然而，自 20 世纪 80 年代以来，很多国家特别是欧美一些国家，由于国内经济状况不尽如人意，再加上长期以来实施的福利国家制度，公共开支居高不下，社会各界对政府部门的工作成效颇有微词。在这种情况下，欧美国家开始率先推行所谓的“新公共管理”，政府服务也应以市场观念为主导，强调管理方式向私营机构靠拢，并引入竞争、效率和效益等概念。于是，更为讲求灵活性和适应性的人力资源管理便受到了各国政府的广泛重视。在这些变革中，最引人瞩目的是改变公务员的终身雇用制度和长俸制度，开始逐步实行有弹性的入职和离职制度，建立以工作表现为基础的激励机制。同时，适当的培训开发制度，不仅可以提高公务员的知识技能水平，而且可以加强公务员为公众服务的责任感和使命感。这种种改革，一方面使政府部门形成了类似企业的具有竞争性的人力资源管理新体制，另一方面创造出以公正、效益为本的政府管理新文化，反过来又进一步影响着企业的经营理念与管理哲学。尽管政府与企业的最终目的仍然差异巨大，但两者在管理方式上的逐步接近趋势却越来越明显。

三、人力资源管理者所应具备的能力

人力资源管理发展的趋势要求人力资源部门全面参与组织的战略形成，帮助组织找出它所面临的与人有关的经营问题，一旦战略确定下来，人力资源管理对战略的执行还有着非常重大的影响，它将负责建立和协调人力资源管理实践来确保战略的有效执行。战略性的人力资源管理对人力资源管理者的能力提出了新的要求。著名的美国人力资源管理专家诺伊提出，人力资源管理者要成为组织战略管理过程中的战略伙伴，就必须具备四个方面的基本能力。

第一，经营能力，即了解公司的经营和财务的能力。人力资源管理专业人员必须根据尽可能精确的信息做出对公司的战略规划具有支持作用的理性决策。

第二，专业技术知识与能力。包括人力资源管理基本职能中涉及的工作分析、组织设计、招聘甄选、绩效评价、培训开发、薪酬等技术和方法，还要不断掌握新的技术和方法。

第三，变革管理能力。在诊断问题、实施组织变革以及进行结果评价等方面掌握变革过程管理的能力。

第四，综合能力。必须能够看到人力资源管理中的各项职能之间如何才能有效配合在一起。

密歇根大学商学院教授戴夫·乌尔里希列出了对 12 689 名美国人力资源管理协会会员的调查问卷的分析结果，被调查者认为人力资源管理者的知识和能力构成应该是：企业经营知识（包括财务管理知识、战略决策知识、技术应用知识）占 25%；人力资源管理实务（包括人员配备、人员开发与激励、组织设计与发展、沟通）占 34%；权变管理能力（包括理念创造、问题解决、变革与创新、人际关系、角色影响）占 41%。对本研究结果的解释是：具备企业经营知识可以使人力资源从业者加入决策团队；具备人力资源管理实务能力会提高人力资源开发的效益，从而有助于提高企业最终经营业绩；具备权变管理能力能够帮助人力资源从业者实现人力资源管理的创新，开创人力资源管理的新境界。肖剑科和赵曙明（2010）的研究指出，有三个关键因素深刻地影响着人力资源经理的胜任力，分别是组织文化的特点、管理职能、组织中所处管理层次的高低。陈仙歌（2005）对重庆地区企业人力资源经理胜任力进行研究发现，其构成因素包括影响能力、协调能力、服务能力、学习能力、个人魅力和组织能力。陈万思等（2006）通过工作分析和广告分析，构建了中国企业人力资源经理胜任力模型，它包括四个方面，即职能管理胜任力、变革管理胜任力、员工管理胜任力和战略管理胜任力。

第四节
本书的内容体系

如前所述，组织目标的达成以及组织战略的实现是人力资源管理活动的最终目标，人力资源管理的各项功能和活动都是围绕着这个目标展开的。为了实现组织战略目标，人力资源管理活动可以划分为五种功能：获取、整合、保持、开发、控制与调整。本书的章节安排都是围绕这五项功能展开的。

在绪论中我们已经详细讲解了人力资源管理的基本概念、各项职能、发展历史及面临的挑战等。通过这一章的学习，我们对人力资源管理这一学科有了基本的认识，在下面的章节里，我们将深入探讨人力资源管理的各个职能领域是如何实现组织战略的。

首先，在第二章里我们将具体讨论如何通过工作分析和工作设计，实现企业战略的完美实施。这一章围绕“工作”展开，主要阐述工作分析的理论和方法，介绍工作分析思想的发展历史、结构化的工作分析方法、工作设计的相关理论及工作分析的基本方法等。这些技术为人力资源管理其他职能的实现打下了重要的基础。

其次，我们知道，人力资源管理需要确保企业获得实现其战略目标的合适岗位人选，进而需要进行人力资源规划、人员招募与录用、人员测评、员工培训等。这些问题将在第三章、第四章、第五章、第七章进行详细阐述。

人力资源规划（第三章）是人力资源管理其他职能领域的基础。这一章将介绍人力资源规划的含义、作用、内容、程序以及人力资源规划的各项预测技术，包括人力资源需求预测技术和人力资源供给预测技术等。

人员招募与录用（第四章）将详细介绍招募的类别和选择以及人员录用的基本环节，并具体阐释招募决策的制订以及人员招募的基本流程等。

人员测评（第五章）将系统介绍人员测评的发展起源、主要理论和应用，人员测评的功能与作用，人员测评的工具与方法等。这些内容的基本原理和主要技术都来自于心理测量，本书针对心理学专业的学生，他们有专门的心理测量课程，所以本章的内容相对比较概括。

员工培训（第七章）将介绍培训的概念、内容、种类以及培训的程序，包括培训需求分析、培训课程设计、培训效果评估等，最终期望大家能够掌握人员培训的具体方法。

再次，为了顺利实现企业战略，人力资源部门还必须构建起合理的绩效考核与薪酬管理系统，这将在第六章和第八章中加以详细论述。

绩效考核与管理（第六章）从系统的角度展示了绩效管理的全过程，并解释了如何运用不同的绩效考核技术对员工的工作绩效进行评价，最后，本章还讨论了如何通过绩效面谈和下属员工共同制定绩效改进计划等。

薪酬管理（第八章）重在讲解薪酬体系的设计和运用。在介绍薪酬管理基本概念和基本理论的基础上，详述了工作评价、各种整体激励计划，以及薪酬体系设计的步骤和方法等。

另外，为了更好地激发员工的工作积极性，提高员工的工作满意度，人力资源管理部门必须考虑员工福利和员工关系管理的问题，这些问题将在第九章和第十章中加以详细阐述。

员工福利（第九章）简要地介绍了员工福利的产生和发展过程，认识福利管理的基本意义、原则和目标，现实员工福利管理中存在的问题以及解决办法等。

劳动关系（第十章）简要介绍了劳动关系、劳动合同、集体合同与集体谈判及劳动争议与劳动保护的相关知识。

【基本概念】

人力资源　人力资源管理　人力资源管理的主要功能　人力资源管理的六种活动领域
人力资源管理的主要的发展阶段　人力资源规划　人力资源战略　高绩效工作系统

战略性人力资源管理　人才租赁

【本章小结】

1. 我们把具有智力劳动和体力劳动能力的人的总和称为人力资源。人力资源作为国民经济资源中的一个特殊部分具有不可剥夺性、时代性、时效性、生物性、能动性、再生性和增值性等特点。

2. 人力资源管理包括宏观和微观两个概念。宏观人力资源管理是对一个国家或地区的人力资源实施的管理。微观人力资源管理是研究组织中人与人之间的关系调整、事与事之间的关系协调以及人与事之间的匹配适应，以调动人力资源积极性，发挥人力资源潜能，提高人员工作效率，使得人尽其才，事得其人，人事相宜，最终实现组织目标的理论、方法、工具和技术的统称。

3. 人力资源管理活动的最终目标是组织目标的达成以及组织战略的实现，人力资源管理的各项功能和活动都必须围绕着这个目标展开。

4. 人力资源管理的主要功能可以概括为获取、整合、保持、开发、控制与调整等五个方面，在具体的实践中，人力资源管理由六个活动领域组成：工作分析与工作设计，人力资源规划，招募与甄选，培训与开发，绩效考核，薪酬、奖金和福利。

5. 现代人力资源管理的发展历史，可分为初级阶段（以劳动关系改善和劳动效率提高为中心）、人事管理阶段（以工作为中心）、人力资源管理阶段（人与工作的相互适应）和战略性人力资源管理阶段（将人力资源管理提升到企业战略的高度）等四个阶段。

6. 人力资源战略是一种旨在充分合理地运用企业各种人力资源，使其发挥出最大优势，以符合企业的战略需求，实现组织目标的各种人力资源使用模式和活动的综合。人力资源战略主要有累积型、效用型和促进型三种类型。

7. 人力资源战略与企业战略之间的关系主要有三种类型：整体型、双向型和独立型。

8. 人力资源管理目前面临经济一体化的冲击、多元文化的融合与冲突、信息技术的全面渗透、人才的剧烈争夺等现实挑战。

【复习思考题】

1. 什么是人力资源？如何理解人力资源？

2. 什么是人力资源管理？如何理解人力资源管理？

3. 人力资源管理的功能主要体现在哪些方面？人力资源管理必须达到哪些目标？

4. 现代人力资源管理的发展经历了哪几个阶段？每个阶段的特点是什么？

5. 什么是人力资源战略？怎么理解人力资源战略和企业战略的关系？

6. 现代人力资源管理的发展趋势是什么？人力资源管理面临的挑战主要表现在哪些方面？

7. 人力资源管理者应该具备哪些能力？

【推荐阅读】

1. 雷蒙德·A·诺伊，约翰·霍伦拜克，巴里·格哈特，帕特雷克·赖特．人力资源管理：赢得竞争优势．北京：中国人民大学出版社，2005.

2. 彼得·德鲁克．管理的实践．北京：机械工业出版社，2006.

3. 彼得·德鲁克．管理前沿．北京：机械工业出版社，2009.

4. 加里·德斯勒．人力资源管理．北京：中国人民大学出版社，2012.

5. 劳伦斯·S·克雷曼．人力资源管理：获取竞争优势的工具．北京：机械工业出版社，2009.

第二章 工作分析

【学习目标】

学完本章后，你应该能够：

1. 了解工作分析的概念和特点。
2. 理解工作分析的意义和功能。
3. 了解工作分析的流程。
4. 掌握工作分析的技术和方法。

| 章节导引 |

职位描述案例：机械工程技术员

机械类专业技术职业分为机械工程师、技术师、技术员三个层次，其中技术员职业描述有13个部分：职业定义、工作任务、工具与技术要求、知识要求、技能要求、能力要求、工作活动、工作方式、受教育水平、职业兴趣、性格要求、工作价值观、相关联职业等。举例如下：

（1）职业定义。在工程师指导下，应用机械工程理论和原理对机器设备进行调整、开发和检测。

（2）工作任务。应用仪表测量电流、电压及输入输出，分析零件工作性能；根据设计指标和测量对象分析测试结果，调试设备使之满足工作要求性能；应用工程技能测量零件尺寸，使之达到规定尺寸与要求；对机器设备、测量仪器等进行设计、制造，装配新零件或改进零件等。

（3）工具与技术要求。使用工具包括铜焊设备、气焊设备、氧乙炔设备和弧焊设备，以及组合铣床、立式数控铣床、薄板切割机、自动火焰切割机等。需掌握的技术包括ANSYS、AutoCAD、SolidWorks、Mastercam等各类工具软件，数学软件，数控编程、机器人编程与PLC伺服控制等工业控制软件，微软公司文字处理软件等。

（4）知识要求。机械和工具设计、使用、维修和维护知识，工程科学技术应用知识，产品设计生产和维护知识，涉及技术计划制订、制图和三维造型等方面的设计、工具和原理等知识，算术、代数、几何、微积分、统计等数学知识，英语语言结构、单词意义、拼写、作文和语法知识等。

（5）技能要求。能阅读理解、积极倾听、与人协调、判断和决策，以及数学应用、复杂问题解决、时间管理、主动学习、疑难解决、设备选型等。

（6）能力要求。口语理解、演绎推理、发现问题敏感性、仔细观察、口头表达、书面理解、归纳推理、信息订制、事件分类、精确控制等。

（7）工作活动。获取信息，识别物体、动作和事件；检查设备、结构和材料；决策和解决问题；信息评价与决定是否符合标准；监测工艺、材料和环境；与主管、同事和下属沟通；确定对象、行为和活动；记录与保存信息；控制机器与生产工艺；使用计算机等。

（8）工作方式。面对面讨论、自由决策、室内环境控制、与他人沟通、精准工作、电子商务、团队工作、周工作时间、穿戴防务衣装等。

（9）受教育水平。需经职业学校培训，并有工作经验，或具有二年制社区学院的副学士学位。

（10）性格要求。工作可靠、注意细节、与人合作、工作适应能力、分析思维、能承受工作压力、工作主动创新、诚信、独立工作、不惧困难等。

职位描述一方面为求职者提供了自我评价的标准，同时，也为招聘单位选择候选人提供了标准。职位描述有助于招聘方对求职者是否符合工作要求做出判断，同时也为其他人力资源管理职能提供了参考依据，例如绩效考核、职位评价、培训需求分析等等。另外，职位描述为职业教育和技能培训提供了良好导向。

资料来源：管平．美国国家标准分类与O* NET系统职业分析的启示与借鉴．中国职业技术教育，2011（21）.

第一节 工作分析概述

一、工作分析简史

1. 古代的工作分析思想

工作分析也叫职位分析、岗位分析、职务分析等。因为是翻译过来的术语，所以各种说法基本上大同小异。工作分析（Job Analysis）具有非常深厚的历史渊源。苏格拉底在对“正义国家”的论述中，曾经指出社会应当明确以下三件事情：首先，个人的工作潜质是不同的；其次，不同的职业对于工作潜质有着不同的要求；最后，为了赢得高质量的绩效，社会必须将人们放置到最适合他们潜质的职业当中。虽然苏格拉底的理论是针对宏观组织而言的，但是这个思想与当代的人力资源管理的基础理念是高度一致的，人力资源管理最重要的是要实现“人与工作的匹配”。其中必须分析一项工作到底包含哪些内容，对承担这项工作的人有哪些要求，在此基础上，才有可能实现“人与工作的匹配”。

我国古代的社会实践同样蕴涵了深厚的工作分析思想。早在周代，选拔官员要进行“诗、书、礼、乐、骑、射”六个方面的测试，就是在对职位进行分析的基础上得出来的，这是工作分析思想在早期较为成熟的具体应用。黄道婆，我国元代著名的棉纺织革新家，其事迹据陶宗仪《南村辍耕录》记载，“乌泥泾初无踏车椎弓之制，率用手剖去籽，线弦竹孤，置案间振掉成剂”，操作起来十分辛苦，生产效率又极低。黄道婆先改革了纺织工具，“乃教以做造捍弹之具，至于错纱配色，综线絜花，各有其法”，然后将黎族人民先进的棉纺织生产经验与汉族纺织传统工艺结合起来，系统地改进了从轧籽、弹花到纺纱、织布的全部生产工序，并创造出新的生产工具，将松江地区的棉纺织技术提高到了一个相当高的水平。这段故事表明只有深刻地理解工作，才能够在此基础上提高效率，因此需要对工作本身进行分析。

2. 近代的工作分析思想

现代工作分析的思想和技术起源于美国。在泰勒提倡科学管理运动以前，工作分析仅仅是对个人职责的研究工作，对工作本身缺乏系统和科学的分析。泰勒的“时间—动作研究”，第一次系统地对各项工作进行了科学分析，将工作分解，除去不必要的动作，对必要动作加以标准化、规范化，以便于进行劳动分工，提高生产效率。泰勒的研究以任务为中心，追求的是提高效率，所以，工作的分解越细越好，劳动者承担的工作越简单越好，越简单越容易提高工作熟练程度，提高工作效率。他指出，在现代（指泰勒所处的年代）管理中，所谓“任务”，不应当仅仅以“应该做些什么”为限，还应该包括“应当怎么做”以及“需要多少时间”等内容。泰勒的工作研究是系统性的观察与分析，他对工作分析研究的主要贡献是：寻找最佳的工作方法；采用物质刺激来维持工人的积极性。

后来，吉尔布雷斯夫妇对泰勒的时间—动作研究加以深入发展。他们通过对建筑工人工作动作的细致研究，把砌砖动作由最初的 18 个减少到 4.5 个，砌内墙的动作由 18 个减少到 2 个，并改善了一些工具，把最初每人每小时最多砌 120 块提高到每小时 350 块，极大地提高了工作效率，对工作分析做出了重大贡献。

第一次世界大战期间，美国设立了“军队人事分类委员会”（Army Committee on the Classification of Personnel）来实施工作分析，从此，工作分析一词便开始使用。1920 年，美国国家人事协会规定把工作分析定义为一种处理方法，其结果可以确定一种职位的构成以及胜任该职位的人所必须具备的条件。随着社会的发展和企业管理的进步，工作分析日趋重要，正式采用工作分析的企业也越来越多，工作分析在美国企业的运用越来越广泛，后来逐渐流传到欧洲、日本、东南亚等许多国家和地区，在世界范围内得到广泛发展。

早期的工作分析主要是对工作信息进行定性描述，随着工作分析理论研究的进一步深入以及相关学科的发展，例如工业心理学、应用统计学等，工作分析的结构化、定量化的程度不断提升。20 世纪 70 年代以来结构化职位分析问卷（PAQ）、职务指向的功能性工作分析（FJA）等方法的出现，充分地体现了这个趋势。现在工作分析已经成为人力资源管理体系不可或缺的基础部分。

3. 美国国家标准职业分类与 O* NET 系统

根据美国劳工部发布的标准职业分类系统［Standard Occupational Classification (SOC) system］，美国的职业被分成 23 个大类、97 个中类、461 个小类、840 个细类，将工作职责、技能训练水平和教育水平相近的职业岗位归于同一个细类，包括搬运工、洗碗工、律师及经济学家等各种职业。2010 年，美国劳工部统计局对标准职业分类重新修订，发布了新的标准职业分类。

O* NET 是在美国劳工部的标准职业分类的基础上进行再开发的一套新的职位分析系统，全称是职业信息网络系统。该系统不仅提供了美国社会全部职业的标准分类，而且对每个职业以及职业细类的任职资格、薪酬待遇等提供了详细的信息，可供招聘单位在招聘新员工时指定任职资格标准，也可以帮助找工作的人了解不同的职业信息，对自己适合从事的什么工作进行自我评价。其信息全部在网上对公众开放。

二、基本概念

前面已经介绍了工作分析思想的发展历程，那么，到底工作分析如何定义呢？在正式介绍工作分析的定义之前，首先介绍有关工作分析的基本概念，主要分为两个部分：第一部分即个人层面的相关概念，包括要素、任务、职责、职位、职务、职业、职业生涯等；第二部分即组织层面的相关概念，包括职级、职等等。

1. 个人层面的相关概念

（1）要素。要素是指一项操作或者动作，是工作活动中不可再分的最小单位。例如生产工人加工零件，可以分解成几项动作要素，包括开启机器、利用机器处理材料等一系列动作。

（2）任务。任务是指工作活动中围绕某一工作目的的一系列的要素组合。如工人加工零件是一项任务，可以分解成若干操作要素。

（3）职责。职责是指个体在工作岗位上需要完成的一个或多个任务。例如工人在加工零件这项职责中可能需要完成的任务包括领取原材料、加工零件、办理成品入库手续等。

（4）职位。有时也称岗位，是指在特定工作周期内个人承担的一项或数项相互联系的职责的集合。例如零件加工工人可以有数项职责，如加工零件、维护机器设备、配合临时工作等等。需要指出的是一个职位对应一个人，职位数和人员数是相等的。

（5）职务。职务是指组织内具有相当数量和重要性的一系列职位的集合或统称。如操作工这个职务，可以由压缩机操作工、卷烟机操作工等一系列的职位构成。一个职务可能由一个或一个以上的职位组成，职务和个人不是一一对应的关系。

（6）职业。职业是指不同时间、不同组织中工作性质类似的职务的总和。例如工人、工程师、教师等就是不同的职业。

（7）职业生涯。职业生涯指的是个人在一生中所经历过或将要经历的职位、担任过的职务和所从事过的职业的系列的总和。对员工进行职业生涯规划的设计与管理的活动，目的就是按照员工的兴趣、爱好和技能特长等为他们提供职业发展上的机会和条件，以最大限度地挖掘员工潜力。

2. 组织层面的相关概念

在组织层面对工作进行纵向划分，可以形成职级、职等两个基本概念。

（1）职级。职级是指同一职系中繁简难易程度、责任轻重大小及任职条件十分相似的所有职位集合。例如总公司的部门经理和分公司的总经理可能就处于同一职级。

（2）职等。职等是指不同职系之间，繁简难易程度、责任轻重大小及任职条件十分相似的所有职位集合。例如专业行政职系的成本会计、营销职系的业务员、管理职系的车间班长可能处于同一职等。划分职等的目的是在不同职系中寻求级别平衡。

三、工作分析的定义

工作分析是运用科学方法收集与工作有关信息的过程，主要包括该项工作应该承担的职责以及承担该项工作需要的任职资格等方面的信息，工作分析的最终产出表现为职位说明书。职位说明书对应包括两大部分：工作描述和工作规范。理解工作分析的定义可以从三个方面进行。

首先，工作分析是一个过程。通过选用合适的方法，全面收集与工作相关的信息。

其次，这里的信息主要围绕两个方面：一是关于工作本身的描述，即工作说明书，包括职位名称、直属上级、工作职责、工作联系等方面的内容；二是关于任职资格方面的内容，即工作规范，包括承担该项工作需要的学历、经验、知识等方面的内容。

最后，工作分析的最终产出为职位说明书，即采用书面的方式系统地表达出工作说明书和工作规范的内容。

具体来说，工作分析需要从八个要素着手，分析者应该掌握这八个方面的信息，具体表述如下：

（1）谁从事此项工作（Who），责任人是谁，对人员的学历及文化程度、专业知识与技能、经验以及职业化素质等资格的要求。

（2）做什么（What），即该项工作的工作内容是什么，需要承担哪些责任。

（3）为谁做（Whom），即客户是谁。这里的客户包括外部客户和内部客户。内部客户指组织内与从事该工作的人有直接关系的人员　　上级、下属、同事等。

（4）为什么（Why），即从事该项工作的目的是什么。

（5）什么时间做（When），该项工作的时间要求。

（6）在哪里做（Where），该项工作的地点、环境要求等。

（7）如何从事该项工作（How），也就是工作的程序、规范以及需要的权力和支持等方面的内容。

（8）所需费用（How Much），即为该项工作所需支付的费用、报酬等。

四、工作分析的功用

1. 工作分析的意义

总的来说，工作分析的意义主要体现在以下五个方面：

（1）为人力资源管理各项功能决策提供基础。

（2）通过对人员能力、个性等条件的分析，达到“人尽其才”的效果。运用工作分析的结果可以在“合适的时候把合适的人放在合适的职位上”，避免“大材小用，小材大用”的现象。

（3）通过对工作职责、工作流程的分析，达到“才尽其职”的效果。不仅可以提高个人与工作岗位的匹配程度，还可以发现不同岗位之间的衔接是否顺畅、流程是否合理、层级是否有效，避免人力资源的浪费，提高工作效率。

（4）通过对工作环境、工作设备的分析，使人物配合，相互协调。个人能够得到完成工作必需的支持条件，而组织提供的条件也正好适合个人的工作要求。

（5）科学评估员工的绩效，有效地激励员工。通过工作分析，了解各项工作任务的基本特征和关键环节，为绩效考核提供参考依据。

2. 工作分析的作用

具体到人力资源管理领域，工作分析是人力资源管理活动中一项重要的基础性工作。工作分析的结果可以运用到人力资源规划、招聘与甄选、员工的任用与配置、职业生涯设计等各个环节上，可以用图 2.1 来表示工作分析与其他人力资源管理活动之间的关系。

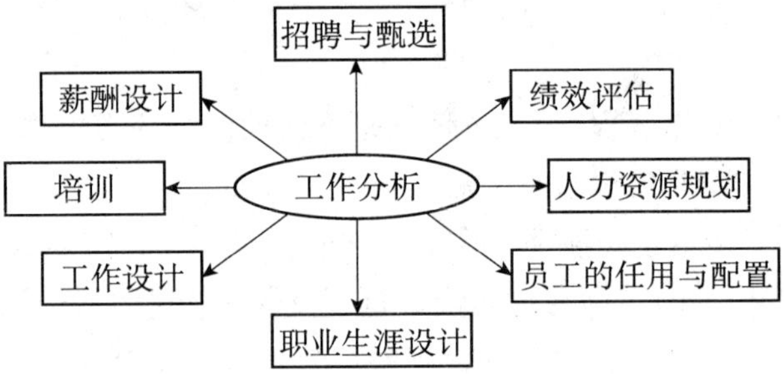

图 2.1　工作分析功能示意图

依照这张图，下面我们着重来看一下工作分析对人力资源管理其他环节的影响。

（1）人力资源规划。人力资源规划是指合理地分析和预测组织对人力资源的需求和供给情况，并据此制定出相应的计划或方案，以保证组织在适当的时候获得适当数量、质量和种类的人员补充，满足组织和个人的需求。在市场和社会环境不断变化的情况下，一个组织究竟需要多少职位，这些职位目前的人员配备能否达到工作的要求，今后几年内将发生哪些变化，人员增减的趋势如何，单位的人员结构应做什么相应的调整，后备人员的素质应达到什么水平等等问题，都可以依据工作分析的结果做出适当的处理和安排。

（2）招聘与甄选。通过工作分析，能够明确地规定工作职务的近期和长期目标，掌握工作任务的静态和动态特点，明确职位承担者所需的知识、能力等任职资格要求，在此基础上，确定选人用人的标准。

(3) 员工的任用与配置。人力资源部门在任用与配置现有员工时，需要在工作分析的指导下去了解某个职位需要哪些知识或技术，哪些人具备哪些技能，辅以心理测评和工作考核，选拔和任用符合工作需要和职位要求的合格人员，从而完成如何才能把最合适的人安排到适当的职位上的任务。

(4) 培训。通过工作分析，可以明确从事的工作应具备的技能、知识和各种心理条件。这些条件和要求，并非人人都能够满足和达到，必须经过不断培训，不断开发。因此，可以按照工作分析的结果，设计和制定培训方案，根据实际工作要求和聘用人员的不同情况，有区别、有针对性地安排培训内容和方案，促进员工改善工作技能，提高工作效率。

(5) 绩效评估。绩效评估是将每个员工实际的工作业绩与业绩标准进行比较，根据工作分析的结果，可以制定各项工作职责的客观标准和考核依据，使得绩效评估工作有章可依。工作分析，可以为各种类型的各种任务确定先进、合理的工作定额。所谓先进、合理，就是评估指标是针对具体的工作职责而言的，有关标准也是在现有工作条件下，经过一定的努力，大多数人能够达到的程度，只有把绩效评估建立在科学的工作分析的基础上，才有可能客观地评价个人的工作表现。

(6) 薪酬设计。工作分析信息在评估某项工作的价值以及支付合适的报酬方面具有重要意义。这是因为薪酬（包括工资和奖金）通常是按照工作所需要的技能、教育水平、安全性、责任大小等因素来决定的，而所有的这些因素都可以通过工作分析获得。同时建立在工作分析基础上的绩效评估体系，也能够发挥奖励工资的作用，使薪酬体系更加客观合理。

(7) 职业生涯设计。职业生涯规划的内容就是把个人的技能和愿望与组织内已经存在的，或者将来会出现的机会匹配起来。这种匹配过程要求负责职业生涯规划的人了解每一种工作的技能要求，这样才能保证他们去帮助员工从事各种他们能够获得成功、得到满足的工作。工作分析能够提供所需要的信息。

(8) 工作设计。工作设计是指为了有效实现组织目标并满足员工个人需要进行的工作内容、工作职能和工作关系的设计。即工作设计是一个根据组织及员工个人需要，规定具体岗位的责任、权力、任务及在组织工作中的关系的过程。

五、工作分析原则

为了提高工作分析的科学性与合理性，在组织实施工作分析的过程中，应遵循这样一些原则。

1. 目的原则

在工作分析中，要明确工作分析的目的。目的不同，工作分析的侧重点也就不同。

如果工作分析是为了明确工作职责，则分析的重点在于工作范围、工作职能、工作任务的划分；如果其目的在于选聘人才，则重点在于任职资料的界定；如果目的在于确立薪酬标准，则重点在于工作责任、工作量、工作环境、工作条件等因素的界定等。

2. 职位原则

工作分析应以职位为出发点，分析职位本身的内容、性质、关系、环境及人员胜任特征，而不应分析承担该职位的人员如何，这样才不会因为人员更替导致职责等内容的变化，影响组织目标的实现。

3. 参与原则

工作分析尽管由人力资源部门主持开展，但它需要各级管理人员与员工的积极参与，尤其需要高层管理者重视、其他相关部门大力配合才能得以成功。

4. 经济原则

工作分析是一项非常费心费力费钱的事，它涉及组织的各个方面。因此应当根据进行工作分析的目的，本着经济性原则选择工作分析的方法。

5. 系统原则

每一个组织都是一个系统。因此在对组织某一岗位进行分析时，要注意岗位之间的关系，从总体上把握具体岗位的特征及对人员的要求。

6. 动态原则

工作分析的结果不是一成不变的。要根据企业战略意图、环境的变化、业务的调整，经常性地对工作分析的结果进行调整。

第二节 工作分析的方法与流程

一、工作分析的方法

工作分析的方法主要是指工作信息的收集方法。工作分析的内容取决于工作分析的目的与用途，不同的组织所进行的工作分析的侧重点会有所不同。因此，需要在工作分析的内容确定之后选择适当的分析方法去收集与工作相关的所有信息。一般来说，收集工作信息的基本方法包括观察法、访谈法、问卷法、写实分析法、参与法等等，每一种方法都有它的优缺点，因此，要根据工作分析目的与内容，依据经济原则选择一种或几种分析方法。

1. 观察法

观察法是工作分析人员在工作现场运用感觉器官或其他工具，观察特定对象的实际工作动作和工作方式，并以文字或图表、影像等形式记录下来，以收集工作信息的方法。这是工作分析中最简单的一种方法。

通过观察法，可以对人员的工作过程进行观察，记录工作行为的各方面特点；了解工作中所使用的工具设备；了解工作程序、工作环境和体力消耗等内容。

观察法主要适用于工作过程和工作结果容易观察的工作。在实际应用中，一般应用于标准化、周期短并且以体力活动为主的工作。通过这种方法观察者可以很容易地获得员工在一项具体操作中的表现，并对所有细节做出详细的记录。

观察法也有一些固有的不足之处，它不适用于以智力活动为主的工作，不适用于周期长、非标准化的工作，不适用于各种户外工作，也不适用于高、中级管理人员的工作等等，这些工作的过程和结果都是不易被观察到的。

此外，应用观察法需要注意一个现象，即“霍桑效应”。这个效应阐述了这样一个道理：一旦观察对象得知他们正处于被观察地位的时候，他们的工作表现会比平常要好，也就是说，当人们在感受到关注时会提高自身生产率。通常，在运用观察法时需要注意以下几个原则：

（1）稳定原则。被观察者的工作应该相对稳定，即在一定的周期内，工作内容、程序、对工作人员的要求不会发生明显的变化。

（2）信任原则。尽量获得被观察者的信任。

（3）隐蔽原则。一般情况下观察者尽可能不要引起被观察者的注意，有特定目的的情况下除外。

（4）详尽原则。根据预先确定的目的和需要观察的内容，详细地记录所有观察到的资料。

（5）代表性原则。选择样本时注意样本的代表性。

（6）沟通原则。现场观察完毕之后同被观察者的直接主管沟通观察的结果。

2. 访谈法

访谈法是通过分析人员与任职人员面对面的谈话来收集工作信息的方法，可以采用一对一的访谈形式，也可以采用集体访谈的形式。

访谈法是工作分析中经常要用到的一种方法。从理论上来讲，任职者最清楚本职工作，通过面对面地交换信息，除了可以了解有关工作的一般信息之外，分析人员还可以比较详细地了解有关任职者的工作态度、工作动机等深层次的内容，并将其运用到具体的管理实践中去。

访谈的主要内容涉及工作设置目的、工作内容、工作性质与范围以及任职者所负的责任。工作设置目的，即组织为什么要设立这一工作，根据什么来确立对这一工作的报酬；工作内容，即该职位对组织目标的贡献程度有多大；工作性质与范围，即了解该工作在组织中的地位，与上下级之间的关系，所需的一般技术知识、管理知识、人际知识，需要解决的问题的性质，以及任职者的自主权，这是访谈的核心；任职者所负的责任，涉及组织、战略决策、执行等方面的问题。

在访谈进行之前，需要确定访谈对象，访谈对象应该是熟悉该职位工作的人员。在现实操作中，可以查阅和整理有关工作职责的现有资料，在大致了解职位情况的基础上，访问这些职位的任职者，一起讨论工作的特点和要求。同时，也可以访问有关的管理者和从事相应培训工作的人员。运用访谈法时，我们也需要把握几个原则：

（1）尊重原则。尊重被访谈者，接待要热情，态度要诚恳，用语要适当。

（2）互动原则。营造一种良好的气氛，使被访谈者感到轻松愉快。

（3）倾听原则。访谈者起启发、引导的作用，应尽量避免发表个人的观点与看法。

访谈提纲举例：

- 你向谁报告？
- 你在预算上所负的责任如何（包括预算金额及你管理的资产的价值）？
- 你的主要职责是什么？
- 你是怎么利用你大部分工作时间的？
- 你分配的工作从何而来？完成的工作送到哪里或送给谁？
- 你的工作中最具挑战性的是什么？
- 工作之前必须完成哪些准备工作？
- 你要怎样提高产品或服务的质量？
- 你觉得有哪些工作是重要的或不重要的？
- 工作过程可以怎样加以改善？
- 可以用什么不同的方式来工作，以降低费用或成本？
- 你必须遵循什么原则、规定、政策等以履行你的职责？
- 在采取行动之前，有哪些决策必须请示或必须通知你的部属？
- 对于这个工作对你的创意和解决问题的能力有什么样的挑战性？
- 你和公司内或公司外哪些人有定期性的接触？这些接触的原则是什么？
- 你的接班人在知识和经验上必须具备哪些资格才能完成你现有的工作？
- 请说明你的工作所需要的体力。
- 你如何回答“为什么需要我这个职位”这个问题？

访谈法的优点在于可以相对容易地直接从员工那里获得较为详细的信息；可以与任职者进行双向交流，对任职者的了解较为深入，用以判断提供信息的可信程度；访谈法还可以发现新的、未预料到的重要工作信息。

运用访谈法的最主要问题是员工在回答问题时有可能会扭曲信息，这可能是被访谈者在无意中造成的，也可能是因为被访谈者主观臆断工作分析结果，于是有意制造了某种被歪曲的信息，需要在实践中注意避免这个问题。此外，访谈法耗时较长，成本较高。最后，访谈法对分析人员的要求较高，需要有一定经验和能力的人才能担当，分析人员素质的高低将对访谈结果产生重大影响。

3. 问卷法

问卷法是指组织相关人员以书面形式回答有关职位问题的调查方法。通常问卷的内容是由工作分析人员编制的一些问题或陈述，这些问题和陈述涉及实际的行为和心理素质，要求被调查者对这些行为和心理素质在实际工作中的重要性和频次（经常性）按给定的方法作答。

从内容上划分，设计问卷可以从职位和人员两个角度考虑，其中职位定向问卷比较强调工作本身的内容、条件和产出；人员定向问卷则集中于了解工作人员的工作行为和任职资格等方面的内容。

从形式上划分，调查问卷的设计有开放式与封闭式两种，封闭式问卷也称为结构性问卷。在开放式问卷中，任职者可以自由回答所提的问题，比如，“请简要叙述你的主要工作任务”。而在结构性问卷中，任职者要从所列答案中选择其中最合适的答案。在工作分析的实践中，最好根据不同的调查目的，设计出界于这两种极端情形之间的问卷，既有结构性问题也有开放性问题。一般来说，如果工作分析的目的是用于薪酬设计，则可考虑多设计些结构化程度高的问题，便于定量评分。

在进行问卷设计时，应注意如下问题：第一，明确要搜集哪些信息，将这些信息设计成问题或项目；第二，每个问题的目的要明确，语言应简洁易懂，必要时可附加说明；第三，问卷的问题应根据工作分析的目的加以调整。

问卷法的优点在于可以面面俱到，在短时间内收集尽可能多的工作信息；比较规范化、数量化，适合于用计算机对结果进行统计分析；可以收集到准确规范、含义清晰的工作信息；成本低，工作人员比较容易接受，可以随时安排调查。

问卷法的不足之处在于问题事先已经设定，调查难以深入；设计质量难以保证，工作信息的采集受到问卷设计水平的影响；对任职人员的知识水平要求较高；不能面对面地交流信息，从而了解不到被调查对象的态度和动机等较深层次的信息；不易唤起被调查对象的兴趣；除非问卷很长，否则就不能获得足够详细的信息。

4. 写实分析法

写实分析法，是主要通过对实际工作内容与过程的如实记录，达到工作分析目的的一种方法。它主要分为两种形式：如果做写实、描述工作的是任职者自己，则称为工作日志法；如果由主管人员对任职者的工作进行记录与分析，则称为主管人员分析法。下面介绍这两种最常见的写实分析方法：

（1）工作日志法。工作日志法是指要求任职者在一段时间内用工作日记的方式详细记录一切活动，然后运用这些材料进行工作分析的方法。如果这种记录记得很详细，经常就会提供一些其他方法无法获得或者观察不到的细节。这种方法一般由工作者本人按标准格式的形式，及时详细地记录自己工作的内容与感受，然后在此基础上进行综合分析，实现工作分析目的。

工作日志法对高水平、复杂工作的分析，显得比较经济且有效。运用得好，可以得到大量准确的信息；但是，得到的信息比较零乱、难以组织，所以对分析人员的能力要求较高。另外，任职人员在写日志时，有夸大自己工作重要性的倾向。同时，这种方法会增加员工的负担，员工每天必须抽出一部分时间写工作日志。

（2）主管人员分析法。主管人员分析法是指由任职者的直接主管通过日常的管理权力来记录和分析任职者担任工作的任务、责任与要求等因素的方法。相对任职者而言，直接主管往往对任职者担任工作的理解更深，评价工作也更加客观，但是需要避免直接主管的偏见。在日常使用中，经常需要结合工作日志法进行工作分析。

5. 参与法

参与法是指由工作分析人员亲自参加工作活动，了解工作的方方面面，从中获得工作分析资料的方法。从理论上讲，要想对某一工作有一个深刻的了解，最好的方法就是亲自去实践。通过实地考察，可以细致、深入地体验、了解和分析某种工作的心理因素及工作所需的各种心理品质和行为模式。所以，从获得工作分析资料的质量方面而言，这种方法比前几种方法效果好。但是这种方法往往受到很多主观和客观条件的制约，难以实施，只有在有条件的情况下才能实施，而且规模容易受到限制。

各种工作分析方法的优缺点的总结见表2.1。

表2.1　各种工作分析方法的优缺点

常用方法	相关描述	
观察法	优点	深入工作现场，能比较全面地了解工作情况
	缺点	干扰正常工作行为或给工作者带来心理压力 无法感受或观察到特殊事件 如果工作本质上偏重心理活动，则成效有限 无法全面搜集任职资格方面的信息
访谈法	优点	可获得完全的工作资料以免去员工填写问卷之麻烦 可进一步使员工和管理者沟通观念，以获取谅解和信任 可以不拘形式，问句内容较有弹性，又可随时补充和反问 收集方式简单
	缺点	可能由于受访者怀疑分析者的动机、无意误解，或分析者访谈技巧不佳等因素而造成信息的扭曲 分析项目繁杂时，费时且成本高 占用员工工作时间，妨碍生产
问卷法	优点	成本低且节省时间，可在工作之余填写不影响正常工作 容易进行，且可同时收集大量的工作信息 员工有参与感，有助于加深其对工作分析的了解
	缺点	很难设计出一个能够收集完整资料的问卷 一般员工不愿意花时间正确地填写问卷 不太适合于文化水平不高的员工

续前表

常用方法		相关描述	
写实分析法	工作日志法	优点	对任职者工作可进行充分了解 采用逐日或在工作活动后及时记录，可以避免遗漏工作信息 可以收集到最详尽的资料
		缺点	将注意力集中于工作活动过程，而不是结果 员工可能会夸张或隐藏某些活动的同时掩饰其他行为 费时、成本高且干扰员工工作 整理信息的工作量大，归纳工作烦琐
	主管人员分析法	优点	主管人员对工作非常了解，工作记录质量高，分析得比较深入
		缺点	主管人员可能会偏重于他们过去所做过的工作，造成记录的信息不客观
参与法		优点	获取工作信息的质量较高
		缺点	受条件限制较多，往往难以实施

二、工作分析流程

工作分析是一项技术性很强的工作，需要做周密的准备。同时还需具有科学的、合理的操作程序。一般地，工作分析是按照以下的程序进行的，如图 2.2 所示。

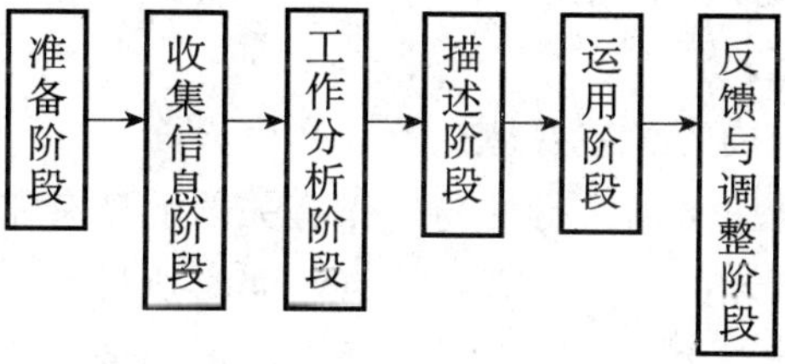

图 2.2　工作分析流程

1. 准备阶段

这一阶段主要解决以下几个问题：

（1）获得管理层的核准。让他们了解工作分析有助于让他们更清楚员工在做什么，有利于加快组织实现既定目标。

（2）取得员工的认同。告诉他们什么是工作分析，其目的何在。

（3）建立工作分析小组。小组一般由工作分析专家、岗位任职者、上级主管等参加，主要是依据个人的经验、专业知识与个性品质等来决定。一旦小组成员确定之后，赋予他们进行分析活动的权限，以保证分析工作的协调和顺利进行。

（4）明确工作分析的总目标和总任务。根据总目标、总任务，对企业现状进行初步了解，掌握各种数据和资料。

（5）明确工作分析的目的。有了明确的目的，才能正确确定分析的范围、对象和内容，规定分析的方式、方法，并弄清应当收集什么资料，到哪儿去收集，用什么方法去收集。

(6) 明确分析对象。明确分析客体，选择分析样本，以保证分析样本的代表性与典型性。

(7) 建立良好的工作关系。为了搞好工作分析，还应做好员工的心理准备工作，建立起友好的合作关系。

2. 收集信息阶段

完成第一阶段的准备工作之后，就要开始收集信息了，这一阶段包括以下几项内容：

(1) 选择信息来源。信息来源一般包括员工、主管、客户、分析专家、词典、文献汇编等。选择信息来源时应该注意：不同层次的信息提供者所提供的信息存在不同程度的差别；分析人员应站在公正的角度听取不同的信息，不要存有偏见；使用各种职业信息文件时，要结合实际，不可照搬照抄。

(2) 选择收集信息的方法和系统。这由分析人员根据企业的实际需要灵活运用。收集信息主要有观察法、访谈法以及问卷法等，针对不同的工作内容，工作人员应该选取不同的方法。

(3) 确定收集信息的原则。需要任职人员就调查项目做出如实的填写或回答，信息要齐全、准确，不能残缺、模糊，当采用某一调查方法不能将工作信息收集齐全时，及时用其他方法补充。

(4) 确定信息收集的内容。主要包括下列几个方面。

工作活动信息，即员工必须进行的与工作有关的活动有哪些，他们是如何来执行工作中所包括的每一项活动的，为什么要执行，何时执行。

工作中人的行为信息，主要指感知、沟通、决策、撰写等方面的信息，包括工作对任职者的体力要求，如需要消耗多少能量，走多远的路等。

工作中所使用的机器、工具、设备以及其他辅助工具信息，指工作生产加工的对象和材料，员工需要运用的知识、提供的服务等。

工作的绩效标准信息，包括工作的质量、数量或工作的每一方面所耗费的时间等，主要确定用什么标准对担任这一工作的人进行评价。

工作背景信息，包括工作的物理环境、工作时间表、工作的组织形式和社会环境、经济激励和非经济激励等。

对工作人员的要求信息，指工作本身对任职者的知识或技能（包括教育水平、培训经历、工作经验等）和个人特性（包括才能、生理特征、人格品行、兴趣等）等方面的要求。

3. 工作分析阶段

工作分析是收集、分析、综合组织中某项工作相关信息的过程。也就是说，该阶段包括信息的收集、分析、综合三个相关活动，是整个工作分析过程的核心部分。通常，工作分析阶段包括四个方面的分析：

（1）工作名称分析。它是指工作特征的分析与概括、名称的选择与表达。该名称必须明确，使人一看到工作名称，就可以大致了解工作内容。如果该工作已完成了工作评价，在工资上已有固定的等级，则名称上可加上等级。

（2）工作规范分析。它是指对工作任务、工作责任、工作关系与工作强度的分析。

（3）工作环境分析。工作环境分析包括对物理环境、安全环境与社会环境的分析。

物理环境包括室内、室外、湿度、宽窄、温度、震动、油渍、噪声、光度、灰尘、突变等，各有关项目都需要做具体的说明；安全环境包括工作危险性、劳动安全卫生条件、易患的职业病、患病率及危害程度等；社会环境则包括与上下级之间的隶属关系以及协作关系等。

（4）从事工作条件分析。它是指对从事某项具体工作的员工需要必备的知识、经验、技能和心理素质的分析，一般包括以下几点。

工作知识，即工作人员为圆满完成某项工作应具备的实际知识。这种知识应包括任用后为执行其工作任务所需具备的知识，也包括任用前已具备的知识。

智力要求，即执行过程中所需的智力，包括判断、决策、警觉、积极主动、反应、适应能力等。

熟练及精确度。常用于需要手工操作的工作。

经验，即工作是否需要经验，以何种经验为主，其程度如何。

教育与训练，包括企业内部培训、职业训练、技术训练和一般教育。

身体要求。有些工作对站立、弯腰、半蹲、跪下、旋转等身体能力活动有要求。

工作胜任能力，包括手、指、腿、臂的力量及灵巧程度，感觉辨别能力，记忆、计算及表达能力。

工作分析的内容很多，凡是与工作有关的资料均在分析的范围之内，分析人员可视不同的目的，全部予以分析，也可选择其中必要的项目予以分析。

4. 描述阶段

分析工作完成后，还必须将获得的信息予以整理并写出报告，通常工作分析所获得的信息可以职位说明书（工作说明书、工作规范）、业绩指标、薪酬标准以及工作分类依据等四种书面形式来表示，其中职位说明书是重点。

5. 运用阶段

此阶段是对工作分析的验证，只有通过实际的检验，工作分析才具有可行性和有效性，才能不断适应外部环境的变化，此阶段的工作主要有两部分：

（1）培训运用工作分析结果的人员。他们在很大程度上影响着分析程序运行的准确性、运行速度及费用，因此，对他们进行培训可以增强管理活动的科学性和规范性。

（2）根据工作分析的结果制定各种具体的应用文件，比如说职位说明书、薪酬制度文件、考核制度文件等等。

6. 反馈与调整阶段

由于组织面临的情况总是在不断地变化，组织中的职位职责也需要在适当的情况下进行调整，这势必会影响到先前所获得的各种工作分析成果的有效运用。因此，经过工作分析形成职位说明书等成果以后并非就一劳永逸了，对于职位说明书的管理是一个动态的管理过程，控制活动贯穿着工作分析的始终。

分析人员在平时也应当时刻关注工作内容的新变化与调整，收集相关的工作信息，特别是在组织结构调整或组织变革的时期，更是需要不断获取各种反馈意见，修正或更新职位说明书以及其他工作分析的成果。

三、结构化工作分析方法

工作分析经过多年的发展，已经形成了一些内容和形式较为固定的结构化分析方法，这些结构化工作分析方法一般采用问卷的形式，把工作分解到工作单元，分项目由任职者进行描述，最后工作分析人员确定哪些项目可以应用到该职位的工作分析中去。结构化工作分析方法最大的特点就是可以利用计算机来对工作的信息进行定量分析。

1. 职位分析问卷

职业分析问卷（PAQ）是由麦考密克等人设计的。它围绕任职者进行信息收集，以对任职者从事工作需要开展的活动进行统计分析为基础。该问卷由 194 个项目或者职位要素构成，这些项目可以分为六个方面：

（1）信息输入。员工在何处以及怎样得到某一特定职务所需要的信息。

（2）心理过程。完成职务所需要的推理、计划、策划等。

（3）工作输出。员工操作所需要付出的体力活动以及他们所使用的工具和设备。

（4）人际活动。人际信息交流、人际关系、个人联系、管理和相互协调等等。

（5）工作情景与职务关系。工作条件、物资和社会环境。

（6）其他方面。工作时间安排、报酬方法、职务要求、具体职责。

每一个项目既要求评定其是否成为一个职位的要素，还要在一个评定量表上评定其重要程度。PAQ 给出了六个评分标准：

（1）信息使用度（U）。

（2）耗费时间（T）。

（3）适用性（A）。

（4）对工作的重要程度（I）。

（5）发生的可能性（P）。

（6）特殊计分（S）。

在使用过程之中，用这六个评分标准对所需要的职务进行核查，之后，按照

PAQ 给出的计分标准，计算出该职位在这些要素上的得分。

职位分析问卷的优点在于：它按照五个基本领域将工作进行了排序并且提供了一种量化的分数顺序。这五个基本领域如下：

（1）是否负有决策/沟通/社会方面的责任。

（2）是否执行熟练的技能性活动。

（3）是否伴随有相应的身体活动。

（4）是否操纵汽车/设备。

（5）是否需要对信息进行加工。

职位分析问卷的真正优势就在于问卷的实施者可以根据这五个基本维度对工作进行等级划分，也就是按照这五个方面对每一项工作分配一个量化的分数。

职位分析问卷的不足之处主要表现在以下两个方面。首先，由于职位分析问卷没有对职位的特定工作活动进行描述，因此，职位行为的共同属性就使得任务之间的差异比较模糊。其次，职位分析问卷的可读性不强，只有具备大学文化水平的人才能够理解其中的项目，这势必对问卷的使用范围产生很大的限制。

2. 美国劳工部工作分析程序

美国劳工部工作分析程序是美国劳工部所采用的工作分析方法，目的在于找到一种能够对不同工作进行量化并划分等级的方法。它的核心是对于每一项工作都按照任职者和信息、人、物这三者之间的关系来进行等级划分。

这种分析方法的基本程序是首先清理出任职者在信息、人、物这三个维度上有哪些基本活动，并予以归纳总结（如表 2.2 所示）。然后根据目标职位的任职者在理论上需要承担哪个层次的活动，赋予其相应的分数。最后，这三项得分的总和就成为此项工作的等级划分的基础。

表 2.2　　美国劳工部工作分析法中所使用的任职者基本活动

	信息	人	物
基本活动	0 综合	0 指导	0 创造
	1 调整	1 谈判	1 精密加工
	2 分析	2 教育	2 操作、控制
	3 汇编	3 监督	3 驾驶、操作
	4 加工	4 转换	4 处理
	5 复制	5 劝解	5 照料
	6 比较	6 交谈—示意	6 反馈—回馈
	7 服务	7 服务	7 掌握
		8 接受指示、帮助	

注：0 代表最高分数。

资料来源：加里·德斯勒．人力资源管理．北京：中国人民大学出版社，2012.

美国劳工部工作分析程序的结果是一张汇总表。汇总表包括工作名称、所处行业、标准产业分类代码及名称、工作简述、对所承担工作的等级评价、对工人能力要求的评价等信息，重点在于对所承担工作的等级评价，具有相同分数的工作可以处于相同的工资等级。

3. 功能性工作分析

美国劳工部提出功能性工作分析作为工作分析程序的一个阶段。尽管功能性工作分析是以美国劳工部工作分析程序为基础的，但是，它能够提供的信息比劳工部工作分析程序要多。这种方法所获得的信息还涉及工作任务、目的以及工作对任职者的培训要求等方面。

功能性工作分析与美国劳工部工作分析程序的区别是，功能性工作分析不仅仅是依据信息、人、物三个方面来对工作进行分类，它在对工作进行分类时还考虑到以下四个因素：

(1) 在执行工作时需要得到多大程度的指导。

(2) 在执行工作时需要运用的推理和判断能力应达到什么程度。

(3) 完成工作所需要具备的数学能力有多高。

(4) 执行工作时所要求的口头及语言表达如何。

此外，功能性工作分析还可以确定工作的绩效标准以及工作对任职者的培训要求。这样，运用此方法进行工作分析，可以得知为了完成任务并达到新的绩效标准，需要对任职者进行哪些培训。

第三节 工作分析的产出

如前所述，工作分析的产出主要体现为职位说明书，一个完整的职位说明书通常包含两大部分内容：工作说明书和工作规范。工作说明书与工作规范最大的不同在于工作说明书是以“工作”为主角，而工作规范是以担任某工作的“员工”为主角。工作规范以工作说明书的内容为依据来回答这样一个问题：要做好这项工作，任职者必须具备什么样的特点和经验？

一、工作说明书

1. 工作说明书的主要内容

工作说明书主要是对某一职位或岗位工作职责的说明，同时也包括职位信息、工作联系、工作环境条件等方面的内容。

表 2.3 是一张典型的工作说明书所包括的内容。

表 2.3　　　　工作说明书包含的内容

工作的基本资料	名称、副名称、代码、级别、工资等级、地点、报告关系
工作任务概要	对任务、工作目的、产品或服务的简练而完整的陈述
工具	机器、设备
材料	原材料、货物、物资、数据以及工作中的其他材料
技术和方法	将投入转化为产出的典型方法
指导和控制	有关产出数量和质量、运用的方式方法、员工行为及结果的模式
任务/行为	对所做工作的描述，包括员工与数据、其他人、事以及那些对他完成工作有指导作用的规定之间的关系
环境	工作中的物理、心理和情感因素，雇用条件和状况，与其他工作之间的联系
补充信息	没有包含在以上各项中，但对于实现操作目标、限定工作条件来说是必不可少的那些细节

2. 工作说明书的编制

在编制工作说明书的时候，应注意下列四个方面的问题：

（1）获得高层管理者的支持。管理层的认同和支持对有效完成工作分析及编写说明书具有决定性的作用。组织的人力资源管理部门应协助管理层筹划制定政策和确定方向，并且将这个信息传递给整个组织，以获得一致的支持。

（2）明确工作说明书对管理的重要性。工作说明书是一种重要的管理工具。任何一个组织中的管理层都需要去计划，分配工作，继而控制每项工作的进度及成果。各层管理人员只有清楚知道在其管辖范围内，各下属的任务、职责的分配及工作内容，各成员之间的工作关系，才可以有效地履行管理责任。对于组织而言，工作说明书可以作为协调各部分运作的基本引导，使得最高管理层能够系统地分配职权、指定责任范围，充分发挥部门间的整体合作机动性。

（3）工作说明书应该清楚明确、具体且简单。在界定工作时，应尽量使用简明的专门动词和名词来描述工作的目的和范围、责任权限的程度和类型、技能的要求等。另外，文字措辞应保持一致，文字叙述应简洁清晰。

（4）工作说明书必须根据组织机构的变化而不断更新。管理者必须依据组织机构的变化及时修订工作说明书，如果组织机构改变了，而工作说明书仍是原来一套，其作用就不能发挥出来。久而久之，工作重叠、职责混淆，管理分配不平衡的问题就会出现，而工作缺乏效率、员工缺乏积极性、利润下降等现象亦会相继产生。

二、工作规范

工作规范是指为了完成某项特定工作所必须具备的知识、技能、能力以及其他的一些个性特征的目录清单，简称 KSAOs，即 Knowledge、Skill、Ability、Others。这里的知识是指为了完成某项工作而必须掌握的各种实施性或程序性的信息；技能是指一个人在完成某项特定工作时所达到的熟练程度；能力是指一个人具有的比较通用的而且比较持久的才能；而其他特征是指某个人为实现某个目标而具有的动力和持久力等一些人格特征。这里所说的知识、技能、能力和其他特征都是一些人们通过肉眼无法直接看到的特征。只有当人们把自己具有的这些特征用到自己所承担的一项具体的工作、任务、职责时，才有可能对这些特征进行观察。

工作规范是完成特定工作的人员需要具备的知识、技术、能力及其他应具备的要素的最低条件的书面说明。它主要用以指导如何招聘和录用人员，我们可以用图 2.3 来表示工作规范的主要作用。

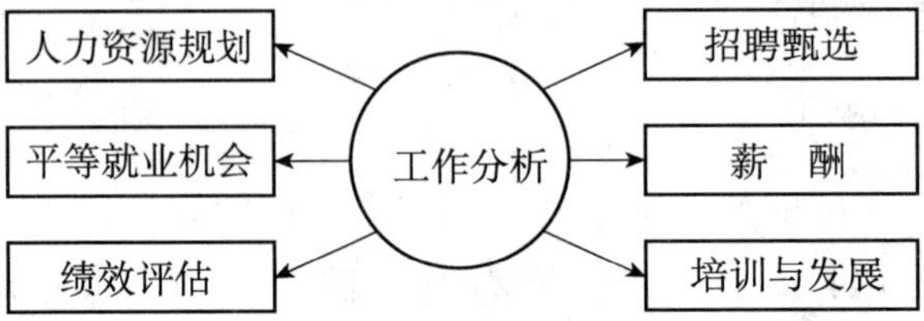

图 2.3　工作规范的作用

工作规范可以通过提供 KASOs 信息，为整个公司的人力资源规划提供员工技能清单；在招聘甄选阶段，负责人员可以利用工作规范所提供的 KASOs 信息，制作那些供应聘者填写的申请表和测试表；由于从工作规范中得出的信息都是与工作绩效直接相关的，并不是针对某个人的，因此可以为所有的应聘者提供平等的就业机会，同时，这还有利于企业避免某些法律纠纷；另外，由于工作规范是根据与工作本身相关的因素和信息制定的，所以，它可以作为员工薪酬和绩效评估的标准；最后，培训人员还可以将工作规范的要求和员工自身所具备的技能进行比较，找出两者之间的差距，以指导培训工作的良好开展。

三、职位说明书

在现实应用过程中，有关工作本身的内容和任职资格要求往往不能分开，成为工作分析的必要组成部分，进而采用职位说明书这种形式输出工作分析的结果。职位说明书是综合工作说明书和工作规范的内容，形成的一个系统性书面文件。一般说来，一份典型的职位说明书应该包含如表 2.4 所示的内容。

表 2.4　　职位说明书包含的内容

项目	具体内容
职位基本信息	说明工作的基本信息，如职位名称、代码、直接主管、所属部门、工资等级等
职位设置目的	职位对组织目标的贡献描述
在组织中的位置	工作承担者在组织中的位置
工作职责	将工作分解为若干职责，对每一职责进行清晰明确的描述，这是工作说明书中最主要的内容
衡量指标	评价每一项工作职责结果的指标
工作环境与条件	工作承担者工作的时间、环境等特征
任职资格标准	工作承担者完成工作需要具备的最低的资格标准，包括学历、专业、经验等

可以用下面的一个具体例子来说明职位说明书的样式，见表 2.5。

表 2.5　　×××职位说明书

<table>
<tr><td colspan="6">一、职位基本信息</td></tr>
<tr><td>编号</td><td></td><td>职位名称</td><td></td><td>所属部门</td><td></td></tr>
<tr><td>任职人员</td><td colspan="3"></td><td>所属二级部门</td><td></td></tr>
<tr><td>所属上级</td><td></td><td>在编人数</td><td></td><td>工资序列</td><td></td></tr>
<tr><td>编制人</td><td></td><td>编制时间</td><td></td><td>批准人</td><td></td></tr>
<tr><td colspan="6">二、职位设置的目的</td></tr>
<tr><td colspan="6"></td></tr>
<tr><td colspan="6">三、工作职责及衡量指标</td></tr>
<tr><td>序号</td><td colspan="3">工作职责</td><td colspan="2">衡量指标</td></tr>
<tr><td>1</td><td colspan="3"></td><td colspan="2"></td></tr>
<tr><td>2</td><td colspan="3"></td><td colspan="2"></td></tr>
<tr><td>3</td><td colspan="3"></td><td colspan="2"></td></tr>
<tr><td colspan="6">四、工作关联</td></tr>
<tr><td>部门内</td><td colspan="5"></td></tr>
<tr><td>部门间</td><td colspan="5"></td></tr>
<tr><td>其他单位</td><td colspan="5"></td></tr>
<tr><td colspan="6">五、工作特征</td></tr>
<tr><td>工作时间特征</td><td colspan="5"></td></tr>
<tr><td>工作的紧张程度</td><td colspan="5"></td></tr>
<tr><td>工作的均衡性</td><td colspan="5"></td></tr>
<tr><td>工作的地点</td><td colspan="5"></td></tr>
<tr><td colspan="6">六、任职资格要求</td></tr>
<tr><td>维度要求</td><td colspan="5"></td></tr>
<tr><td>必备学历要求</td><td colspan="5"></td></tr>
<tr><td>必备经验要求</td><td colspan="5"></td></tr>
<tr><td>专业要求</td><td colspan="5"></td></tr>
<tr><td>知识要求</td><td colspan="5"></td></tr>
<tr><td>基本技能</td><td colspan="5"></td></tr>
<tr><td>职位培训</td><td colspan="5"></td></tr>
</table>

第四节
工作设计

尽管我们易于把工作看成是静态的和稳定的，但是实际上，工作总是随着时间不断发生变化。从事这些工作和负责这些工作的人经常会对一项具体的工作进行细微的调整，其目的就在于使工作适应环境变化的要求，或者适应员工兴趣偏好的要求。

越来越多的组织已经认识到工作以及组织成员的需求在不断发生变化的事实了，于是组织定期对工作进行分析，有些是一年一次，有些则是三年一次，组织内外部的各种因素都可能影响到进行工作分析的频数和程度。然而，在管理实践中，越来越多的管理人员发现仅通过修改职位说明书已经不能满足管理的需要了。很多时候，过于规范的职责描述限制了组织成员创造性和主动性的发挥，也使他们产生倦意。在当今人本主义管理盛行的年代，就需要采用其他方法来打破职责过于规范的约束，从而激发组织成员的积极性。于是需要根据组织的发展状况和任务要求，把工作任务进行重新组合，将其设计成符合员工特点的职位，这样工作分析就进一步深化为工作设计，工作轮换、工作扩大化和工作丰富化技术就应运而生。

工作设计是 20 世纪 80 年代出现的新的人力资源管理思想，在西方国家已经非常盛行。关于工作设计，有很多不同的思想和技术（孙健敏，2002），我们主要介绍几种常用的技术。

一、工作轮换

工作轮换（Job Rotation），也称为交叉培训法，就是在员工感到一种工作不再具有挑战性和激励性时，就把他们轮换到同一水平、技术要求相近的另一个岗位上去的方法。

工作轮换的优点在于通过丰富员工工作的内容，减少员工工作过程中产生的枯燥感，激发员工的工作积极性，提升员工的自身竞争力。而且，它可以为员工提供一个个体行为适应总体工作流的适宜环境，增加员工对自己的最终成果的认识。当然，它也能够给企业带来很大的益处。因为这种方法能够扩大员工的技能范围，这样，管理人员在安排工作，填补职位空缺时，就具有了很大的灵活性。这对每一个处在变幻莫测的竞争环境中的企业来说，都是至关重要的。

当然，工作轮换也存在一些不足之处。首先，工作轮换会使培训费用上升，因为要使员工在不同于以前的岗位上继续保持同样甚至更高的效率必须对其进行多方面的培训和教育。其次，当员工在原先的岗位上工作效率已经很高时，如果将其轮换到另一个工作岗位，势必会影响到组织的现有生产力。最后，当员工的工作环境改变以后，他就需要重新调整和适应自己与周围人的关系，这需要管理人员付出很多精力来处理这些来自人际关系方面的问题。

二、工作扩大化

工作扩大化（Job Enlargement），即我们所说的横向工作扩展，就是通过增加员工的工作数量，丰富工作内容，从而使得工作本身变得多样化。工作扩大化可以使员工有更多的工作可做。通常这种新工作同员工原先所做的工作非常相似。

工作扩大化可提高效率，因为不必将产品从一个人手中传给另一个人，从而节约了时间。此外，由于完成的是一整个产品，而不是在一个大件上单单从事某一项工作，这样在心理上也可以得到安慰。

一些研究报告证明，工作扩大化的实施提高了员工的工作满意度和改善了工作质量。IBM公司则报告工作扩大化导致工资支出和设备检查的增加，但因质量改进、职工满意度提高而抵消了这些费用；美国美泰克公司声称实行工作扩大化提高了产品质量，降低了劳务成本，工人满意度也提高了，生产管理变得更有灵活性。

但是从整体上来说，工作扩大化的实施效果并不尽如人意。尽管工作扩大化在克服专业化过强、工作多样性方面不足方面效果显著，但在激发员工工作积极性和培养挑战意识方面却没有太大意义。而工作丰富化的引入恰恰弥补了这方面的不足。

三、工作丰富化

工作丰富化（Job Enrichment）与工作扩大化相反，是对工作内容的纵向扩展。工作丰富化是对工作内容和责任层次的基本改变，旨在向员工提供更具挑战性的工作。它是对工作责任的垂直深化。它通过对员工工作时间和动作的研究，将工作分解为若干小范围、单一化、标准化及专业化的操作内容与程序，并对员工进行培训和适当的激励，以达到提高生产效率的目的。

管理人员如何才能使员工的工作丰富化呢？图2.4总结说明了工作丰富化的指导原则。

（1）组合任务。即尽可能把独立的和不同的工作合成一个整体。管理人员应该尽量先清理现有的零散的工作任务，把它们组合在一起，形成一种新的、内容更广泛的工作单元，这样就可以增加技能的多样性和任务的完整性。

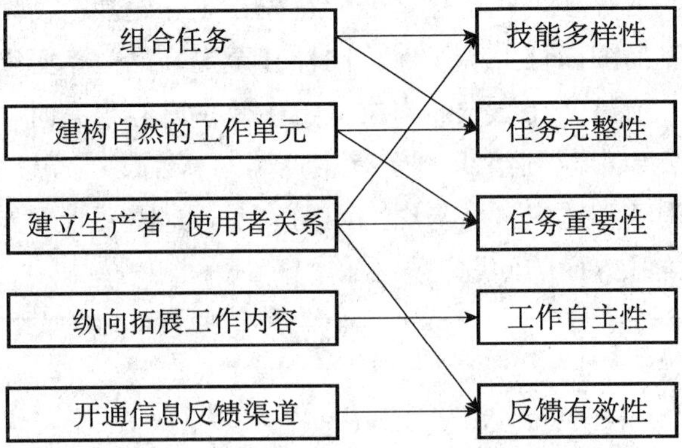

图 2.4　工作丰富化的指导原则

资料来源：斯蒂芬·罗宾斯．组织行为学．北京：中国人民大学出版社，2012.

（2）建构自然的工作单元。这意味着尽可能让集体工作构成一个有意义的整体。工作单元可以根据地理位置、产品或生产线、业务或客户来划分。让员工负责一个独立而有意义的工作整体，这样可以增加员工的“主人翁意识”，促使员工感到自己的工作是有意义的，而不是无关紧要的。

（3）建立生产者—使用者关系。这意味着使生产者与其产品的使用者（其他生产部门、客户、销售团体等）相联系。这样可以让生产者了解产品的评价标准，提高员工的技能多样性、工作自主性及反馈有效性。

（4）纵向拓展工作内容。即尽可能地给生产者计划、参与、控制自己工作的权力。这样，不需要经过其他部门专门培训，生产者的控制能力就会获得提高。这种控制能力也意味着给生产者计划工作、控制存货、预算资金和控制质量的权责，可以实现工作中“执行”与“控制”的有效衔接，增强员工的工作自主性。

（5）开通信息反馈渠道。这意味着尽可能地给生产者更多的有关生产结果的信息，如成本、产量、质量、组织结构、消费者的抱怨等。直接、多角度和迅捷的工作信息反馈对于员工了解自己的工作进度、绩效状况进而提高工作效率具有重要意义。

工作丰富化虽然意味着培训费用的增加、工资报酬的上升以及工作设施的完善或扩充，但是可以提高对员工的激励水平和工作满意度，进而对提高员工生产效率与产品质量、降低员工离职率和缺勤率产生积极的影响。况且企业培训费用的支出本身就是对提高人力资源素质的一项必不可少的投资。

【基本概念】

工作分析　观察法　访谈法　工作说明书　工作规范　工作轮换　工作扩大化　工作丰富化

【本章小结】

1. 工作分析就是通过特定方法获取与工作有关的详细信息的过程。一般来说，工作分析需要从以下八个要素（6W2H）着手，即 Who（谁从事此项工作）、What

(做什么)、Whom(为谁做)、Why(为什么做)、When(工作时间)、Where(工作地点)、How(如何从事此项工作),以及 How Much(为此项工作所需支付的费用)。

2. 工作分析是人力资源管理活动中一项重要的基础性工作。培训项目的开展、工作评价和薪酬计划的实施,以及绩效考核都要依据一个完整的工作分析。工作分析的结果可以运用到人力资源规划、招聘与甄选、员工的任用与配置、职业生涯设计等各个环节上。

3. 工作分析的基本方法包括观察法、访谈法、问卷法、写实分析法、参与法;结构化的工作分析方法包括职位分析问卷、美国劳工部工作分析程序、功能性工作分析等等。

4. 工作分析的程序包括准备阶段、收集信息阶段、工作分析阶段、描述阶段、运用阶段以及反馈与调整阶段。

5. 工作分析的主要结果以职位说明书的形式体现,它主要包含工作说明书和工作规范两大部分。工作说明书主要是对某一职位或岗位工作职责的说明,同时也包括职位基本信息、工作联系、工作环境条件等方面的内容。工作规范指任职者为完成工作所需要的知识、技术、能力及所应具备的最低条件的书面说明。

6. 传统的工作分析已经不能满足发展的要求,工作轮换、工作扩大化以及工作丰富化等方法的出现可以满足环境的变化要求以及员工的需求。

【复习思考题】

1. 什么是工作分析?它主要收集的是哪些方面的信息?
2. 工作分析的方法主要有哪些?简要评价各种方法的优缺点及适用的条件。
3. 简要描述职位说明书包含的内容。
4. 工作设计有哪些主要方法?各有什么优缺点?
5. O* NET 的特征是什么?有哪些用途?

【推荐阅读】

1. Conte J M, Dean M A, Ringenbach K L, et al. The relationship between work attitudes and job analysis ratings: do rating scale type and task discretion matter? Human Pcrformancc, 2005, 18 (1): 1-21.

2. Harvey R J. Job analysis//Dunnette M D, Hough L M. Handbook of industrial and organizational psychology (Vol. 2). Palo Alto, CA: Consulting Psychologists Press, 1991: 71-164.

3. 雷蒙德·A·诺伊,约翰·霍伦拜克,巴里·格哈特,帕特雷克·赖特. 人力资源管理:赢得竞争优势. 北京:中国人民大学出版社,2001.

4. 加里·德斯勒. 人力资源管理. 北京:中国人民大学出版社,1999.

5. 斯蒂芬·罗宾斯. 组织行为学. 北京:中国人民大学出版社,1997.

第三章 人力资源规划

【学习目标】

学完本章后，你应该能够：

1. 了解人力资源规划的概念和意义。
2. 理解人力资源规划的内容与程序。
3. 了解人力资源规划的原则和流程。
4. 了解人力资源规划预测技术及其在实践中的意义。

| 章节导引 |

A公司的人力资源规划

冯如生几天前才调到A公司的人力资源部当助理，就接受了一项紧迫的任务，要求他在10天内提交一份本公司五年的人力资源规划。虽然老冯从事人力资源管理工作已经多年，但面对桌上那一大堆文件、报表，不免一筹莫展。经过几天的整理和苦思，他觉得要编制好这个规划，必须考虑下列各项关键因素：

首先，是本公司现状。它共有生产与维修工人825人，行政和文秘性白领职员143人，基层与中层管理干部79人，技术人员38人，销售人员23人。其次，据统计，近五年来职工的平均离职率为4%，没理由预计会有什么改变。不过，不同类别的职工的离职率并不一样，生产与维修工人离职率高达8%，而技术人员和管理干部则只有3%。再次，按照既定的扩产计划，白领职员和销售人员要新增10%～15%，技术人员要增加5%～6%，中、基层干部不增也不减，而生产与维修的蓝领工人要增加5%。有一点特殊情况要考虑：最近本地政府颁布了一项政策，要求当地企业招收新职工时，要优先照顾妇女和下岗职工。本公司一直未曾有意排斥妇女或下岗职工，只要他们来申请，就会按同一种标准进行选拔，并无歧视，但也未予特殊照顾。如今的事实却是：销售人员除一人是女的外全是男的；中、基层管理干部除两人是妇女外，其余也都是男的；技术人员里只有三个是妇女；蓝领工人中约有11%的妇女或曾经的下岗职工，而且都集中在最底层的劳动岗位上。

冯如生还有5天就得交出计划，其中包括各类干部和职工的人数、从外界招收的各类人员的人数以及如何贯彻市政府关于照顾妇女与下岗人员政策的计划。此外，五金制品公司刚开发出几种有吸引力的新产品，所以预计公司销售额五年内会翻一番，冯如生还得提出一项应变计划以备应付这类快速增长。

资料来源：李冰，李维刚．人力资源管理．北京：清华大学出版社，2009.

第一节 人力资源规划概述

在组织竞争趋于白热化的今天，人的问题无疑是最值得关注的问题，人力资源已经成为组织最为重要的资源，是组织获取竞争优势的重中之重。在整个人力资源管理活动中，人力资源规划起着基础性和指导性的作用，必须使人力资源规划与组织战略目标相结合。因此，人力资源规划是人力资源管理所有活动的基础和起点。

企业每天都在关注两个市场——消费市场和劳动力市场——的变化，试图在这两者的交互作用中寻找一个契合点，从而使组织的人力资源配置达到最优状态。消费市场和劳动力市场之间存在着一定的矛盾：当产品处于旺季时往往会出现人手不够的问题；而当产品处于淡季时又出现“人多活少”、没钱发工资的状况。这种矛盾困扰着很多组织，组织往往因为不能很好地平衡这两种状态而在激烈的市场竞争中处于劣势；相反，如果组织能够在这两种状况之间找到一个最佳的平衡点，在不同时期对劳动力的不同需求能够应付自如，就会最终形成自己的竞争优势，在激烈的市场竞争中处于领先地位。人力资源规划恰好能够帮助组织找到相应的平衡点。

组织经常会思考一些问题，如：组织的发展目标是什么？为实现这一目标，人力资源如何进行代谢和替换？组织结构如何随之变化现有的人力资源状况如何？具有哪些优势和劣势？组织是否拥有足够的员工？组织是否合理利用了现有的人力资源？组织是否需要开发现有员工的相关技能？这些问题都涉及了人力资源规划的范围。

组织要生存与发展，就必须具备一支规模适当、素质较高的员工队伍。而外部环境千变万化，人员流动日益频繁，这就给组织的人力资源规划带来了挑战。一个组织可能由于缺乏人力资源规划或对人力资源规划重视不足而承担无形成本。比如，不完善的人力资源规划会导致职位空缺而无法弥补，还会带来工作效率上的损失。此外，组织缺乏人力资源规划会使员工很难做出职业生涯设计或个人发展规划，从而导致人员的过度流失。而通过人力资源规划，组织就可以确保适当数量、适当类型的个体在适当的时间和地点满足组织对人力资源的需求。这样一来，人力资源规划就和战略性业务规划紧密联系在一起了。由于人力资源管理正在向着战略性的方向发展，人力资源规划已成为人力资源管理领域中发展最为迅速的一个重要领域。

一、人力资源规划的概念

人力资源规划从产生到现在已经有几十年的历史了。自从现代工业组织产生以来，人力资源规划就成为一种管理活动。但是早年的人力资源规划在形式上和运作上都比较狭窄。20 世纪初，人力资源规划的关注点主要集中在小时生产工人，如何提高工人的生产效率是当时的热点问题。第二次世界大战期间及以后相当长的一段时间内，对员工生产率的重视得到了进一步的加强。由战争造成的物资和人才的稀缺，使组织经营者更加迫切地关注如何获得高水平的管理人员。同时由于新技术的发展和人们对工作行为的关注，人力资源规划工作也随之变得更为复杂。

20 世纪 60 年代伴随着科技的高速发展以及组织的快速成长，人力资源规划的重点放在了人才的供求平衡上，尤其是管理人员、专业技术人员的供求平衡。在此期间，人力资源规划被界定为“管理人员确定组织应当如何由目前状态发展到理想状态的人力资源管理过程”。

进入 20 世纪 80 年代，人力资源规划强调接班人计划、人员精简计划、组织再造与兼并收购等方面，制订人力资源规划的方法更加注重实效，开始开发与组织战略结合起来的人力资源规划方法并逐渐将其投入使用。

1. 人力资源规划的定义

从广义上讲，人力资源规划就是“根据变化的环境对组织的人力资源需求进行分析，并为满足这些需求设计必要的活动”。

从狭义上讲，人力资源规划是指根据组织的战略目标和外部环境的发展变化，合理地分析和预测组织对人力资源的需求和供给状况，制定相应的计划或方案，以保证组织在适当的时候获得适当数量、质量和种类的人员补充，满足组织和个人需求。

人力资源规划的狭义定义包含三层含义：

（1）人力资源规划的制订依据是组织的战略目标和外部环境。组织的人力资源规划应根据组织战略规划的总体目标和阶段要求来分步制定。组织在不同发展时期对人员有不同的要求，这包括人员的知识、年龄结构、管理人员与操作人员的比例、不同专业人员的比例等。组织在不同时期会有不同的工作重点和组织结构，也需要有相应的人员要求。组织的战略目标与人力资源规划之间的关系越来越紧密，正如人力资源规划专家詹姆斯·沃克所说：“如今，实际上所有的经营问题都有人的因素，所有的人力资源问题都有经营的因素。”因此，人力资源规划只有紧密地与组织战略目标保持一致才能真正地发挥其应有的作用。

此外，外部环境也是人力资源规划应该考虑的因素。从理论上讲，人力资源规划是环境与人力资源管理的集合（亚瑟·W·小舍曼等，2001），任何决策都必须与环境趋势和当代的社会问题相一致。组织需要考虑的外部环境因素包括经济发展、技术变革、劳动力的供求、相关法律法规等，在制订人力资源规划时要充分考虑这些因素。

（2）保证人力资源与未来组织发展各阶段的动态适应。没有变化就不需要规划，随着竞争的日益激烈，组织的战略目标可能会随时发生变化，而外部环境更是瞬息万变，这就导致了组织对人力资源需求的动态性。在科学技术日益发展的年代，技术更新的周期越来越短，越来越多的先进设备投入使用，这就对组织的人员素质提出了更高的要求。同时，人员流动日趋频繁，“在一个组织干一辈子”的思想已经属于过去，越来越多的人不断地尝试着新的工作环境。这就要求组织的人力资源规划必须是个动态过程，能够随时应对组织内部和外部出现的各种变化。

（3）人力资源规划在实现组织目标的同时，也满足个人利益。组织的人力资源规划要为组织获取合格的人才，也要为合格的人才匹配合适的岗位，即做到“人职匹配”。当今组织间的竞争已经转为不同组织所拥有的人力资源之间的竞争，优秀的人力资源是一种稀缺性资源，为此，组织要想获得长足的发展，就必须最大限度地利用其所拥有的每一位员工的潜能，并且还要为每一位员工提供一个不断成长、最终实现个人价值的机会。为了达到这一目的，许多组织开始越来越多地强调职业规划。

2. 人力资源规划的目标

人力资源规划的总体目标是尽可能有效地配置人力资源，为实现组织目标服务。

具体表现在下列六个方面：

（1）获取并保持一定数量的具备特定技能、知识结构和能力的人员。

（2）充分利用现有人力资源，为人力资源管理的其他各项工作，如招聘、培训和开发等，提供良好的基础。

（3）能够预测组织中潜在的人员过剩或人力不足，并且在供求失衡发生之前，调整组织的人力资源需求，从而减少人力资源管理方面的支出。

（4）与组织中的业务规划相联系，保持人力资源的合理配置，为优化业务规划提供支持。

（5）建设一支训练有素、运作灵活的劳动力队伍，增强组织适应未知环境的能力，为实现组织的战略目标提供保障。

（6）减少组织在关键技术环节对外部招聘的依赖性，唤起组织中各层级人员对人力资源管理重要性的认识。

3. 人力资源规划应解决的基本问题

人力资源规划是预测未来的组织任务和环境对组织的要求，以及为了完成这些任务和满足这些要求而设计的提供人力资源的过程。它要求通过收集和利用信息，对人力资源管理中的资源使用进行决策。对于一个组织来说，人力资源规划的实质是根据组织的战略目标，通过确定组织中人力资源的数量和质量来实现组织目标。

人力资源规划主要解决以下基本问题：

（1）组织的人力资源现状和人力资源的数量、质量、结构。组织中各部门、各层级、各专业的人力资源状况如何？员工的年龄、性别、教育程度、工龄、司龄的构成是怎样的？存在哪些优势和不足？组织目前的人力资源状况是否能够满足组织战略目标对人员的要求？如果不能满足，缺口在哪里？通过对现有人力资源的分析找出差距所在，为制定下一步的人力资源规划提供依据。

（2）组织为实现战略目标对人力资源的要求。未来组织需要什么样的人才？组织的战略发展目标是什么？它对组织的人员有哪些要求？

（3）进行人力资源预测。组织在进行人力资源规划时使用什么样的预测技术？如何预测组织对人力资源的需求？如何预测人力资源的供给？依据什么样的程序和方法？科学的人力资源预测技术和方法是人力资源规划成功与否的关键。

（4）弥补组织人力资源理想与现状之间的差距。人力资源规划是否合理？是否达到了预期目标？如果没有达到，问题出在哪里？组织在实施了各种人力资源管理活动之后，我们需要不断地对自身所做的工作进行评估，考察组织是否已经达到了既定目标。如果工作出现偏差，就必须及时予以纠正或调整；如果是因为人力资源规划本身的问题，那就要重新从评价组织内外部环境开始，重新制定切实可行的人力资源规划。

二、人力资源规划的作用

人力资源规划主要是对组织人力资源的数量、质量和结构的规划。数量方面，它主要是探求现有的人力资源数量是否与组织所需的人员数量相匹配；质量方面是指现有人员的受教育程度及培训状况，关键是工作知识和工作能力的高低；结构方面，主要是指研究组织人员配置是否高效合理。人力资源规划不仅在组织的人力资源管理活动中具有先导性和战略性，而且在实施组织总体规划中具有核心地位。人力资源规划的作用主要表现在以下方面。

1. 人力资源规划是组织战略规划的核心部分

组织的战略规划包括人力资源规划、财务规划、产品规划、市场规划等，人力资源规划可以协助组织在财务目标、产出目标、产品结构、技术和资源需求等方面完成组织预期的目标。一般情况是，组织在确定了业务发展计划以后，人力资源规划部门负责设计切实可行的组织结构，并且确定所需要的员工种类和数量，以达成组织要求的财务和产出指标。在确定了组织结构和人员需求之后，人力资源规划部门设计一些具体的规划方案来实施这些目标。因此，人力资源规划是组织战略与运作之间的关键衔接要素。

2. 人力资源规划是组织适应动态发展需要的重要条件

变化是市场唯一不变的法则，组织要想在激烈的市场竞争中生存并得以发展，必须面对不断变化的市场做出敏捷的反应。对于一个动态组织来说，人力资源需求和供给的平衡就不可能自动实现，因此，需要分析供求之间的差异，并采取适当的措施进行调整。而人力资源规划的一项基本职能就是预测供求差异并调整差异，它的重要作用在于可以从一个更为长远的视角进行未雨绸缪，在变化发生之前制定出应变措施。

3. 人力资源规划是各项人力资源管理实践的起点和重要依据

人力资源规划作为人力资源管理的出发点，是任何一个人力资源管理方案得以成功实施的首要步骤之一。在组织的人力资源管理活动中，人力资源规划不仅具有先导性和战略性，而且在实施组织目标和规划的过程中，还能不断调整人力资源管理的政策和措施，指导人力资源管理活动，是其他各项人力资源管理活动的纽带。组织的工作分析等人力资源管理的基础活动，是人力资源规划的重要前提，而人力资源规划又对人员的招聘选拔、报酬福利、教育培训等各种人力资源管理活动的目标与实施步骤做了具体而详尽的安排。

人力资源管理实践的成功执行在很大程度上都要依靠细致的人力资源规划，人力资源规划为相关人力资源活动人员、人力资源专家以及直线经理指明了方向。通过人力资源规划过程，一个组织能够明确未来所需要的技能组合，然后利用这个信息为其招聘、甄选、培训、开发等人力资源实践制订各项计划。

4. 人力资源规划有助于控制人工成本

人力资源规划对预测中、长期的人工成本具有重要作用。人工成本中最大的支出是工资，而工资总额在很大程度上取决于组织中的人员分布状况。人力资源规划可以对组织现有的人员结构进行深入分析，从而找出影响人力资源有效运作的关键因素，减少因此而产生的不必要的用人成本。在预测未来组织发展的条件下，有计划地逐步调整人员的分布状况，把人工成本控制在合理的支付范围内，显然是十分重要的。

5. 人力资源规划有助于调动员工的积极性

人力资源规划在调动员工的积极性方面也有很大作用，员工的职业生涯设计和职业生涯发展规划都是在人力资源规划的协助下进行的。借助于合理的人力资源规划，员工能有更多的机会预见到自己的职业生涯发展前景，能有更多的机会参加有利于提升自身素质和胜任能力的培训机会。这样的情形通常会使员工的满意度增加，从而获得一系列意想不到的理想结果——较低的缺勤率和流动率、较少的工作事故及更高的工作质量。

由于人力资源规划具有以上作用，所以，其在组织中的地位越来越重要，从实践的角度来看，人力资源规划对于组织达成其战略目标的作用也在逐步得到公众的认同。国际著名的人力资源咨询组织合益集团曾经对 927 名从事人力资源管理的人员进行了一项旨在考察人力资源从业人员对“人力资源规划”的态度的调查。调查结果显示：有 51%的人认为他们所在组织的高层管理者认为“人力资源规划”“非常重要”或者“相当重要”。而仅仅有 16%的人认为在他们的组织中，“人力资源规划”处于“不重要”或者“被忽视”的地位。

第二节 人力资源规划的内容与程序

一、人力资源规划的内容

人力资源规划分长期、中期和短期规划。一般来讲，长期规划是 5～10 年或更长的战略性计划，比较抽象；短期规划是1～3年，一般而言任务清晰、目标明确；中期规划介于两者之间。短期规划是执行计划，是中长期规划的贯彻和落实，中长期规划对组织的人力资源规划具有方向性的指导作用。

人力资源规划一般从两方面入手：一方面侧重对组织的发展态势、工作内容、任职要求以及内部人力资源现状进行分析；另一方面，对组织未来的人力资源需求和劳动力市场相关人力资源的供求趋势进行科学的预测，以便为人员的增减补充做出全面而周到的安排。

组织的人力资源规划分为两个层次：总体规划和具体规划。总体规划主要是指计划期内人力资源管理的总原则、总方针、总目标、总体实施步骤和总体预算安排；具体规划是总体规划的展开和时空具体化，每一项具体计划也都是由目标、任务、政策、步骤和预算等部分构成，从不同方面保证人力资源总体规划的实现。具体规划主要包括以下几个方面。

1. 岗位职务规划

该计划主要包括组织的结构设计、职位设置、职位描述和任职资格要求等内容，旨在解决组织定岗定编的问题。组织要依据自己的近远期目标、劳动生产率、技术设备工艺要求等状况确立相应的组织机构、工作标准与规范，进而制定定岗定编计划。

2. 人员配置规划

该计划主要包括组织中每个职务的人员数量、职务变动以及职务人员空缺等内容，具体由以下内容组成：

（1）人力分配规划。依据各级组织机构、岗位职务的专业分工来配置所需的人员，包括工人工种分配、管理人员职务调配及工作调动等内容。

（2）晋升规划。实质上是组织晋升政策的一种表达方式。对组织来说，有计划地提升有能力的人员，以满足职位对人员的要求，是组织的一项重要职能。从员工个人角度来看，有计划地提升会满足员工自我实现的需要。

（3）调配规划。确定组织内人员的职位分配，是通过有计划的人员内部流动来实现的。

（4）招聘规划。目的是合理填补组织中长期内可能产生的职位空缺。组织要依据所需要增加的人力资源，制定出相应的人员招聘计划，这种计划一般以一年作为一个阶段。

（5）退休解聘规划。建立组织内部的退出机制，旨在解决人员冗余问题。该计划可以降低劳务成本，提高劳动生产率，调动员工的积极性，同时保持组织的竞争优势。

3. 人员补充规划

该计划旨在使岗位职务空缺中长期内能从质量和数量方面得到合理改善。人员补充规划要具体指出各级各类人员所需要的经验、培训、年龄等要求。

4. 教育培训规划

制订教育培训规划的目的是依据组织发展的需要，通过各种教育培训途径，为组织培养当前和未来所需要的各级各类合格人员。教育培训规划包括两方面：对内挑选现有员工，加强对员工进行专业知识及工作技能的培训；对外应积极猎取那些社会上稀缺但组织未来发展需要的人才。

5. 薪酬激励规划

目的是为了减少人才流动，提高员工士气，改进员工绩效，同时确保组织的人工成本不超过合理的支付限度。这里需要制定工资政策、激励政策和福利政策等。

6. 职业生涯规划

从实践的角度看，职业生涯规划有两个层次：个人层次和组织层次。每个人都有自己的职业生涯，即一个人一生中所有工作活动与经历按照编年的顺序串接组成的整个工作过程。个人层次的职业生涯规划就是个人为自己设计的成长、发展和不断追求满意的计划；组织层次的职业生涯规划则是指组织为了不断增强其成员的满意感并使其与组织的发展和需求相一致，制订有关协调组织成员个人的成长发展与组织的需求发展相结合的计划。人力资源规划中的职业生涯规划指的是组织层次的职业生涯规划。

二、制订人力资源规划的原则

人力资源规划关乎组织的长远发展，科学制订人力资源规划应遵循以下几个原则。

1. 兼顾性原则

在制订人力资源规划时要兼顾组织内外部环境的变化，只有充分考虑内外部环境的变化，才能真正做到为组织发展目标服务。内部变化主要指销售的变化、开发的变化或者说组织发展战略的变化，还有组织员工的流动变化等；外部变化指社会消费市场的变化、政府有关人力资源政策的变化、人才市场的变化等。为了更好地适应这些变化，在人力资源规划中应该对可能出现的情况做出预测，最好能有面对风险的应对策略。

2. 合法性原则

要注意国家及地方人力资源政策环境的变化，人力资源规划的各种实践活动和结果都不能违反国家及地方法规及有关政策。

3. 实效性原则

要保证组织的人力资源规划的实效性，在进行人力资源预测时要充分考虑各项因素，准确、客观地预测出组织对人力资源的需求，为其他人力资源管理活动提供基础。

4. 发展性原则

人力资源规划应该致力于组织的发展、壮大，应该以组织获得可持续发展的生命力为目的，现实中，组织的一时顺境并不代表组织的长远发展，因此，要求组织领导者和人力资源管理者，具有长远目标和宽阔的视野，从组织长远发展的大局出发，协调好各种关系，做好组织的人才再造和培养接班人的工作。

三、人力资源规划的流程

整个人力资源规划可分为三个阶段，每一个阶段都包括若干具体环节，如图 3.1 所示。三个虚线框代表人力资源规划流程的三个阶段，即人力资源规划的分析阶段、制订阶段和评估与调整阶段。

1. 人力资源规划的分析阶段

在人力资源规划的分析阶段，人力资源规划主要包括下列环节：

（1）对组织的内外部环境进行分析。人力资源规划的第一步就是分析组织的内外部环境，包括劳动力市场的供求状况、相关政策法规以及内部战略目标和各项经营活动。比如，当期要达到多少销售额和利润？要超过上一期的百分之多少？在一些组织里，人力资源总监会直接参与组织战略目标的制定，而在另外一些组织则情况相反，这就要求进行人力资源规划的相关人员要获取准确、具体的战略目标，以及由战略目标分解后形成的各个战略子目标、各关键部门的战略目标。通过对这些战略目标的分析或参考相关资料来确定组织的业务规划和各项经营活动。这一程序为后面进行供求分析提供了依据和保障，也是整个人力资源规划成功与否的关键。

（2）分析组织现有的人力资源状况。在对组织内外部环境进行分析之后，下一步就是确定组织现有的人力资源状况。对现有的人力资源状况的分析要分层分类进行，对各个部门、各个职位、不同层级的人员状况进行细致分析，找出其优势和不足，确定现有人力资源与组织实现战略目标所需人力资源之间的差距，为下一步的分析做好准备。

2. 人力资源规划的制订阶段

人力资源规划的制订阶段的主要包括四个环节：预测人力资源需求、预测人力资源供给、制订人力资源供求平衡政策、制订人力资源的各项规划。

（1）预测人力资源需求。在制订阶段，首先要进行人力资源需求预测，即预测组

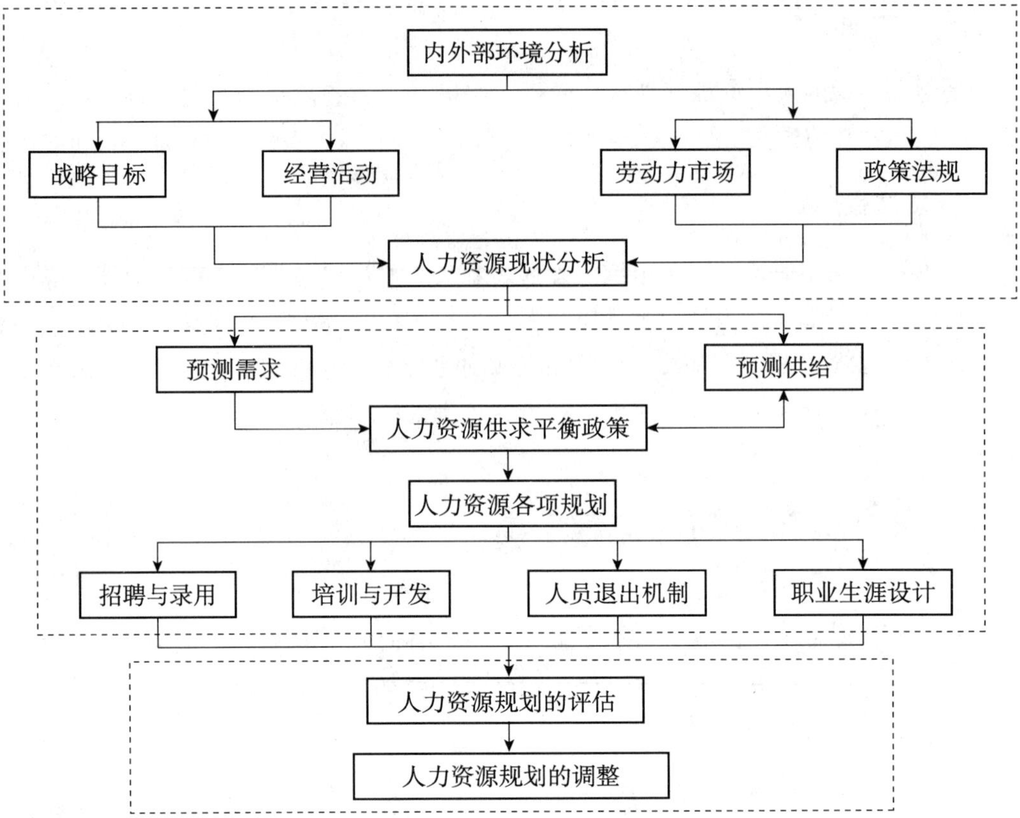

图 3.1　人力资源规划流程图

织所需要的人力资源，包括人力资源的数量、质量和结构三个方面，即：为达成组织战略目标需要多少数量的员工？组织需要什么样的人力资源？对年龄、专业、经验、教育程度等方面分别有何要求？组织现有关键岗位与人员是否匹配？该阶段一项重要的工作就是对现有职位进行分析，收集相关信息，其中包括组织现有的以及将来要有的职位信息。应该详细规定任职者所必需的技能、职责以及评价绩效的标准。另外，了解每个职位与整个组织结构之间的关系也是很重要的，因此，职位信息中还需要包括该职位在整个职业生涯通道中所处的位置及该职位在组织中所能持续的时间，也就是组织需要这个岗位的时间。

（2）预测人力资源供给。预测人力资源供给首先要对组织内现有的人员状况进行详细了解，包括现有人员的数量、技能、职责以及薪水或工资水平，列出关于现有人员状况的一张“清单”。这是掌握组织内部人力资源供给状况的手段，这里还需要考虑人员的变动情况，包括员工的辞职和退休情况，以及人力资源培训和开发方面的影响。与此相类似，可以通过相同的方法来预测组织外部的人力资源供给，包括可以从劳动力市场上获得的一定数量和质量的人员，也包括对劳动力成本的估算，而这种估算必须以对人力资源工资的整体变动趋势做出正确评价为基础。

（3）制订人力资源供求平衡政策。根据人力资源供求预测的数据，对组织在人力资源质量、数量和结构上存在的不平衡进行比较，计算出人力资源净需求。

比较的结果不外乎三种情况：首先，人力资源供大于求，这时组织采取的措施主要有减少临时工数量、实行工作分担制、提前退休，甚至解雇等；其次，人力资源供不应求，这时组织所能采取的主要措施有招聘新员工、加班、培训、晋升、外包、工作再设计等；最后，供求平衡，在这种情况下，组织就不需要进行重大的人力资源调整。

（4）制订人力资源的各项规划。根据所确定的人力资源的净需求制定人力资源规划，包括以上所提到的岗位职务规划、人员配置规划、人员补充规划、教育培训规划、薪酬激励规划和职业生涯规划。人力资源的各项规划制定出来之后就要付诸实施了，这要通过整个组织内部的通力合作才能实现。在实施过程中如果发现问题要及时记录下来，并根据情况做出适当调整，为评估阶段做好准备。

3. 人力资源规划的评估与调整阶段

在这一阶段，包括对整个人力资源规划的评估和调整，主要是对人力资源规划的有效性进行评估。评估内容包括：组织的目标是否已经达到？如果没有到达预期目标，问题出在哪里？原因是什么？应该采取什么措施？初期制定的目标是否合理？如果不合理，就从最初阶段开始重新分析组织内外部环境调整规划。

第三节 人力资源规划的预测技术

人力资源需求预测是人力资源规划的难点，随着科学技术的突飞猛进，当代人力资源规划的预测技术层出不穷，内容涉及各种定性和定量技术，知识应用非常广泛，对人力资源规划人员提出了更高的要求。

一、人力资源需求预测

人力资源需求预测，是指人力资源主管根据组织的战略目标、发展规划和工作任务，在综合考虑各种因素的影响之后，对组织未来需要的人力资源数量、质量和时间进行估计的活动。

1. 影响组织人力资源需求的因素

在进行人力资源需求预测时，需要考虑以下影响因素：

（1）组织外部环境因素。首先，经济因素，包括组织未来的发展趋势、社会经济发展状况等，这些因素对组织人力资源需求影响较大，但其可预测性较弱。其次，社会、政治、法律因素，虽然这些因素较易预测，但却难以确定它们何时对组织产生影响。再次，技术革新对组织人力资源影响较大，如工业革命极大地提高了劳动生产率，导致人力资源需求的锐减。最后，组织外部竞争对手，竞争对手的易变性致使社会对组织产品或劳务需求发生变化，引起组织人力资源需求发生相应的变化。

（2）组织内部因素。首先，组织的战略目标规划是影响人力资源需求最重要的因素，因为它决定了组织的发展速度，决定了组织新产品的开发和试制以及产品覆盖率等。其次，组织产品或劳务的销售预测及组织预算对人力资源需求也有直接的影响。最后，如果组织需重建新的部门机构或分组织等，其人力资源需求量也要相应增加。此外，组织的人力资源需求还取决于劳动定额的先进与合理程度。

（3）人力资源自身因素。组织现有人员的状况对人力资源需求量也有重要影响。如退休、辞职人员的数量，合同期满后终止合同的人员数量，死亡、休假人数等都直接影响到人力资源需求量。

2. 确定人力资源需求的程序

人力资源需求预测分为现实人力资源需求预测、未来人力资源需求预测和未来流失人力资源预测三个方面。

（1）现实人力资源需求预测。根据职务分析的结果确定职务编制和人员配置；进行人力资源盘点，统计出人员的缺编、超编及是否符合职务资格的要求；将上述统计结论与部门管理者进行讨论，修正统计结论，该统计结论就是现实的人力资源需求。

（2）未来人力资源需求预测。根据组织发展规划，确定各部门的工作量；根据工作量的增长情况，确定各部门还需要增加的职务及人数，并进行汇总统计，该统计结论即为未来人力资源需求。

（3）未来流失人力资源预测。对预测期内退休的人员进行统计；根据历史数据，对未来可能发生的离职情况进行预测；将统计和预测结果进行汇总，得出未来流失人力资源预测。

将现实人力资源需求、未来人力资源需求和未来流失人力资源汇总，即得到组织整体人力资源需求预测。

3. 人力资源需求的预测方法

在考虑了以上因素后，通常可以采取以下方法对人力资源需求量进行预测。

（1）德尔菲（Delphi）法。这种方法由美国兰德公司于20世纪50年代发明，又叫做专家评估法，是一种定性预测技术。此方法一般采用问卷调查的方式，听取专家们，特别是人事专家对组织未来人力资源需求量的分析和评估，通过多次重复，最后达成一致意见。见图3.2。这种方法要求比较严格，一般不允许专家之间互相见面，组织者只是通过电话、传真或者网络与各个专家进行交流。具体过程分以下四个工作步骤：

预测筹划工作。包括确定预测目标和课题，规定预测要求，选择若干名熟悉本课题的专家组成专家组，准备有关材料。

首轮预测工作。针对预测项目提出预测问题，并以预测表的形式随有关背景材料一起交给专家组，各专家以匿名的方式独自做出预测。

反复预测工作。对各专家的预测结果进行整理、汇总和统计分析，最后形成第一次预测结果，并把结果再次分发给各位专家，由他们对新的预测表进行第二轮预测，如此反复进行几轮。

表述预测结果。经过几轮的预测以后，把最后一轮的预测结果加以整理和分析，以文字或图表的形式表达出来。

德尔菲法能够有效地避免不同专家受到他人的干扰，另外，它不需要专家面对面地坐在一起，这样就可以使不同地方的专家参与到同一个决策项目中。这种技术被广泛地运用于人力资源规划中。现代社会技术更新非常迅速，用传统的人力资源预测方法很难准确预计未来的技术人员的需求。相关领域的技术专家由于把握技术发展的趋势，所以能更加准确地对该领域的技术人员需求状况做出预测。不过，这种方法也有它的不足，就是比较费时，不适用迅速做出决策。德尔菲法的整个过程可以用图 3.2 表示。

（2）经验判断法。这是一种主观预测的方法，即管理人员凭借自己的经验，根据组织过去几年的人力资源需求状况和自己认为将来可能会发生变化的因素，来对组织的人员需求进行估计和预测。经验判断法建立在启发式决策的基础上，这种决策的基本假设是：人力资源的需求与某些因素的变化之间存在着某种关系。一般来说，组织在未来一段时间内可能发生变化的因素有：组织决定提高产品质量或服务质量，或者决定进入新市场；技术变革和管理变革促使生产率提高；可能获得的财力资源。

由于此种方法完全依靠管理人员的个人经验，所以，预测结果的准确性难以得到保证。

（3）趋势分析法（Trend Analysis）。就是通过分析组织在过去若干年中的雇用状况，以此来预测组织未来的人员需求。一般遵循以下步骤：

首先，选择一个对人力资源需求影响比较大的适当的商业变量或经济变量（如销售额）。

然后，分析该变量与所需员工之间的关系，两者的比率构成一种劳动生产率指标（如销售额/人）；计算过去 5 年（或更长时间）的该指标值，求出均值。

最后，用平均劳动生产率去除目标年份的商业变量或经济变量，即可得出目标年份的人员需求预测值。

趋势分析法虽然很有价值，但它是一种简单又初步的预测方法，它的成立要依靠众多假设前提，如假定组织的生产技术构成不变、假定市场需求基本不变等，因此光靠这种方法来预测组织的人力资源需求量是远远不够的。

（4）比率分析法（Ratio Analysis）。比率分析法是根据某种可变指标与所需人数之间的比例关系进行预测的方法。比例的大小通常来源于本组织的历史数据或本行业的经验数据以及国家颁布的行业标准。例如，在过去的几年里，组织每年需要 20 名销售人员来实现 1 000 万的销售额，那么销售额与销售人员数量的比为 1 000÷20=50 万元/人。假使组织计划在下一年实现 1 500 万的销售额，那么组织就需要多雇用（1 500－1 000）÷50=10 名销售人员来完成这项增加销售额的任务。与趋势分析法一样，比率分析法也有很多假设条件，因此，当出现产品价格下降、劳动生产率提高或广告费用增加等情况时，该方法的预测结果需做调整。

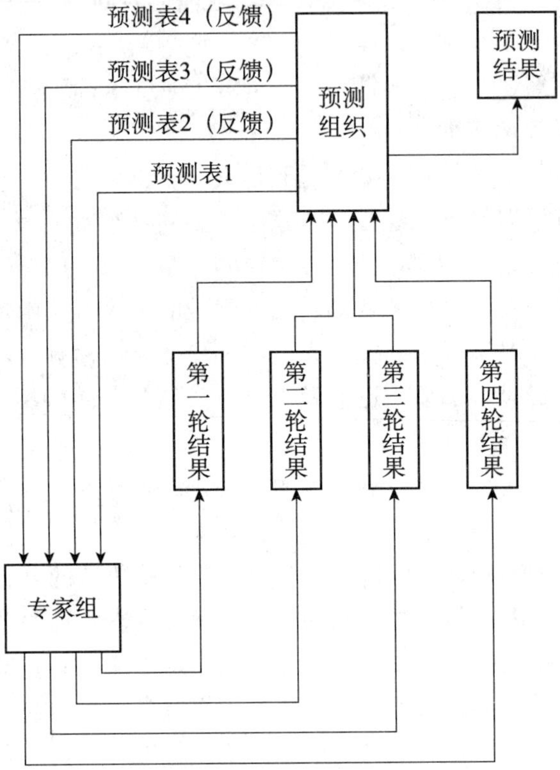

图 3.2　德尔菲法图示

资料来源：安鸿章．现代企业人力资源管理．北京：中国劳动出版社，1995.

（5）散点分析法（Scatter Plot）。散点分析法借助散点图，把组织经济活动中的某种变量与人数之间的关系和变化趋势表示出来，如果两者之间存在相关关系，则可根据未来组织业务活动量的估计值来预测相关的人员需求量。例如，一家汽油生产厂商的产品销售量（升）和销售人员数（个）之间的散点图如图 3.3 所示。

（6）回归预测法（Regression Analysis）。回归预测法是一种定量预测技术，这种方法通过建立人力资源需求量及其影响因素之间的函数关系，根据影响因素的变化来推测人力资源需求量的变化。回归预测法有一元的，也有多元的；有线性的，也有非线性的。在实际工作中，往往是多个因素共同决定了人力资源需求量，且与其呈线性关系，所以我们这里主要讨论多元线性回归预测法，方法简介如下：

设 y 为因变量（人力资源需求量），其影响因素为自变量 x_1，x_2，x_3，…，x_n。其关系近似为：$y=\beta_0+\beta_1x_1+\beta_2x_2+\cdots+\beta_nx_n$。

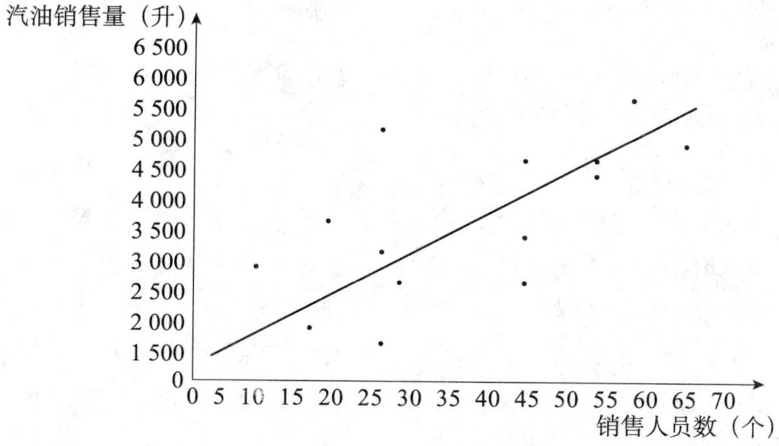

图 3.3　散点图示

根据最小二乘法、矩阵和联立方程组的原理，结合观察数据，可以解出 β_0，β_1，β_2 直到 β_n，从而得到人力资源需求量与诸影响要素之间的回归关系，为人力资源需求的预测提供数据依据。

（7）计算机预测法。这是一种利用计算机系统来预测组织人力资源需求量的方法。具体地讲，人力资源专家和直线管理人员将所需要的信息综合在一起，建立起一套人员需求的计算机化预测系统。该系统包含一些典型数据，如生产单位产品所需要的直接劳动工时，以及销售额的各种指标（最低销售额、最高销售额、可能销售额）等。运用这一系统，组织可以对人员需求进行估计与预测。计算机预测法是组织人力资源需求预测技术中最复杂也是最精确的一种方法，但目前还没有一种大家公认的通用的软件系统被广泛应用于人力资源需求预测中。

二、人力资源供给预测

人力资源供给预测，是指对组织未来一段时期的内部和外部各种人力资源补充来源情况进行预测的过程。影响人力资源供给的因素可以分为两大类：地区性因素和全国性因素。

地区性因素具体包括：组织所在地区的就业水平、就业观念；组织所在地区和邻近地区的人口密度；组织所在地区的科技文化教育水平；组织所在地区的人力资源供给状况；组织所在地区对人们的吸引力；组织所在地区的住房、交通、生活条件；组织本身对人们的吸引力；竞争对手对劳动力的需求状况。

全国性因素具体包括：全国劳动人口的增长趋势；全国对各类人员的需求程度；各类学校的毕业生规模与结构；教育制度变革带来的影响，如延长学制、改革教学内容等对职工供给的影响；国家就业法规、政策的影响。

组织人力资源供给来自两个方面：组织内部和组织外部。相应地，组织人力资源供给预测也包括两个方面：组织内部人力资源供给预测和组织外部人力资源供给预测。

1. 组织内部人力资源供给预测

现有的人力资源是满足组织未来需求的基础，是人力资源供给的内部来源。内部人力资源供给是组织人力资源供给的主要来源，人力资源预测一般先进行组织内部供给预测。在预测组织内部人力资源供给时，需要考虑以下因素：组织内部人员的自然流失，如伤残、退休、死亡等；内部流动，如晋升、降职、平调等；离职，如辞职、解聘等。另外，在预测时，应充分利用组织的人力资源管理信息系统，分析组织现有人力资源的整体结构状况，全面了解组织现有员工的个体情况，由此来预测现有人力资源状况满足组织未来需求的程度。

在进行组织内部人力资源供给预测时，需要详细地评估组织内部现有人力资源状态及其运动模式，即离职率、调动率和升迁率。

（1）预测组织内部人力资源状态。在预测未来的人力资源供给时，首先要明确的是组织内部人员的特征：年龄、级别、素质、资历、经验和技能。必须收集和储存有关人员发展潜力、可晋升性、职业目标及培训项目等方面的信息。技能档案是预测人员供给的有效工具，它含有每个人员的技能、能力、知识和经验方面的信息，这些信息的来源是工作分析、绩效评估、教育和培训记录等。技能档案不仅可以用于人力资源规划，而且也可以用来确定人员的调动、提升和解雇。

（2）关于组织内部人力资源运动模式的分析。预测未来的人力资源供给不仅要掌握目前的人员供给状态，而且必须考虑人员在组织内部的运动模式，即人员的流动状况。人员流动通常有以下几种形式：死亡和伤残、退休、离职、内部调动等。人力资源规划的制定需要知道组织的人员流动模式和变动率，包括离职率、调动率和升迁率，这些数值可以采取随机模型计算出来。组织人员变动率，即在某一段时间内离职人员占员工总数的比率，可以由下式计算得出：

人员变动率＝（年内离职人员/年内在职员工平均数）×100%

（3）人力资源内部供给预测的常用方法。人力资源内部供给预测常用的方法主要有管理者继任模型、马尔可夫法和档案资料分析。

管理者继任模型。管理者继任模型是一种主要针对组织中管理人员供给预测的方法，该方法简单而有效，国外许多组织，如 IBM 公司、通用汽车公司等都采用了这种预测方法。这一过程可由图 3.4 表示。大体做法为：

首先，根据组织未来几年中可能出现的各层次、各部门管理岗位的空缺，制定一份组织各层次各部门管理岗位的继任计划。其次，按组织图绘制出管理人员关系图；每个管理岗位确定 1～3 名继任候选人，通常从下一层级现任的管理人员中物色。再次，每年对这些人的晋升潜力进行评估，由此列出候选人次序。最后，当某管理岗位出现空缺时，由具备晋升条件的继任候选人替补并统计最终岗位空缺数。

马尔可夫（Markov）法。马尔可夫法是通过预测组织内部人员转移从而预测内部人员供给的方法，它根据组织以往各类人员之间流动比率的概率来推断未来各类人员数量的分布。该方法的前提是：组织内部人员的转移是有规律的，且其转移概率有一定的规则，如果根据历史数据能够掌握各类人员之间转移比率的概率（称为移动率），则可根据马尔可夫模型推断未来的人员分布。

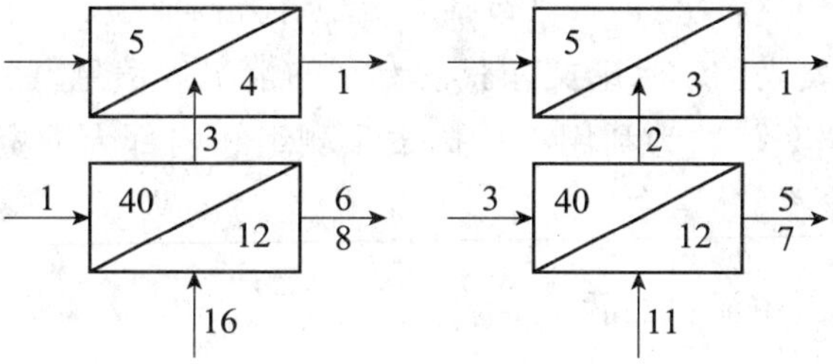

图示说明：

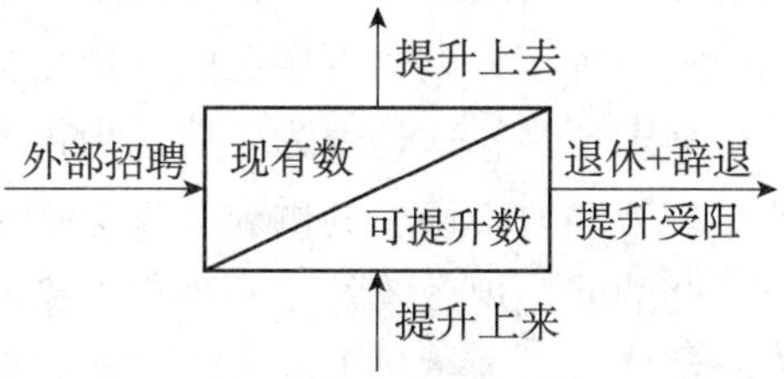

图 3.4　管理者继任分析图

分析的第一步是做一个人员变动矩阵表，例如，某大学商学院，任何一年里，平均 80％的教授仍在学院，20％退出，任何一年里大约 65％的助教留在原职位，15％提为讲师，20％离职，则该大学第一年的人员变动矩阵表如表 3.1 所示。

表 3.1　　某大学人力资源供给情况的马尔可夫分析

初始人数	职称	教授（P）	副教授（V）	讲师（T）	助教（S）	离职
10	教授（P）	0.80				0.20
20	副教授（V）	0.10	0.70			0.20
30	讲师（T）		0.10	0.70	0.10	0.10
40	助教（S）			0.15	0.65	0.20

根据初始人数，利用上述转移矩阵我们可以计算出次年的人员供给情况，如表 3.2 所示。

表 3.2　　次年人员供给情况

初始人数	P	V	T	S	离职
10	8				2
20	2	14			4
30		3	21	3	3
40			6	26	8
总供给	10	17	27	29	－17

应用马尔可夫模型进行人力资源供给预测的好处在于它考虑了个人晋升的前景，由于人员转移是“推进式”的，所以预测过程也直接包括了晋升政策的产生。

档案资料分析。通过对组织内部人员的档案资料进行分析，也可以预测组织内部人力资源的供给情况。人员档案中通常包括了年龄、性别、工作经历、受教育程度、技能等方面的内容，更完整的档案资料还包括了员工参加过的培训课程、本人对换岗的态度、职业兴趣、业绩评估记录（包括对员工各方面成绩的评价、优点和缺点的评语）、发明创造以及发表的学术论文和获得专利的情况等信息资料。当前，组织通过计算机管理员工的档案，这为利用人员档案预测组织内部人力资源供给提供了有利条件。

2. 组织外部人力资源供给预测

组织外部人力资源供给预测主要是指在未来一段时期内对劳动力市场上的相关人力资源供给状况进行预测的过程。应当注意的是，在对劳动力市场上的供给情况进行预测的过程中，不应当仅仅局限在劳动力市场表层上的供给分析，而应当同时对整个社会的人力资源供求状况进行合理预测。这是因为，劳动力市场上的有效供给量取决于整个社会的劳动力供给状况。劳动力市场上的供求关系会受到诸如社会经济整体走势、政府的相应法规、整个社会的就业观念等等多种因素的影响，因而必须对这些因素进行综合考虑，才可以准确把握劳动力市场上的人力资源供给状况及其未来发展趋势。在对组织外部人力资源供给进行预测的过程中，需要注意以下几点：

（1）为了提高外部人力资源供给预测的准确性，对许多业已公开的而且具有一定可信度的资料要加以充分利用。一些政府机构公告、经济团体的年度报告和工会发布的信息都是可以利用的人力资源供给信息来源。

（2）外部人力资源供给会因为经济形势波动，人员离职、退休和病亡，以及人们教育和就业观念的改变而受到影响，从而造成劳动力供需失衡。因而，关注社会经济动态、组织或者经济团体的员工年龄分布结构以及教育的招生、毕业人数变更趋势具有重要意义。

（3）那些适用于人力资源需求预测的德尔菲法、计算机预测法、回归预测法等同样适用于组织外部人力资源供给的预测。

三、人力资源的供求调节

在完成对组织人员需求和供给的预测之后，一般会出现三种人力资源供求关系：供求平衡、供不应求和供大于求。

1. 人力资源供求平衡

人力资源供求平衡是人力资源规划要达到的主要目标之一。然而，人力资源供求的完全平衡是几乎不可能实现的，即使是在总量上达到持平，也会在层次、结构上存在差异。但是，这并不妨碍它作为人力资源规划的主要追求目标。

2. 人力资源供不应求

人力资源供不应求的情况一般会发生在那些高技术含量、高技能的稀缺性人才当中。解决这一问题的主要方法是构建科学合理的激励和奖励机制，通过加强培训、工作再设计等措施来提高在职员工的工作满意度，并且增加对外界人才的吸引力。

人力资源供不应求会产生人员短缺情况，此时的人力资源规划政策与措施主要是利用现有人员和从组织外部招聘人员两种，其中利用现有人员的方法又可分为内部调整和内部招聘两种。

（1）内部调整。内部调整主要包括将某些人员调到人员短缺的岗位，培训某些人员然后将他们提拔到人员短缺的岗位，鼓励员工加班，提高劳动生产率等。提高劳动生产率是比较可行的方法。为了提高员工的劳动生产率，可以采取以下措施，如：为员工加薪，提供经济上的激励；提高员工的工作技能，以便他们能用较少的工作时间生产出较多的产品或降低劳动成本；鼓励员工提供建议和措施，重新设计工作程序和方法，提高产出；利用高效的机器或设备等。

（2）内部招聘。可以通过建立组织人力资源储备库来实现组织的内部招聘。把员工的资料都纳入系统中，从中选出能够胜任新职位要求的最佳人选；包括晋升计划，在组织内部帮助员工建立个人的职业生涯规划，指导员工顺着适合自己的职业阶梯逐渐向上攀登；另外还有继任计划，人力资源部门对组织的每位管理人员进行详细调查并与决策者确定哪些人满足迁到更高层次位置的条件。然后制定相应的"职业计划储备评价图"，列出岗位可以替换的人选。

（3）外部招聘。从外部招聘新雇员会受到劳动力市场状况的影响，如果所需劳动力种类在劳动力市场上处于过剩状态，招聘就很容易；相反，如果同类人员在劳动力市场上处于紧缺状态，招聘难度就大得多。组织能否成功获得所需的合格人员，取决于组织的劳动力市场的综合发展状态和其自身的人力资源政策。例如，即使组织所需的人员在劳动力市场上处于短缺状态，如果组织的经济实力强大，愿意出高于市场水平的工资来招聘所需人员，也会具有强大的吸引力。具体方法见表 3.3。

表 3.3　避免预期出现的劳动力短缺的方法

方法	速度	可撤回程度
加班	快	高
临时雇用	快	高
外包	快	高
再培训后换岗	慢	高
减少流动数量	慢	中等
外部雇用新人	慢	低
技术创新	慢	低

3. 人力资源供大于求

人力资源供大于求会产生生产力过剩的情况，这种情况下的人力资源规划政策与措施主要有三种：重新安置、裁员和降低人工成本。

（1）重新安置。如果组织内部的剩余人员只是局部的，可以采取重新安置的办法来解决冗员问题，也就是说，只是某些岗位出现剩余人员，而另一些岗位却存在短缺现象时，就可以把剩余人员安置到需要人员的岗位上去。不过，重新安置的一个前提是剩余人员必须具有新工作岗位所需的技能和知识。因此，重新安置需要提早计划，提前组织培训。人力资源规划要求组织人力资源管理人员综合运用计划、培训和调配手段来管理组织的人力资源。

（2）裁员。解决人员过剩的另一种办法是裁员，而且是永久性的裁员。但是，需要注意的是，即使在西方市场经济发达的国家，采取这种方法也是十分谨慎的，因为它不仅涉及员工本人及其家庭的利益，而且也会对整个社会产生影响。只有在组织经营出现严重亏损，生产难以为继，或生产不可能恢复的情况下，才采取这种办法。在裁员之前，组织会告知员工目前组织的经营状况以及困难所在，并尽力为剩余人员寻找新的工作岗位。在组织内部确实无法安置的情况下，方可进行裁员。

（3）降低人工成本。解决人员过剩的第三种办法是降低人工成本，包括暂时解雇、减少工作时间、工作分担和降低工资等，是西方国家通常采用的措施，其优势在于当预测到组织出现过剩人员时，不是简单地将其裁掉，而是留有缓冲余地，让组织和员工共同分担困难。如果员工个人不愿维持工作不充分、低工资的现状，可以自愿另谋高就，可以避免将其立即推向社会造成的负面影响。

人力资源过剩是我国组织目前面临的一个重大问题，一般可采用以下措施：合并和关闭某些臃肿的部门或者机构；对于那些接近退休年龄的员工，制定优惠措施，鼓励符合规定条件的员工提前退休或者内退；加强员工培训工作，提高员工整体素质；开办第三产业，为富余人员创造就业机会。解决人力资源供大于求的具体方法见表 3.4。

表 3.4　　避免预期出现的劳动力过剩的方法

方法	速度	员工受伤害的程度
裁员	快	高
减薪	快	高
降级	快	高
工作轮换	快	中等
工作分享	快	中等
退休	慢	低
自然减少	慢	低
再培训	慢	低

第四节 人力资源信息系统

信息的获取对于人力资源规划来讲具有举足轻重的作用，合理、有效的人力资源规划正是建立在获取大量可靠、准确信息的基础之上的，在信息爆炸的时代，谁拥有的信息最全面、最准确、最及时，谁就是这个时代的领先者，所以，有必要为组织最宝贵的资源——人力资源——建立一个信息系统，以确保组织的各项人力资源管理决策的有效实施。

通过我们以上的介绍可以清楚地看到，组织人力资源规划的效果，在一定程度上取决于组织人力资源信息的可靠性和真实性，一项人力资源规划能够成功实施的关键因素在于能够获得准确而充足的信息。本章所有的讨论都是建立在这样的假设基础之上，即组织具有收集、分析和判断内外部环境的各种信息的能力。然而，对于很多组织来说，它们获取大量内外部信息的方式方法是很有限的。尽管很多组织建立了自己的人力资源信息系统，却往往不能使其充分发挥作用。一些组织只是将已经建立的人力资源信息系统作为一种简单的储存员工个人信息的数据库来使用，而不是一种对人力资源规划具有预测作用的有效工具。

一、人力资源信息系统的建立

人力资源信息系统（Human Resource Information System，HRIS）不仅仅是一个计算机化的技能清单，它是对一个组织的人力资源信息进行收集、储存、分析和控制的综合性方法。在市场经济条件下，组织的外部生存环境和内部自身系统随时都有可能发生深刻的变化，而这些变化必将对组织的人力资源信息系统产生影响，因此，组织的人力资源信息系统应该是一个动态的、开放的体系。

一般而言，人力资源信息系统是由组织中的人力资源专家来使用的。人力资源专家借助于组织人力资源信息系统，可以更为有效地跟踪检索与人力资源规划有关的信息，还可以对组织现有的发展态势、工作内容和其任职要求，组织内部的人力资源现状，以及组织在将来的人力需求和劳动力市场相应人力资源的供求趋势进行分析和预测，为组织做出科学合理的人力资源安排提供坚实的基础。人力资源信息系统的作用在于它不仅可以为人力资源部门制订人力资源规划提供帮助，而且对于组织中的直线管理者也具有借鉴意义。

建立人力资源信息系统的整个过程包括以下几个步骤：

（1）建立组织的人力资源信息平台，通过计算机和网络技术构建组织的人力资源信息数据库，配备所需的各种硬件设备和软件设备。

（2）建立人力资源信息的收集、整理、分析、评价等各个子系统，确定每个子系统的具体方法。

（3）将收集来的各种信息归入人力资源数据库，并进行分类。

（4）运用人力资源信息数据库进行各项人力资源规划工作，对组织的人力资源状况进行准确判断和预测。

（5）随时对数据库中的相关数据进行更新，确保数据的时效性。

二、人力资源信息系统的内容

一个完善的人力资源信息系统包括三部分内容：首先，分析组织战略、经营目标以及常规经营计划信息，确定人力资源规划的种类以及总体框架。其次，组织外部的人力资源供求信息以及这些信息的影响因素。这些影响因素通常包括：各类求职人员的供职条件、国家有关政策法规、外部劳动力市场上的劳动力供求长远发展趋势、整个社会的就业状况等。最后，组织内部现有人力资源的信息。

1. 组织内部人力资源信息的内容

具体来讲，组织内部现有人力资源信息包括工作信息和员工信息。

工作信息主要是指与具体职位相关的各种信息，主要包括下列几个方面：

（1）职位头衔。

（2）目前空缺的数目。

（3）所需要的任职资格。

（4）职业阶梯中的位置。

（5）薪金范围。

（6）替代的候选人。

（7）流动比例。

员工信息主要是指与人员相关的各种信息，具体包括下列内容：

（1）传记性的资料，包括姓名、性别、年龄、民族、籍贯、婚姻状况、健康状况。

（2）知识状况，包括受教育程度、专业、学位、所获各种职称、证书等等。

（3）能力状况，包括表达能力、理解能力、专业化的技能、沟通能力、操作能力、管理能力、人际关系协同能力以及其他特长等等。

（4）阅历与经验，包括从事过何种工作、担任过何种职务、任职时间、调动原因、总体评价等等。

（5）心理状态，包括兴趣、嗜好、心理承受力、积极性倾向等等。

（6）工作状况，包括目前所属的部门、岗位、职级、绩效以及工作环境、与其他员工的关系、工作适应性等等。

（7）薪酬福利情况，包括工资、奖金、津贴以及职务外收入，是否参加社会保险或者商业保险以及水平如何等等。

（8）家庭背景与生活状况，包括家庭距离工作地点的远近、家庭平均收入水平、家庭职业倾向以及个人对未来职业生涯的设计等等。

（9）所属部门的使用意图，包括晋升、保留、调动、降级等等。

（10）以往的绩效表现。

除了上述部分之外，还包括职位兴趣或目标、获得的荣誉和奖励、拥有的专利、扣税信息等。

通过对以上信息的进一步分析，可以得出很多有价值的二次信息。诸如：组织人力资源分布结构、组织员工工作积极性状态、冗员等等多种信息。此外，人力资源信息系统还应当对外部劳动力市场和大环境进行分析与总结、整理。因而，上面的序号还要延续下去。

2. 组织外部人力资源信息的内容

组织外部人力资源信息主要包括组织所在地区的经济发展状况和其所处行业的各种信息、劳动力市场信息、技术信息及政策法规四个方面。

（1）组织所在地区的经济发展状况和其所处行业的各种信息主要包括：组织所在地区的经济发展水平、消费水平等，同行业其他组织的经营状况。

（2）劳动力市场信息主要包括：组织所在地区的人员可供给量，组织所在地区的失业率，组织所在地区的人员流动率，各类相关人员的市场工资，同行业内的工资、薪水和福利待调的差异。

（3）技术信息主要包括：技术的更新状况、技术的淘汰状况、同行业的其他组织对技术的投入状况。

（4）政策法规信息主要包括：新的相关政策法规的出台、对已有政策法规的修改。

三、人力资源信息系统的功能及建立时应注意的事项

1. 人力资源信息系统的功能

人力资源信息系统除了能够为人力资源规划决策提供信息支持以外，还具有以下几方面的功能：

（1）为组织战略的制订提供人力资源数据。

（2）为人事决策提供信息支持。

（3）为组织人事管理效果的评估提供反馈信息。

（4）为其他有关的人力资源管理活动提供信息支持，如福利与人员配置、保健与安全、员工名录、劳资关系等。

其中，第一点很重要。人力资源信息系统的建立对于组织战略的制订和实施具有重要意义。人力资源信息系统可以帮助组织迅速而有效地对组织中的人力资源需求和可能的供给进行分析和规划，从而协助组织目标的顺利实现。

2. 建立人力资源信息系统时应注意的事项

人力资源信息系统是现代组织人力资源主管开展管理活动的基础。组织人力资源信息系统的建立，应当具体分析不同组织特征，因材施教。组织人力资源信息系统的建立应当注意以下几个方面：

（1）组织整体发展战略及其现有的规模。

（2）管理人员对有关人力资源信息所掌握的详细程度。

（3）组织内部信息传递的潜在可能性及其传输速度和质量。

（4）人力资源管理部门对该人力资源信息系统的期望值和运用程度。

（5）其他组织人力资源信息系统的建立和运行情况。

在建立组织人力资源信息系统的过程中，应当考虑到组织发展时系统的扩展性和使用过程中的可更正性。此外，还需要考虑到其他诸如数据储存、数量关系模式等属于纯技术范围内的专业问题。

第五节 弹性人力资源规划

一、新旧理念的转变

在传统的管理理念中，战略决定组织，组织选择人员。与此相对应的人力资源管理模式就是人适应战略，而非战略适应人。人力资源很少被视为组织获取竞争优势的稀缺资源，在制订战略目标时很少考虑人力资源状况。这种理念限制了人力资源在组织获取有利竞争地位中所发挥的作用，也淡化了在适应新战略目标过程中由于人力资源不适应而对战略转型造成的负面影响。而且，对人员管理片面地强调和谐。

然而在“知本”时代，人力资源已经被认为是组织最宝贵的资源和财富，是组织价值创造的最主要的推动者。在过去，财务资本决定着组织的价值，而如今，衡量组织的价值，更重要的是要看组织的人力资本。在西方，人力资本已成为证券分析家分析投资价值的主要指标。没有考虑人力资源的组织战略是没有根基的，而且注定不会成功。因此，从一定意义上讲，在组织战略实现过程中，人力资源体系不全是被动适应的，而是主动、能动地影响组织战略的实现。组织在制订战略时，最重要的就是要分析组织的人力资源状况以及组织的人力资源管理体系。组织要进行战略转型，必须同时进行人力资源市场分析、人力资源规划和人力资源管理平台的再造，以保证组织获得足够的人力资源支持。

在“唯一不变的是变化”的年代，人力资源规划要主动适应充满变数和不确定因素的内外部环境，跟上时代的脚步。弹性人力资源规划在这种背景下应运而生。

二、弹性人力资源规划

知识经济时代充满不确定因素和挑战性，组织面临的经营环境越来越无法预测。未来的经营环境究竟如何，无人可以预知，但其核心是“变化”。在现代经营环境中，唯一不变的就是变化。

未来组织面临的经营环境将是如下一幅场景：市场变化更加迅速而激烈，产品的生命周期越来越短，消费者偏好日趋多元化。组织因之而进入白炽化竞争阶段。在整个竞争过程中，自主知识产权、人力资源管理、市场营销能力、创新构成了组织的核心竞争能力，优秀的人力资源绝对是这场战争中制胜的关键。这就对组织的人力资源管理，尤其是处于基础性的、计划性的中长期人力资源规划提出了更高的挑战。

如何使组织的中长期人力资源规划适应不断变化的人力资源市场需求，避免固定人力资源结构所造成的产品成本过高的弊端，成为人力资源规划所面临的核心问题。问题的解决方法应该是使组织的人力资源规划更具有弹性。只有弹性的人力资源规划才能确实提高组织的应变能力，为组织在未来环境中的生存和发展奠定坚实的基础。

所谓弹性人力资源规划，就是基于组织的核心竞争能力，重新评估并规划组织的人力资源，形成一个一般性的人力资源组合，目标就是在保证组织核心竞争优势需要的条件下，满足外部经营环境变化所产生的临时性人力资源需求。

为使组织的人力资源规划能充分体现弹性，适应未来高速变化的环境，应重点做好以下几方面的工作。

1. 评估

弹性人力资源规划的基础工作在于对组织现有人力资源进行整体评估，以便清楚了解现有人力资源的“质”与“量”。这就需要建立人力资源信息系统，并对其加以充分利用。评估的内容涉及组织的内外部环境、人员比例、技术变化、人员调整等。

2. 核心人力资源规划

弹性人力资源规划的重点是明确界定组织的核心竞争优势。也就是说，在组织的经营环境中，明确它真正的生存优势是什么，保持竞争优势的资源是什么。这样我们才能真正找到保持竞争能力的核心人力资源。

核心人力资源是决定组织生存发展的关键因素。需要良好的激励机制、教育培训以及设计合适的职业生涯规划才能确保核心人力资源群体数量的扩充和质量的提高，并能使其长期地驻留于组织，为组织的发展做出贡献。

3. 预备性支援人员规划

根据核心人力资源的规模，制定预备性的支援人员规划，并做出相应的培训计划。其目标是在组织面临生产或服务能力扩张性机遇时，尽可能快地为核心人员配备中层后备人员，以提高组织的应急能力。

4. 临时人员储备计划

建立临时人力资源库，以确保在产品需求或业务量突然大幅增加的情况下，能够从临时人力资源库或正在培训的人员中挑选出合格人员，从而及时保证基层人力资源需求的满足。

未来组织面临的经营环境变幻莫测，弹性人力资源规划是应对挑战的有效途径。随着知识经济时代的来临，组织“内层核心化，外围松散化”潮流逐渐兴起，弹性人力资源规划将越来越得到人力资源管理者和专家们的重视。

【基本概念】

人力资源规划　职业生涯规划　人力资源规划的环节　人力资源需求预测
德尔菲法　回归预测法　人力资源供给预测　人员变动率　弹性人力资源规划

【本章小结】

1. 人力资源规划是指根据组织的战略目标和外部环境的发展变化，合理地分析和预测组织对人力资源的需求和供给情况，并据此制定出相应的计划或方案，以保证组织在适当的时候获得适当数量、质量和种类的人员补充，满足组织和个人的需求。

2. 人力资源规划在组织中的作用越来越突出，它不仅是组织战略规划的核心部分，而且是各项人力资源管理活动的基础和起点，在合理配置人力资源、控制员工成本、调动员工积极性等方面更是有着举足轻重的作用。

3. 人力资源规划的内容主要有岗位职务规划、人员配置规划、人员补充规划、教育培训规划、薪酬激励规划和职业生涯规划。

4. 人力资源规划可以分为8个步骤：对组织的内外部环境进行分析；分析组织现有的人力资源状况；预测人力资源需求；预测人力资源供给；制订人力资源供求平衡政策；制订人力资源的各项规划；对整个人力资源规划的有效性进行评估；对人力资源规划进行调整。

5. 人力资源规划预测包括人力资源需求预测和人力资源供给预测，它们各自都有不同的方法和步骤。

6. 组织中的人力资源供求状况主要有三种：供求平衡、供大于求和供不应求。其中供求平衡是组织人力资源规划所追求的目标；当出现供大于求时主要采用重新安置、裁员和降低人工成本三种措施；当出现供不应求时主要采用内部调整、内部招聘和外部招聘三种措施。

7. 人力资源规划能够成功实施的关键因素就在于是否能够获得准确而充足的信息，人力资源信息系统的建立使得组织可以快速应对瞬息万变的外部环境，同时为人力资源规划以及其他人力资源管理实践提供了有力保障。

8. 弹性人力资源规划是未来发展的趋势，主要以满足组织临时性的人力需求为目标。

【复习思考题】

1. 什么是人力资源规划？它包含哪方面的内容？

2. 人力资源规划有什么重要作用？

3. 人力资源规划分为哪些阶段？每一阶段包含哪些程序？

4. 常用的人力资源规划预测技术有哪些？具体内容是什么？它们都适用于什么情况？

5. 人力资源信息系统包括哪些主要内容？人力资源信息系统有哪些重要作用？

6. 建立弹性人力资源规划的意义何在？

【推荐阅读】

1. Jay R. Get what you want at work：complete personal skills guide for career advantage. London：Financial Times Management，2002.

2. Heath R L. Crisis management for managers and executives. London：Financial Times Management，1998.

3. Sofo F. Human resource development：perspectives，roles and practice choices. Warriewood，Australia：Business & Professional Publishing，2000.

4. Lawler E E. From human resource management to organizational effectiveness. Human Resource Management，2005，44 (2)：165－169.

5. 劳伦·R·詹姆斯，米歇尔·D·马兹勒．工作组织中的人格．上海：上海财经大学出版社，2005.

6. 苏珊·E·杰克逊．管理人力资源：合作伙伴的责任定位与分工．北京：中信出版社，2006.

7. 詹姆斯·沃克．人力资源战略．北京：中国人民大学出版社，2001.

8. 亚瑟·W·小舍曼，乔治·W·勃兰德，斯科特·A·斯耐尔．人力资源管理. 大连：东北财经大学出版社，2001.

第四章 人员招募与录用

【学习目标】

学完本章后，你应该能够：

1. 了解人员招募的概念和特点。
2. 理解人员招募的意义。
3. 掌握各种招聘渠道的有效性评价方法。
4. 了解人员招募的流程。

| 章节导引 |

中兴通讯的人才招聘——选聘一流人才

通信公司的最大特点就是高速发展。对中兴通讯这类的行业开拓者来说，这里的高速发展有着两个方面的含义：一是企业业务快速膨胀，市场份额不断扩大；二是技术的更新换代持续加快。高速发展的公司面临的首要问题就是人力资源的扩张。人力资源短缺往往是限制其业务拓展的主要障碍之一。比如市场份额更多更大时，由于人手问题而无暇顾及一些客户就可能造成客户的流失。因此，中兴通讯一直非常重招聘，并提出了“以一流的标准选聘和培训员工”的理念。

什么是一流人才？对此，中兴通讯的定位是“在某一个专业领域里的国内前5%”，这群人是一流人才。这在其每一次招聘中都得到了体现。随着招聘的积累，中兴通讯招聘1万名员工，面试人员就超过10万人，可搜索的简历则达到30万～50万份。

谈到花费这么多的精力与时间选聘员工时，中兴通讯人力资源中心主任陈健洲先生肯定地说，这很值得！员工选聘就是从一组求职者中挑选最适合特定岗位要求的人的过程，而企业招聘工作对选择过程的质量影响很大，如果符合条件的申请人很少，组织可能不得不雇用条件不是十分理想的人，企业就不得不加强培训工作，这增加了隐性成本。而且高能力员工和低能力员工之间生产率差别估计高达3∶1。因此，选择一流人才可以获得很大的益处。陈健洲形象地比喻说，只要这些一流的人才还列在企业的工资单上，这种益处就会不断延续下去。

在招聘中，中兴通讯都会重点考虑人才的背景，对其所受教育的要求一般锁定在重点本科院校。对此，陈健洲解释说，我们不是认为非重点高校的学生不行，而是认为在重点高校的范围内，优秀的学生比率要更高，这样更有利于中兴通讯选聘到一流的人才。中兴通讯的大部分岗位都要求员工有好的技术背景，因此，对高校和专业都有一个较为明确的要求，此外，对工作经验及一个健康的体魄也要求较高。中兴通讯的面试非常严格，分为技术能力和素质考核两个方面进行，被面试者须通过6～7关，把关极其严格，实行一票否决制，而且中兴通讯的面试官都是通过专业培训的。中兴通讯的要求很简单：招聘到的人才既是优秀的人才，也是符合公司文化原则的人才。

资料来源：http：//www.epjob88.com/ViewArticle.php?id=13848.

人员的招募、甄选与录用具有很强的技术性，是企业人力资源管理的重要环节，与企业其他的人力资源管理活动之间存在着密切的联系。企业人力资源管理的水平和效果在很大程度上取决于招募规划、甄选和录用决策的科学性、合理性及对相应各环节的控制和把握。科学的招募规划可以为企业的招聘工作提供统领性指导。

工作分析则有助于我们确定所需要的工作行为和候选人的任职资格。在征招到求职者之后就进入了甄选的环节。甄选是对应聘者进行较全面的考察，如笔试、个人面试、背景调查等。结合甄选结果和人员需求特征，可以初步确定拟录用的人员名单。在新员工初试录用后，还要对其进行培训，使其了解企业战略和文化、企业政策、工作流程、职位性质和要求以及各项福利待遇。最后，绩效考核将对员工的工作绩效水平进行较为全面的衡量和评定，这也是对招募、甄选及录用工作的质量进行最终检验的重要环节。

第一节
人员招募

一、人员招募的概念

人员招募是指根据组织人力资源规划和工作分析的要求，把具有一定技巧、能力和其他所需特性的潜在申请人吸引到企业或组织来应聘，以备企业或组织从中选择符合要求的候选人的过程。它是企业人力资源管理活动的一个重要组成部分，作为一个重要的管理职能，招募与其他人力资源管理职能有密切的关系。

二、人员招募的意义

一般说来，企业中的人员总是处于不断变化之中。退休、辞职、解聘等，会导致员工的减少；新事业的开拓和企业规模的扩大，企业内部的人员需求会增加；企业内部进行的岗位调动、提升、免职、处罚等，则会导致人员结构的改变；即使企业面临缩减规模的形势，招募仍然是必需的，补充新鲜血液，使企业保持良性循环；招募还有助于使社会更广泛深入地了解企业、扩大企业的知名度；同时促进劳动力的合理流动，提高社会劳动力的合理配置。针对上述变化，企业通过人力资源规划手段可以做到对人员存量和流量的适度掌控。

三、制订招募决策

在招募开始之前，企业首先应该根据自身人力资源发展战略并结合空缺职位的工作性质和内容，确定人力资源需求，包括需求数量、等级、技术与时间要求等，在此基础上，形成员工招募计划。招募决策过程，实质上就是在拟定人员补充政策，目的在于使企业在中长期内，能够合理地、有目标地将企业所需人员的数量、质量和结构补充到可能产生的空缺职位中。由此，在设计人员招募规划时，可以考虑以下的问题：

（1）未来3～5年企业的发展趋势是什么？行业发展趋势是什么？

(2) 企业的发展战略是什么？该战略需要什么样的技术和人才做支撑？

(3) 实现未来发展战略，企业需要什么样的人才结构和梯度配备？

(4) 目前企业的员工结构及其状况是什么样的？它们与企业的人才、员工要求相比较还存在什么差距？有哪些方面的差距？差距有多大？

(5) 本行业劳动力市场供求状况如何？本企业员工的流动状况如何？

(6) 企业需要什么样的人力储备？

(7) 企业的晋升制度如何？是否看好并一贯实施内部晋升？

(8) 哪些岗位需要招募人员？招募多少人？

(9) 每个岗位的人员任职资格是什么？

(10) 什么时候发布招募信息？采取何种招募渠道？

(11) 甄选的依据是什么？怎么甄选？

(12) 如何进行人员测试？是否委托专业机构进行？

(13) 录用决策的依据是什么？测试结果起什么作用？

(14) 招募费用是多少？

(15) 谁来判断是否合适？谁来决定是否录用？

(16) 新录用人员何时报到并开始工作？

四、提高招募的有效性

针对潜在的职位申请者开展的招募活动具有重要意义，因为今天的应聘者有可能成为企业明天的关键人才，从这个意义上说，招募工作实际上决定着企业未来的成长与发展。为了提高招募的有效性，可以从以下几个方面来考虑。

1. 吸引足够多的求职者

申请工作的人越多，企业雇用选择的余地越大，雇主可以借助“招募筛选金字塔”确定需要吸引多少应聘者。如图 4.1 所示，这种金字塔形状显示出，如果某公司要招募 25 名业务主管，理想状态时要吸引 1 200 名求职者前来应聘。

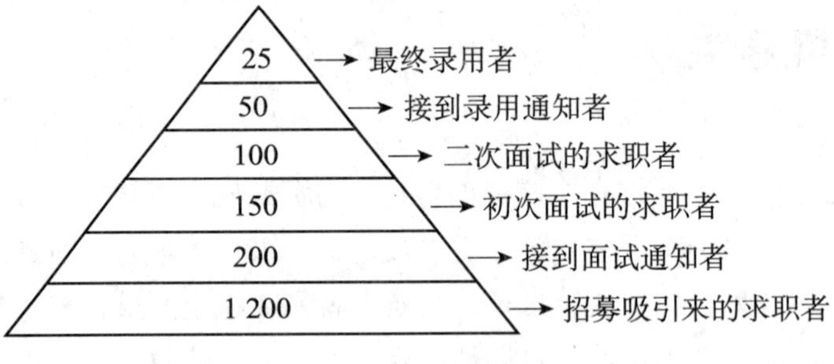

图 4.1　招募筛选金字塔

2. 选择适宜的招募渠道

企业在进行招募时，潜在的工作申请人必须能够知道现有的工作机会，而哪些人会知道企业的工作机会与企业采用的招募渠道密切相关。在实践中，企业可以选择多种招募渠道，而具体如何选择将在很大程度上取决于企业的传统和过去的经验。企业要检验特定招募渠道的有效性，原则上可以采用以下指标进行评估：

（1）一定时期内吸引应聘者的数量。

（2）目标人选与非目标人选的比率。

（3）从招募到录用的时间。

（4）录用一名人选的平均费用。

（5）参加面试的人数。

（6）以往各种渠道招募录用的人选的任职期限、职位与业绩表现等。

20 世纪 80 年代末，美国研究者曾经进行了一项包括了 245 个样本企业的调查，表 4.1 显示了这些企业对不同的招募渠道有效性的评价。

表 4.1　各种招聘渠道的有效性评价

有效性	行政办公	生产作业	专业技术	佣金销售	经理
第一	报纸招募（84）	报纸招募（77）	报纸招募（94）	报纸招募（84）	内部晋升（95）
第二	内部晋升（94）	申请人自荐（87）	内部晋升（89）	雇员推荐（76）	报纸招募（85）
第三	申请人自荐（86）	内部晋升（86）	校园招募（81）	内部晋升（75）	私人就业服务机构（60）
第四	雇员推荐（87）	雇员推荐（83）	雇员推荐（78）	私人就业服务机构（44）	猎头公司（63）
第五	政府就业机构（66）	政府就业机构（68）	申请人自荐（64）	申请人自荐（52）	雇员推荐（64）

注：表中的数字是调查样本企业中采用该种渠道的百分比。

资料来源：Milkovich G T，Boudreau J W. Human resoure management. Homewood，IL：Richard D. Irwin，1994.

有学者研究了员工绩效、旷工、工作态度和招募渠道之间的关系。结果表明，在较小范围内通过校园招募的人员和通过报纸广告招募的人员的工作绩效（比如质量和可信度），相比自荐者或者通过专业杂志和传统广告招募来的人员要差。这项研究据此断定，与杂志和传统广告、申请人自荐相比，校园招募和报纸广告是较差的员工招募方式。

可以这样说，研究还没有发现一个最优的招募来源。因此，每个企业都应该积极寻找适宜的招募渠道。比如说，人力资源部门可以按照员工流动率、旷工和工作表现来评估不同雇用渠道的有效性。表 4.2 概括了内部和外部招募的优缺点。

表 4.2 内部和外部招聘的优缺点

招募渠道	优点	缺点
内部招募	公司对候选人的优缺点有很好的了解	人员可能会被提升到一个他不能胜任的工作岗位
	员工候选人很了解公司	由于内部提升而导致的明争暗斗会对员工的士气产生消极的影响
	会增强员工的士气和动力	“近亲繁殖”会窒息新的思想和革新
	会提高企业对目前人力资源的投资回报	
外部招募	可得到更多的人才	吸引、联系和评价外来员工较困难
	会给企业带来新的活力和观念	调整和定位期较长
	从外部雇用有技术的、熟练的或有管理才能的人才往往比较便宜、容易	会影响那些认为自己可以胜任空缺职位的内部员工的士气

资料来源：Lioyd L. Byars，Leslie W. Rue. 人力资源管理 . 北京：华夏出版社，2002.

3. 组建一支称职的招募团队

员工的招募工作是一个由企业发起的向社会各方选择、吸纳新员工的工作过程。招募主体的代理人即招募团队的专业水平和综合素质，将影响招募工作各个环节的进展及其工作质量。企业在实施招募工作的过程中，应聘者是与企业的招募人员接触而不是与企业接触，在对企业了解甚少的情况下，应聘者会根据招募团队的工作表现来推断企业其他方面的信息，形成对企业的一个总体判断和选择意向。有研究人员曾对一所大学的 41 名毕业生进行了一项调查。研究人员问这些大学生：“在经过第一轮面谈之后，你为什么会认为这家公司是很不错的就业之地?”所有人都提到了工作的性质。此外，有 12 人提到了招募者本人给他们留下印象，有 9 人说朋友的评价和对公司的熟悉程度决定了他们的判断。不幸的是，反过来的情况也是如此。当被问及为什么有些公司被认为不好时，39 人提到了工作的性质；有 23 个人说他们是对低效率的企业招聘人员感到失望而转向别处的。比如，一些招募人员穿着不整齐，有些“根本就没文化”，有些人十分粗鲁，有些人则带着令人不快的性别歧视言行。不用说，这些工作人员的言谈举止都暗示出他们所代表的公司是缺乏效率的。组建招募团队需要注意下列几个方面：

（1）认真挑选团队成员，因为招募团队扮演着企业窗口的角色，所以，选择合适的招募人员非常重要。

（2）招募人员对企业价值观和企业文化的理解和认可度、对企业的责任心和归属度，将决定他们是否能选择那些真正符合企业文化及其发展需要的员工。

（3）招募人员对人自身的了解、对人格特质的把握和合理运用以及对空缺职位工作性质的综合理解，也会影响能否选择与工作相匹配的人选及其任职后的工作绩效。心理学的研究表明，人们总是习惯以自我为标准去评价他人，比如，人事主管最看好的候选人，往往被销售经理列为最差，反之亦然。原来，销售经理的选择偏好在于注重候选人的外表、行为举止、教育背景以及他们的政治观点和业余爱好，而人事主管则侧重考虑候选人的能力和以前的工作经验。因此，作为招募人员，如果不能对自我和工作要求有一个客观、准确的认识和评价，就很难公正、公平、准确地判断应聘者。

(4) 表达能力和观察能力是招募团队成员应具备的最重要的能力。招募人员需要与劳动主管部门、广告媒体和其他机构接触，他们必须能够清楚地表达企业对应聘者的要求，因此，表达能力必不可少。他们还需要在很短的时间内了解到应聘者的潜在工作能力、个性等方面，所以，招募人员还必须善于观察应聘者的言行（特别是肢体语言），以做出较为客观的判断。现在由于内部招募越来越受到重视，所以招募人员不仅需和外界联系，还要和企业的现有雇员保持密切关系，因此，协调和沟通能力就显得更重要了。

(5) 广阔的知识面和专业技术能力。团队成员需要了解许多方面的知识，包括管理学、企业行为学、心理学、社会学、法学的相关知识并能综合运用。专业技术能力，比如设计甄选环境的技术、观察的技术、谈话的技术、设计问题的技术等。甄选过程往往需要甄选人员在有限的时间里，利用少量的信息对应聘者做出客观的评价，因此，招募人员要精心设计一个使人心情舒畅、注意力集中的甄选环境，让应聘者充分发挥自己的才能。招募人员要体谅应聘者的心理负担，尽量通过寻找思想交汇点而让他们放松下来，同时所提的问题要有针对性，做到由简到繁、有的放矢。

(6) 招募人员其他方面的综合素质，比如对工作过程的把握和控制能力、亲和力、逻辑思维能力、对信息的敏感度、客观公正等，都会影响到是否能甄选到企业所需的人员。

由此可见，组建一支称职的招募团队是一项非常关键的人力资源管理决策，企业对此应该慎重行事。应该选择那些对企业战略和文化高度谙熟并认可的、能注意维护企业形象的、对信息有相当感受力和剖析能力的、客观公正的员工去进行招募。

五、人员招募的基本流程

流程的设计服务于合适员工的招聘这一目标，同时还应该考虑其设计的科学性、合理性、经济性，尽可能地使整个流程物尽其用。有效的招募方法取决于劳动力市场的成熟度、招募团队的能力和素质、工作空缺的类型和企业的特征、声誉等多种因素。但无论怎样，弄清楚企业对人员的确切需求，并通过有效的招募方法来吸引各方人才应聘，是人员甄选与录用的前提和关键环节。人员招募与录用包括的步骤如图4.2所示。下面我们针对招募程序中的几个关键环节进行详细说明。

1. 对空缺职位进行职位分析

人员招募计划是根据空缺职位制定的。空缺职位的产生主要有下列几种情形：

(1) 企业业务的发展。

(2) 企业人员调整，人员调动、提升、免职等。

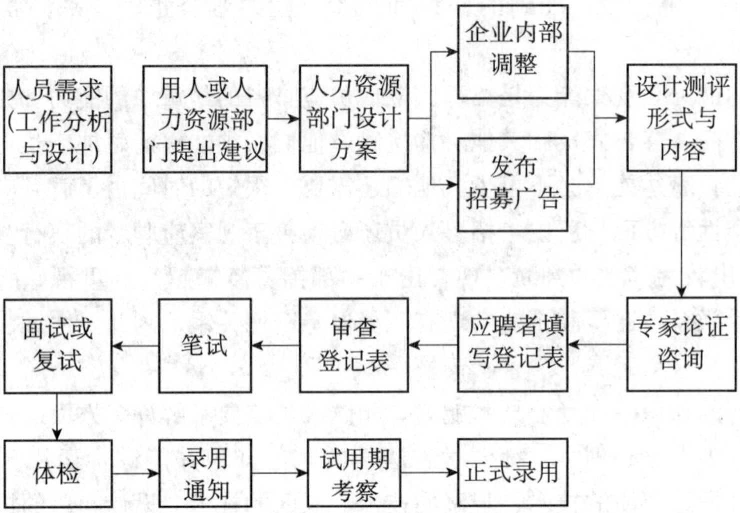

图 4.2　人员招募与录用的一般程序

(3) 离退休或死亡。

(4) 辞职或解聘。

当产生空缺职位时，必须进行工作分析，确定该职位的人员应具备的资格条件，包括专业技能、工作经验和特殊能力要求等，在确定了人员标准之后，一般要编制和填写“人员增补申请表”，并报请有关部门批准。其格式如表 4.3 所示。

表 4.3　人员增补申请表

<table>
<tr><td colspan="2">申请单位</td><td></td><td>增补职务</td><td></td><td>增补员额</td><td></td></tr>
<tr><td colspan="2">增补原因</td><td colspan="5"></td></tr>
<tr><td colspan="2">备注</td><td colspan="5"></td></tr>
<tr><td>应具备的资格条件</td><td colspan="3">性别：(1) 男 (2) 女
年龄：
学历：(1) 初中 (2) 高中 (3) 大专
(4) 大学 (5) 硕士
专业：
外语：
工作经验：
技能：
特长：</td><td>补充人员工作内容</td><td colspan="2"></td></tr>
<tr><td>单位主管意见</td><td colspan="3">签字：________</td><td>人力资源部门意见</td><td colspan="2">签字：________</td></tr>
</table>

2. 确定基本的招募方案

在选择并确定基本的招募方案时，应该考虑方案的适用范围、可操作性、预测功能及其经济价值。在这个阶段，可以提出以下的问题：

(1) 本次招募活动将持续多长时间？

(2) 在一定的时间内，这个程序可以对多少应聘者进行评价？

(3) 测试依据的可靠性和有效性如何？

(4) 本程序在获取信息方面是否有效？

(5) 本招募程序是否公平？

(6) 程序的成本、收益状况如何？

一旦明确了程序的上述属性，就可以在各种方案之间进行合理性和可行性比较，选定一个最优的。另外，一个招募方案的选择与设计可能要经过多次反复的尝试和修订，才能成为量身定制的最优方案。

3. 拟定招募简章，发布招募信息

拟定招募简章的基本内容主要包括下列几个方面：

(1) 标题，如"招募"、"诚聘"和"××单位诚聘"等。

(2) 公司和企业的性质和经营范围等基本情况的简介。

(3) 招募职位、人数和招募对象的条件。

(4) 应聘时间、地点、邮编、联系方式和联系人。

(5) 落款，如"××有限责任公司"。

一份优秀的招募简章应该在突出企业特色的同时，充分显示企业对人才的渴求和吸引力。一般说来，优秀的招募简章具备以下的基本特征：

(1) 语言精简、凝练。

(2) 招募对象的条件表述一目了然。

(3) 招募人数是实际需求人数的 2 倍左右。

(4) 措辞实事求是、热情洋溢，表现出对人才的渴求和应有的尊重。

招募简章拟定后，就要向社会发布招募信息，发布的方式取决于企业规模、业务内容、招募渠道、招募目标人员的规模与特点，以及招募预算等因素，具体地说，招募信息的发布主要包括以下几种方式：

(1) 在招募区域内张贴招募简章。该方法一般适用于在企业内部招募或大规模招募初级工人，因而常张贴于企业的公告栏内或者是人员流动量大的商业和文化中心地带（假如有关规定容许的话），以便让更多的人获悉招募信息。

(2) 在电视和广播上发布招募信息。针对特定地区、特定人群广泛传播企业的招募信息采用这两种形式比较适合，同时也对企业形象的宣传有促进作用。

(3) 在报纸上刊登招募简章。这是现代企业常用来招募专业人才的一种方法。

(4) 在专业杂志上发布招募信息。如果需要招募专业技能很高的员工去从事技术性非常强的工作，在专业杂志或专业协会的内部通讯上发布信息，不失为一个好办法。

（5）举行新闻发布会发布招募信息。这种方法主要用于下面两种情况。

企业因发展壮大，需要招募大批人员，包括经营管理者和熟练工人。由于招募是企业兴旺发达的标志之一，利用新闻发布会发布招募信息，有利于扩大企业影响，树立公众对企业信心。

高薪聘请高级经营管理者，如总经理、总工程师等。在新闻发布会上发布这样的招募信息具有轰动效应，一方面它可以扩大企业的影响，另一方面可吸引更多的高素质人才前来应聘，使企业有较大的选择余地。

（6）通过人才市场发布招募信息。这种方法主要是利用中介企业传播招募信息，如专业招聘网站、人才招聘会等。专业招聘机构通常有偿提供招募信息，由求职者直接和招募单位联系应聘事宜。定期举行的人才招聘会，主办方一般向企业收取一定的中介费用，代理企业发布招募信息，在人才招聘会举行之日，企业在会场设摊，现场招募。

（7）在互联网上发布招募信息。据不完全统计，全国正式注册的招募网站约有500多家，全国数十家人才网站每日发布的招募职位都在万数以上，日平均访问量超过1万人次。利用网络发布招募信息的优势在于成本低、容量大、速度快，强调个性化服务。

六、招募渠道的类别和选择

人员招募的渠道，从大的方面讲包括企业外部招募和企业内部招募两类。企业外部招募的渠道很多，如利用各种传播媒介进行招募、参加人才交流会和校园招募、职业介绍机构推荐、雇员推荐、申请人自荐、委托猎头公司等。而采用内部招募方式的企业一般建有内部招募系统，一旦出现职位空缺，首先在公司内部布告栏上刊登招募广告。

1. 外部招募

外部招募形式很多，主要有招募广告、人才交流会、校园招募、职业介绍机构、雇员推荐和申请人自荐、猎头公司等。

（1）招募广告。招募广告是各种工作岗位在补充人员时都可使用的方法，因此，应用最为普遍。广告最明显的优势在于宣传范围广泛，阅读这些广告的不仅有工作申请人，还有潜在的工作申请人，以及客户和一般大众。由于企业的招募广告代表着企业的形象，因此需要认真实施，具体需要注意以下几点。

通过市场调研，选取收效最佳的广告媒体。企业所要招募的职位类型将决定何种类型的媒体：当招募对象是蓝领工人、办公职员和低层级管理人员时，地方性报纸往往是最好的媒体；而专业雇员的招募，则可以在诸如《中国人力资源开发》、《计算机世界》和《销售与市场》这一类的行业或专业杂志上做广告；如果要招募中级以上管理人员以及资深管理人员，则更适合在《商界》、《企业家》、《中外管理》、《资本市场》这样的杂志来刊登招募广告。现在大多数企业都利用网络，也利用其他一些媒体来做广告。表 4.4 总结了利用各种媒体做广告的优缺点。例如，当招募的工作为专业性工作时，就最好利用杂志，比如在一种计算机杂志上刊登广告来招募计算机工程师。一般来说，选择媒体的时候要考虑下列因素：传播面、容易接受性、专业性、可靠性、时效性、成本等。

表 4.4　　　　各种媒体做招募广告的优缺点

媒体类型	优　点	缺　点	何时使用合适
报纸	● 标题短小精练 ● 广告大小可灵活选择 ● 发行集中于某一特定的地域 ● 各种栏目分类编排，便于积极的求职者查找	● 具有时限性，容易被而后可能的求职者所忽视 ● 集中的招募广告容易导致招募竞争的出现 ● 发行对象无特定性，企业不得不为大量的读者付费 ● 广告的印刷质量一般较差	● 招募限定于某一地区 ● 当求职者大量集中于某一地区时 ● 当有大量的求职者在看报纸，并且希望被雇用时
杂志	● 专业杂志会到达特定的职业群体手中 ● 广告大小极富灵活性 ● 广告的印刷质量较高，有较高的编辑声誉 ● 时限较长，求职者可能会再次翻看	● 发行的地域太广，故在希望将招募者限定在某一特定区域时不宜使用 ● 广告的预约期较长	● 所招募的工作承担者较为专业时 ● 当时间和地区限制不是最重要的时候 ● 当与正在进行的其他招募计划有关联时
广播电视	● 不易被观众忽略 ● 比报纸和杂志更好地让不是很积极的求职者了解到招募信息 ● 可以将求职者来源限定于某 特定区域 ● 极富灵活性 ● 比印刷广告能更有效地渲染雇用气氛 ● 较少因广告集中而引起招募竞争	● 只能传递简短的、不是很复杂的信息 ● 缺乏持续性，求职者不能回头再了解（需要不断地重复播出才能给人留下印象） ● 商业设计和制作（尤其是电视）不仅耗时而且成本很高 ● 缺乏特定的兴趣选择 ● 为无用的广告接收者付费	● 当处于竞争的情况下，没有足够的求职者看你的印刷广告时 ● 当职位空缺有许多种，而在某一特定地区内又有足够的求职者时 ● 当需要迅速扩大影响时 ● 在较短的时间内足以对某一地区展开“闪电式轰炸”时 ● 用于引起求职者对印刷广告的注意时
招募现场的宣传资料	● 在求职者可能采取某种立即行动的时候，引起他们对企业雇用的兴趣 ● 极富灵活性	● 作用有限 ● 要使此种措施见效，首先必须保证求职者能到招募现场来	● 在一些特殊场合，如为劳动者提供就业服务的就业交流会、公开招募会上布置的海报、标语、视听设备等 ● 求职者访问企业的某一工作地时

资料来源：加里·德斯勒．人力资源管理．北京：中国人民大学出版社，1999.

广告的结构要遵循 AIDA 四个原则，即注意（Attention）、兴趣（Interesting）、欲望（Desire）和行动（Action）。换言之，好的招募广告要能够引起读者的注意并使其产生兴趣，继而产生应聘的欲望并采取实际的应征行动。

招募广告的内容应根据拟录用职位的职位说明书编制，美国学者戈登等人在1982年通过对报纸读者的调查来了解企业招募广告中各种信息的必要性，如表4.5所示，表中的数字是读者认为各种细节有必要的百分比。

表4.5　　招募广告的必要内容

细节	细节的必要性（%）
工作地点	69
任职资格	65
工资	57
职务	57
责任	47
公司	40
相关经历	40
个人素质	32
工作前景	8
公司班车	8
员工福利	6

资料来源：Leap T L，Crino M D. Personel，human resource mangement. New York：Macmillan，1989.

此外，广告设计要突出企业标识，要使用令人鼓舞和印象深刻的广告语。

企业使用招募广告作为招募渠道有很多优点：工作空缺的信息发布迅速，能够在一两天内就传达给外界；同许多其他渠道相比，广告渠道的成本较低；在广告中可以同时发布多种类别工作岗位的招募信息；广告发布方式给企业保留了许多操作上的优势：企业可以要求申请人在特定的时间段内亲自来企业、打电话或向企业的人力资源部门邮寄简历和提出工资等方面的要求等。

企业还可以利用广告来发布“遮蔽广告”（Blind Advertisement），即在招募广告中不出现招募企业的名称，通常要求工作申请人将自己的求职信和简历寄到一个特定的信箱，这样做的理由有三个：其一，可以避免让竞争对手过早知道自己的业务区域扩展计划；其二，企业不愿意让现有雇员发现企业正在试图准备由外部人员来填充企业的某些职位空缺；其三，可以避免企业接待大量不合格的求职者和回复不必要的问询。

企业的招募宣传应该向合格的应征者传达企业的招募要求，并且在公众面前树立一个良好的形象。招募广告要提供有关工作岗位的充分信息，以使那些潜在的申请人能够将工作岗位的需求与自己的资格和兴趣进行对比，并激发那些优秀求职者的热情前来应聘。

（2）人才交流会。企业可以通过参加人才交流会直接获得大量应聘者的相关资料，既节省招募费用，也可缩短招募周期，并可以在信息公开、竞争公平的条件下，公开考核，择优录用。

（3）校园招募。校园招募是企业获得潜在管理人员及专业技术人员的一种重要途径，许多有晋升潜力的工作候选人最初就是企业通过到大学中直接招募雇用来的。尽管从 1999 年 12 月国家教育部才开始允许企业进入高校招募，即用人单位可在每年 11 月 20 日之后的休息日和节假日到高校开展宣传和咨询活动，但在此之前，就有许多企业每年定期到高校做招募宣传，展开优秀毕业生的争夺。也有些企业与高校建立长期联系，向学校提供奖学金，组织学生到企业参观等，以吸引毕业生到企业就业。

一般而言，大学毕业生素质较高，具有生机和活力，并具有发展的潜力。但由于缺乏工作经验，所以需要在招募选拔过程中注意以下几点：选派能力比较强的招募人员，因为大学生更看重企业的形象；对工作申请人的答复要及时，否则对申请人来公司服务的决心会产生消极影响；大学毕业生总是感觉自己的能力强于公司现有的雇员，因此他们希望公司的各项政策能够体现出公平、诚实和人性化。

例如，IBM 等公司为了做好这一工作，确定了一定数量的重点学校，并委派高水平的经理人员与学校的就业指导中心保持密切联系，使学校方面及时了解公司存在的空缺职位要求及最符合公司要求的学生特征。也有不少公司为学生提供实习机会，这可以使学生对公司的实际工作环境有切身的体会，同时也使公司有机会评价学生的潜质，还有一些公司常常向大学生邮寄卡片、赠送带有公司简介的纪念品。

校园招募的缺点是费钱费时，需要事先安排好时间表，准备好宣传手册，还要做好面谈记录。表 4.6 是一个校园招募面谈记录表的示例。

表 4.6　　校园招聘面谈记录表

姓名：　　学校：	时间：	地点：
将取得的学位及日期：	专业：	
已取得的学位及日期：	专业：	
申请职位：1.	2.	3.
工作地点：1.	2.	3.
考察因素	评分	
仪表言谈——外表、态度、言谈举止、语调、音色	1　2　3　4　5	
机智——反应灵敏、表达充分	1　2　3　4　5	
独立性——独立思考能力、情感成熟、影响他人	1　2　3　4　5	
激励方向——兴趣与职位相符、进取心、激励可能性	1　2　3　4　5	
教育——所学习的课程与工作的配合程度	1　2　3　4　5	
工作经验——以前工作经验对职位的价值	1　2　3　4　5	
家庭背景——家庭环境对工作的积极意义	1　2　3　4　5	
面谈考官评语：	总体评价：1　2　3　4　5	
面谈考官签字：　　职称：	日期：	

资料来源：张一弛．人力资源管理教程．北京：北京大学出版社，2010.

（4）职业介绍机构。改革开放以来，我国已经出现了许多职业介绍机构，如前程无忧、中华英才网等各类专业招聘网站，职业介绍机构的作用是帮助雇主选拔人员，节省雇主的时间，特别是在企业没有设立人力资源部门或者需要立即填补空缺职位时，可以借助职业介绍机构应聘者面广而且可提供专业的咨询和服务的优势。但是借助职业介绍机构的一个不利因素就是对应聘者的情况不够了解，容易出现推荐的候选人与企业空缺职位不匹配的情况。为此，企业在选取职业介绍机构时，应尽量选取信誉较高的介绍机构，要求他们尽可能多地提供适合职位要求的人选，而且派专人同几家职业介绍结构保持稳定的联系。

特瑞·里普和迈克尔·克雷诺认为，在下述情况下，适合采用职业介绍机构的方式：用人单位根据以往的经验发现难以吸引到足够多的合格工作申请人；用人单位只需要招募很少数量的员工；要为新的工作岗位招募，因此设计和实施一个详尽的招募方案成本太高；用人单位需要填补某一关键岗位的空缺；用人单位试图招募到那些现在正在就业的员工，尤其是处在劳动力市场供给紧张的形势下；用人单位在目标劳动力市场上缺乏招募的经验。

（5）雇员推荐和申请人自荐。一些公司开展雇员推荐活动，鼓励现有的雇员向企业介绍新的工作候选人。在这种情况下，企业将空缺职位以及对被推荐者的要求公布出来，对于那些对企业推荐候选人最多的雇员，企业往往会给予奖励。这种做法可以通过减少广告费用和招募代理费而削减企业的招募成本，并且有可能招到高质量的工作候选人。不过，这种做法也有缺点：一方面是可能会因为是熟人推荐而碍于情面，在一定程度上降低录用标准，并在今后的工作中带来管理上的困难；另一方面是一旦雇员所推荐的人被拒绝，它本人就有可能产生不满。基于这些原因，建议企业在采取员工推荐这种方式时，应注意以下几点：对应聘者测试后才可录用；请相关专业或相关领域的熟人介绍有能力的人前来应聘；录用后被介绍人尽可能不在介绍人领导下工作；如果推荐人的职业能力不足以评价所推荐人的职业领域时，不可采取此方式。

一项调查显示，美国有40%的雇主说他们曾使用过雇员推荐制度，而且企业中有15%的雇员都是通过已有雇员直接介绍而被雇用的。他们的经验表明，采用员工推荐方式最多的企业是员工数量在500人到2 000人之间的企业，而采用员工推荐方式最少的企业是员工数量在10 000人以上的大型企业。

申请人自荐是申请人看到企业的招募广告或通过其他渠道了解到企业相关招募信息后，主动与企业人力资源部门联系的应聘方式。对于毛遂自荐者，企业应该礼貌接待，人力资源部门最好指定专人与他们进行面谈。这样做不仅体现了对求职者的尊重，还有利于树立企业的声誉和今后业务的开展。

（6）猎头公司。猎头公司，也称作高级管理人员代理招募机构，是一种类似于职业介绍机构的就业中介企业，但是由于它运作方式和服务对象的特殊性，所以经常被人们看作是一种独立的招募渠道，它们专门为雇主“搜寻”和推荐高级管理人才和关键技术人员。猎头公司的联系面很广，它们同许多已被雇用并且没有太大积极性变换工作的高级人才保持着联系，一旦有用人需求，它们便会诱使这些高级人才另谋高就。尽管利用这类机构进行招募活动要支付一定的费用（一般为所推荐人才年薪的1/4到1/3），但是它们可以替企业的高层管理人员节约时间，并且承担了为这些空缺职位所做的一些初期性广告工作，因此，这种招募渠道还是具有很大的利用价值的。

美国行政管理人员招募咨询企业协会（the Association of Executive Recruitment Consultants）规定，一家猎头公司在为前一位雇主推荐人才后的两年内，不能再为另一个客户把这个人才挖走。据此，猎头公司面对的必然是一个搜寻范围不断缩小的市场，因而为客户输送一流的工作候选人会越来越难，因为那些最具潜力的人可能已经在为它的前一家客户服务了，而它对这些人至少在两年内是不能考虑的。借助猎头公司招募人才时，应坚持以下几个原则：首先向猎头公司说明自己需要哪种人才及其理由；确信所找的这家机构能够自始至终完成整个招募过程；要求会见猎头公司中直接负责本企业业务的人，确保他有能力完成招募任务；选择一家信得过的猎头公司。为本企业搜寻人才的机构不仅会了解本企业的优势，而且会发现你企业的不足。所以一定要选择一个能为本企业保守秘密的机构；事先确定服务费用的水平和支付方式；向这家猎头公司以前的客户了解该公司服务的实际效果。

2. 内部招募

虽然招募通常意味着找专业职业机构以及利用各种分类广告，但实际上，企业现有的雇员常常是企业最大的招募来源。一些调查表明，90%以上的管理职位都是由企业内部提拔起来的人担任的。当企业运用内部补充机制时，通常要在公司内部张贴工作告示，其内容包括工作说明和工作规范中的信息以及薪酬情况，说明空缺职位的性质、任职资格、主管的情况、工作时间和待遇标准等相关因素。这样做的目的是让公司现有员工有机会将自己的技能、兴趣、资格、经验和职业目标与工作机会相对比。工作告示是吸引内部申请人的最常用方法，特别适用于非主管级别的职位。在这个过程中，人力资源部门要承担全部的书面工作，以确保选拔出最好的申请人。

国内很多企业实施的内部竞聘上岗，可以视为内部招募的有效方式之一。内部招募有很多优点，主要体现在下列几个方面：

（1）得到升迁的员工会认为自己的才干被企业承认，因此工作积极性和工作绩效都会提高。

（2）内部员工比较了解企业的情况，为胜任新的工作岗位所需要的指导和培训会比较少，离职的可能性也比较小。

（3）提拔内部员工可以提高所有员工对企业的忠诚度，使他们在制订管理决策时能做比较长远的考虑。

（4）许多企业对人力资源投资很大，充分利用现有员工的能力能够提高企业的投资回报。

另外，内部招募也有其不足之处，主要有下列几个方面：

（1）近亲繁殖。在所有管理层成员都是从内部晋升上来的情况下，很可能出现“照章办事”和维持现状的倾向，不利于创新思想和新政策的贯彻与执行。

（2）那些没有得到提拔的应征者可能会不满，因此需要做解释和鼓励的工作。

（3）当新上任的主管从同级员工中产生时，工作集体可能会有抵触情绪，这使得新上任主管不容易建立领导声望。

（4）许多企业都要求管理人员将职位空缺情况公布出来，并且要同所有的内部候选人进行面谈，而管理人员往往早有中意人选，因而要同一大串并不看好的内部候选人面谈无疑是浪费时间。

（5）如果企业已经有了内部补充的惯例，当企业出现创新需要而急需从外部招募人才时，就可能遭到现有员工的抵制，损害员工的积极性。

内部提升人员需具备三个条件：企业具有足够的人员储备以及员工开发与培训制度；企业文化鼓励员工个人的不断上进；系统和完善的人员晋升和提拔制度。

第二节 人员甄选

一、人员甄选的概念

人员甄选，是指用人单位在招募工作完成后，根据用人条件和用人标准，运用适当的方法和手段，对应聘者进行审查和筛选的过程。一般来讲，甄选最终要解决下列三个问题：

（1）应聘者能做什么？申请人是否有能力做好这项工作？这些能力是如何表现出来的？申请人是否具有某些特殊技能？申请人是否有在公司内发展的潜力？

（2）应聘者愿意做什么？申请人对该项工作是否真的有兴趣？申请人为什么愿意来公司工作？申请人是否能在公司长期干下去？申请人过去的工作经历能否说明他的稳定性？申请人是否能够一心一意地为公司工作？

（3）应聘者是否合适？申请人的能力和知识能否适应将来的工作要求？申请人的个性特点是否适合于该工作？申请人是否能适应公司的文化氛围？申请人是否能被他的同事或下属接纳？

二、人员甄选的意义

对工作候选人进行科学的甄选对于企业和社会来说意义重大，如同高质量的产品必须有高质量的原材料一样，企业的生存和发展也必须有高质量的人力资源，员工甄选就是为了确保企业发展所需的高质量人力资源而进行的一项重要工作。

从一开始就聘用到合适的人选，会给企业带来可观的利益。有数据表明，这种经济收益相当于现有生产力水平的6%～20%。许多情况下，尤其是对小型企业而言，科学的人员甄选对企业经营起到关键的影响。人—职匹配，将带来较高的员工满意度和企业使命感，减少旷工和降低流动率。然而，甄选到合适的人员是一件困难的事情，因为并非所有的人和工作都是相同的。人在体型、智力、能力、人格特征等各方面差别很大，工作对人的体力和脑力的要求也各不相同。这些天然的差别，使得有必要对人员的体力、技巧、能力以及个性特征与工作要求之间的适应性关系进行评估。心理学家约翰·霍兰德的“人格—工作适应性理论”已得到验证和广泛认可，为人与工作的匹配关系提供了有力的佐证。该理论对于人格类型特征与工作要求之间的协调一致进行了深入的研究和分析。霍兰德把人格分为六种基本类型，这六种类型中的每一种都有与其相适应的工作内容和性质。表 4.7 对这六种类型分别进行了描绘，并列举了它们的人格特点以及与之相匹配的职业范例。

表 4.7　　霍兰德的人格类型与职业范例

人格类型	个性特点	职业范围
现实型——偏好需要技能、力量、协调性的体力活动	害羞、真诚、持久、稳定、顺从、实际	机械师、钻井操作工、装配线工人、农场主
研究型——偏好需要思考和理解的活动	分析、创造、好奇、独立	生物学家、经济学家、数学家、新闻记者
社会型——偏好能够帮助和提高别人的活动	亲社会、友好、合作、理解	社会工作者、教师、议员、临床心理学家
企业型——偏好那些能够影响他人和获得权力的活动	自信、进取、精力充沛、盛气凌人	法官、房地产经纪人、公共关系专家、小企业主
传统型——偏好规范、有序、清楚明确的活动	顺从、高效、实际、缺乏想象力、缺乏灵活性	会计、业务经理、银行出纳员、档案管理员
艺术型——偏好需要创造性、表达模糊且无规则可循的活动	富于想象力、无序、杂乱、理想、情绪化、不实际	画家、音乐家、作家、室内装饰家

资料来源：斯蒂芬·罗宾斯. 组织行为学. 北京：中国人民大学出版社，2012.

“人格—工作适应性理论”的结论是：员工对工作的满意度和离职的倾向性，取决于个体的个性和职业环境的匹配程度。社会型的个体应该从事社会型的工作，传统型的个体应该从事传统型的工作，依此类推。当个性与职业相匹配时，则会有最高的满意度和最低的离职率。在企业中，该理论的实践意义是，比如：一个企业在减少事故发生率方面存在着问题，它希望能够在员工甄选方式和程序配合下，完成对现有员工配备状况的改造，以保证只甄选到那些具有高度安全意识的应聘者，从而使得问题得以解决。正如德鲁克所说：“做得最好的都是经过评估的事。”这对于人员的甄选也一样。

三、人员甄选的方法

企业在确定了招募渠道并发布了招募信息后，就会收到大量的应聘材料。对于众多的应聘材料，企业首先要做的事情是对这些材料进行筛选，然后确定面试对象。对面试对象进行考察后，从中挑出合格的人员进行下一轮的复试，最后从企业的职位需要出发挑选出最适合招聘岗位的人选。甄选的方法很多，常见的有：简历筛选、测试甄选、面试甄选、背景调查及其他特殊的办法。这里介绍其中几种常用的方法。

1. 简历筛选

一般地，简历中反映的客观信息，包括个人信息、受教育经历、工作经历和个人成绩等，如果这些客观指标不能达到，通常可以将其排斥在外。而对一些主观性、抽象性的描述，如具备团队精神、诚信勤奋、踏实努力等可作为参考指标，因为这些特征在面试或背景调查时才能得以验证。筛选时还需要注意标准，如果标准不合适，可能将一些优秀的人才错过；如果筛选面过宽，又会增加面试时间和招募负担。

筛选简历时应注意以下几个问题：(1) 就职者的就业历史，并确认是否有空白时间，在面试或背景调查时核实出现这一空白时段的原因以及就职者在这一时段的活动内容。(2) 工作变化的频率。离开一个工作单位有很多原因，常见的有表现不好被企业解聘、薪水增加的幅度不够大、晋升机会有限、企业没有履行承诺等。如果应聘者的几次离职理由都是"没有发展空间"，那有可能是该员工的工作期望不现实。这一解释完全在理，但很有可能掩盖了其中让人难以接受的离职原因，这是面试时需要和他（她）面对面探讨并查证的问题。(3) 审核简历中职责描述不够具体的地方。例如，"行政助理"、"副总裁"等，有时这些名称的所指很广泛，应该探究下去，确定这些头衔的具体职责，有时候这些职位的职责非常有限。(4) 审核简历中表达模糊的地方。如"离职原因"一栏写着"私人原因"，面试时，应该搞清楚"私人原因"是否掩盖了"被解聘"。通过对以上信息的收集，可以较清楚地确认面试时应着重讨论的问题范围，提高面试效率。

2. 测试甄选

测试主要能预测申请人的能力特征及在今后特定领域的工作表现，以帮助企业选择对职位要求特别适宜的人员。它主要借助于一些技术手段和方法，对申请人的专业知识、智力、知识面、能力、个性特征等做出客观的评价。随着现代心理学、社会企业管理学及测试技术和方法的交叉结合，并被大量运用到人员招募中，现代测试方法越来越多，如：专业知识测试，能力测试，运动和身体能力测试，人格、个性与兴趣测试，成就测试，工作样本法等。最近几年，随着学习技术的发展，还涌现出很多的测试软件。这里以能力测试，人格、个性与兴趣测试，成就测试为例，简要介绍测试的内容和方法。

(1) 能力测试。能力测试包括一般智力测试和特殊认知能力测试。一般智力测试即测试一个人的智商水平。它一般通过对一个人的言语能力、文字能力、数字计算能力、图形识别能力、空间能力、观察力、记忆力等进行一系列具体的测试来完成。当前国际上常用的智力测试有两种：斯坦福—比奈智力测验和韦克斯勒智力测验。特殊认知能力，也称特殊心理能力，包括归纳和演绎推理、语言理解、记忆。这种测试的目的是检测应聘者对某一特定工作的能力倾向，如机械理解测试，测试应聘者对基本机构原理的理解，考察应聘者对工作（机械师或工程师工作）的能力倾向。

（2）人格、个性与兴趣测试。员工的工作绩效不仅取决于他的智力和身体能力，还取决于其心理状态和人际沟通技巧等因素，这就要借助于人格、个性与兴趣测试。人们经常用“大五”模型来进行人格测试，“大五”指的是：外倾性（Extraversion）、随和性（Agreeableness）、责任心（Consciousness）、情绪稳定性（Emotional Stability）、经验的开放性（Openness to Experience）。对这五个维度的研究，除了提供总体的人格框架外，还提供了这些人格维度与工作绩效之间的重要关系。比如：对于所有的人员来说，责任心可以预测工作绩效；外倾性可以预测管理和销售职位的工作绩效；经验的开放性在预测培训效果方面很有借鉴意义；那些在情绪稳定性方面得分较高的人员更换单位的几率较小，因为情绪平和而有安全感的人会比焦虑不安的人工作做得更好。人格、个性测试常见的有主题统觉测验（Thematic Apperception Test）、吉尔福德—齐默尔曼气质问卷（Guilford-Zimmerman Temperament Survey）、明尼苏达多相人格调查表（Minnesota Multiphase Personality Inventory）、卡特尔 16 种人格因素测验（16PF）、迈尔斯—布里格斯类型指标（MBTI）等。兴趣测试是将一个人的兴趣与不同职业中的人的兴趣相比较，如对一个人进行相关的兴趣调查，就可以把他的兴趣与已在职的会计、工程师、管理者做比较。兴趣测试有多种用途，最典型的是用于员工的职业生涯设计，因为一个人如果对其工作感兴趣，就可能做得更好。兴趣测试还可用作选择工具，如果选拔与那些成功的在职者有大致相同兴趣人填补职位空缺，这些工作候选人在新的工作岗位上成功的可能性就更大。

（3）成就测试。成就测试是对一个人所学的知识和技能的一个基本的检测。它被广泛应用于对应聘者在经济学、市场营销或人力资源等领域的知识。比如：普渡机械师和机械操作员测验（Purdue Test for Machinists and Machine Operators）通过诸如“忍耐意味着什么”这种问题，测量熟练机械师的工作知识。餐厅服务行家对餐饮专业的毕业生问及“重大宴会的座次应怎样安排，分菜顺序及酒水服务的规则是什么”等问题，测试学生有关宴会服务的知识。

3. 面试甄选

在员工录用之前，面试是必不可少的环节。它可以使招募人员有机会直接接触应聘者，判断职位候选人是否具有热诚和才智，判断其语言表达能力、情绪控制能力、逻辑思维能力以及处理专业事务的能力等。为提高面试质量，面试人员要做好以下几方面的工作。

（1）阅读工作说明书和工作规范。面试的准备工作从阅读工作说明书和工作规范开始，面试人员必须了解招募岗位的责任、要求、工作关系、环境特点、工资、福利和发展机会等一系列信息，需要回答以下六个问题：

我是否清楚招募岗位的性质及其工作关联？

我是否完全了解招募岗位的工作职责、任职资格要求？

我是否完全了解应聘者应具备的素质?

这些素质要求是否与工作有关，是否现实?

我是否向应聘者讲清楚了招募岗位的职责?

我是否准备好了其他有关岗位和企业的信息?

(2) 评价求职申请表。企业往往让初试合格的求职者填写求职申请表。科学设计的申请表可以为选择过程节省很多时间。正因为如此，求职申请表比个人简历使用起来更有效。

要求求职者填写求职申请表的目的:

通过申请表所反映的信息，可以对求职者有关的资格条件做出一定的判断，例如该求职者的教育和工作经历是否适合从事该项工作。

可以了解求职者以往的发展及其成长经历，借以推断今后的任职可能及其潜力。

通过求职者在申请表中所显示出的工作经历，对申请人前几次离职的原因作调查分析，可以判断其工作稳定性。

运用个人在申请表中所提供的资料，可以粗略预测出哪些求职者能胜任将来的工作，哪些不能，以此来决定邀请谁来参加下一阶段的筛选。

在这一阶段的工作中，有两点需要引起招募人员的注意：其一，对不同类别的工作岗位需要准备不同的申请表，比如对技术人员和管理者的招募与对一线雇员的招募，其申请表的侧重点应有所区别。其二，要审核申请表和简历中关键信息的真实性，比如对学历证明、英语等级证、相关资格证和工作经历的真实性进行验证。

鉴于求职申请表在应聘者能力评定、资历判断等方面的重要作用，所以申请表的设计一定要科学、认真。一般来说，申请表应包括下列项目:

所申请的职位、工作性质。

个人资料，包括姓名、通信地址、联系电话、年龄、性别、婚姻状况、出生地、健康状况及病史、兴趣爱好、专长等。

教育状况，包括毕业学校、专业、学位。

学术及专业活动情况，包括学术成果、参加过何种学术团体。

技能，包括有何技能、证书。

进修培训经历。

工作简历，包括单位、职位、主要责任、收入、离职原因。

个人要求，如获聘之后何时可到位、班次要求、住房及工资要求、休假要求及其他特殊要求。

(3) 设计面试提纲。面试提纲是保证面试效果和效率的基础。根据职位要求以及求职申请表所反映的信息，选择充足、合理的评价要素，从不同侧面了解应聘者的背景材料和信息。表 4.8 是一个面试提纲范例。

表 4.8　　面试提纲范例

姓名：　　　　　　　　　　　　　申请的职位：

1. 工作兴趣
   你是怎么知道我们公司的？
   你为什么希望加入我们这个企业？
   你为什么想做这份工作？
   你认为自己能胜任这份工作吗？
   你认为这一职位涉及哪些方面的工作要求？
   你对待遇有什么要求？

2. 目前的工作状况
   你现在有工作吗？
   如果没有，你失业多久了？
   如果你有工作，那么为什么要申请这份工作？
   如果可能，你什么时候能来我们公司上班？

3. 工作经历
   目前或最后一个工作：
   工作单位名称：　　　　　　　　通信地址：
   雇用时间从　　　　　　　　至
   目前或最后一个工作的职务名称：
   在该公司，你一直都从事同一种工作吗？
   如果不是，说明你曾从事过哪些不同的职位及其持续的时间、各自的职责。
   你最初的薪水是多少？现在的薪水是多少？
   你为什么考虑离职？为什么现在离职？
   在过去的5年里，你曾失业过吗？
   为了寻找工作，你做了哪些努力？

4. 教育背景
   对你所受的教育或培训状况进行简要回顾。
   你认为你所受的教育或培训对你胜任工作有帮助吗？
   如果有，有哪些帮助？

5. 工作以外的活动
   在工作以外，你都做什么？

6. 特殊问题（针对特殊的职位而个性化设计的问题）
   ……

7. 个人问题
   你愿意被重新安置其他工作吗？
   你愿意出差吗？
   你可以保证的最大限度的出差时间是多少？
   你能加班吗？
   你周末可以上班吗？

8. 自我评估
   你认为你最大的优点是什么？
   你认为你最大的缺点是什么？

9. 面谈者印象：对下列每个特征进行等级测定，其中，“1”为最高等，“4”为最低等。					
个人特征	说明	1	2	3	4
	仪表				
	姿态				
	举止礼貌				
	谈吐				
	与面试者的协作				
与工作有关的特征	与本工作相关的经验				
	与本工作相关的知识				
	人际关系				
10. 对工作的总的胜任情况：（1）非常胜任；（2）能较好胜任；（3）胜任；（4）勉强；（5）不合格。					
面谈者： 日期：					

（4）制订面试评价表。根据面试时收集到的信息，以面试评价表中的要素为衡量角度，对信息进行分析、归纳，然后得出评估结果。如果大多数的面试人员都能对同一要素达成基本一致的判断，那么录用与否的意向就很明确了。表 4.9 是面试评价表的范例。

表 4.9　　面试评价表范例

姓名：　性别：　年龄：　编号：　应聘部门：　所属部门：					
评价要素	评价分数				
	1（差）	2（较差）	3（一般）	4（较好）	5（好）
个人修养					
求职动机					
语言表达能力					
应变能力					
社交能力					
自我认识能力					
性格倾向性					
情绪稳定性					
计划能力					
主动性、积极性					
健康状况					
相关专业知识					
逻辑思维能力					
评价总分					
总体评语					

用人部门意见	人力资源部意见	总经理意见
签字：	签字：	签字：

（5）面试过程的控制。为了保证面试的效率和效果，对面试进程加以控制是非常必要的。应注意下列几个方面：

面试的最初阶段，以一般的社交话题开始，消除应聘者的紧张心理，建立和谐轻松的面试气氛，使应聘者自然地进入面试情景之中。此阶段的表现不计入评价分数，应注意尽快结束。

面试的问题越直接越好。

每个问题都要有始有终，并给应聘者一定的思考时间。如果出现了卡壳现象，面试人员应合理地加以引导，使面试继续进行下去。

为避免出现“是”或“否”的答案，面试人员应经常用“为什么”、“怎么样”作进一步的提问。

面试人员扮演的是倾听者的角色，而不是讲述的主角，尽量不要打断应聘者的回答，使其叙述完整。

不能向应聘者暴露自己的急躁、不感兴趣等不良情绪。

对应聘者的表述不清楚时，可以用“你的意思是说……”来求证，但不要代替对方回答。

不要与应聘者争论观点。面试是为了探询应聘者的观点和思维能力，面试人员应始终礼貌、谦逊。

要控制面试的局面，防止偏离主题和漫无边际的闲聊。

面试结束前，要给应聘者提问的机会。

（6）面试结果的处理。在面试过程中，记录人员应该如实、完整地进行信息的有效记录。面试结束后，应及时整理面试记录。将每位应试者的面试记录与工作说明书放在一起，甄选时，就可以根据记录将应试者的相关经验、技术、技能、意愿与工作说明书中描述的拟聘职位的要求与职责加以比较选择，并将面试的评价建议通知用人部门，协商之后做出录用与否的决定。待甄选工作全部结束后，应将所有有关的面试资料存档备案以备查询，至此，面试甄选的工作暂告完成。

（7）常见的面试错误。在面试过程中，面试工作人员经常会出现以下常见的面试错误，如第一印象效应、夸大应聘者的负面信息、晕轮效应、对比效应、权重错置、忽视应聘者的非语言信息等，从而影响面试的工作质量。对于这些，面试人员应该努力克服。

（8）面试类型的选择。面试是通过测试者与被试者双方面对面的观察、交谈，收集有关信息，从而了解被试者的素质状况、能力特征以及动机的一种人员测量方法。从这些信息当中，招聘者可以预测应聘者未来的工作表现。面试已成为所有测试技术中使用最广泛的一种。一项调查显示，70％的企业在招聘过程中使用了某种形式的面试技术或方法。面试有以下几种基本类型：

a. 非结构化面试（Nondirective/Unstructured Interview）。

非结构化面试也称作“非引导性面试”、“非指导性面试”，是指面试中没有固定的面谈程序，评价者提问的内容和顺序都取决于测试者的兴趣和现场被试者的回答，不同的被试者所回答的问题可能不同。同时主持人则尽量避免使用影响申请者的评语。面试官可以问一些诸如“请谈谈你在上次工作中的经历”之类范围广泛、开放式的问题，并允许申请者自由发表意见而尽量不被打断。通常，在非结构化面试中，面试官听得很仔细，而且不争论，不打断或突然改变话题，他可以根据申请者的最后陈述提问，并很深入。

非结构化面试特别有利于将申请者的信息、态度和感情都摆在面试官的面前，获得的信息丰富、完整和深入。但是，由于面试的整个过程并不遵循特定的程序，大部分时间里由申请者个人陈述，因而得到的信息可用于做横向比较的就非常少，也正因为如此，非结构化面试的可靠性和有效性被认为是很小的。这种方法常被用于面试那些申请较高职位和咨询工作的候选人。

b. 结构化面试（Directive/Structured Interview）。

结构化面试也称作“引导化面试”，它指的是：首先根据对职位的分析，确定面试的测评要素，在每一个测评的维度上预先编制好面试题目并制定相应的评分标准。面试时，用预先确定的标准化的问题按一定的顺序提问应试者。

采用这种方法时，对应聘同一岗位的不同被试者需要使用相同的题目、提问方式、计分和评价标准，以保证评价的公平合理性和可比较性。这种标准化和一致性，为评价比较不同求职者的面谈结果提供了基础。它的特点是有固定的程序，评价的标准和评分方法也是严格规定的，不能随意变动。因而面谈中的主观性较小，结果的偏差也较小。

结构化面试为我们提供了一个预测应聘者是否最终会在某项工作中取得成功的有效工具。尽管它还没有完全排除面试官的主观偏差，但它所造成的偏差相比非结构化面试来说，已经小得多了。一项元分析研究表明，结构化面试的效度平均高达 0.45；而且，结构化面试的效度是非结构化面试的两倍。还有研究表明，如果从信度和效度两方面考虑，结构化面试是所有形式的面试中最好的。

结构化面试中面试项目一般集中于以下内容：

语言表达能力。语言表达能力的考查，包括对逻辑性、体态语与说话内容和方式配合的协调性、感染力、影响力、清晰度、准确性、音质、音量、音调、节奏等具体内容的考查。

反应速度与应变能力。主要看被试者对主试所提的问题回答的迅速性、准确性，理解是否准确贴切。对于突发问题的反应是否机智敏捷、回答恰当。对于意外事情的处理是否得当、妥当。

分析判断与综合概括能力。看能否抓住问题本质，说理透彻、分析全面；对众多论点与不同意见的概括是否全面、得当、中心突出。

实践经验与专业特长。一般根据被试者的工作履历表或情况登记表的结果，提一些相关的问题，查询有关背景、过去工作的情况以及被试者实际业务知识与操作技能，以补充、证实其所具有的实践经验和专业特长。通过对工作经历与实践经验的了解，还可以考查应试者的责任感、主动性、思维力、口头表达能力以及遇事的理智状况。

仪表风度。这是指应试者的体型、气色、外貌、穿着、举止以及精神状态等。像演员、教师、秘书、公关人员、外事、前厅经理以及领导干部等职位，对仪表风度的要求是非常高的。此外有关研究表明，仪表端庄、衣着整洁、举止稳重的人，一般做事有规律、注意自我约束、责任心较强。

知识的广度与深度。一般来说，面试具有灵活性，可以通过穿插一些问题考查被试者专业知识的广度与深度，如通过对所学课程及课外阅读的询问加以了解。

事业进取心。事业进取心强的人一般都有明确的奋斗目标，并为之积极努力。这可从工作愿望、工作要求、工作成就、工资晋级情况、工作规划与奖励情况中考查。

工作态度与求职动机。工作态度的考查既包括他过去对工作学习的态度，也包括他对现在工作岗位的态度与愿望。对过去工作学习态度的了解，可以知道他是否热爱工作，学习是否努力；对现在工作岗位的态度与愿望的了解，可以考查他的求职动机，是为了施展个人才干，还是贪求福利待遇与工资高，是为了躲避某种矛盾，还是这里的工作吸引了他。

兴趣爱好与活力。可以通过喜爱阅读的书籍，以及爱好的体育运动、娱乐活动、生活方式等来了解被试者的兴趣爱好与活力。

面试问话提纲范例可见表 4.10。

表 4.10 面试问话提纲范例

面试项目	测评要点	提问要点
仪表风度	体格外貌、穿着举止、礼节风度、精神状态	
工作动机与愿望	过去和现在对工作的态度、更换工作与求职的原因、对未来的追求与抱负、本公司所提供的职位或工作条件能否满足其工作要求和期望	● 请谈谈你现在工作的情况，包括待遇、工作性质、工作满意度。 ● 你为何来本公司工作？ ● 你在工作中追求什么？个人有什么打算？ ● 你想怎样实现你的理想和抱负？
工作经验	从事所聘职业、职务的工作经验与丰富程度，职位的升迁状况和变化情况，从其所述工作经历中判断其工作责任心、组织领导能力、创新意识	● 你大学毕业后的第一个职业是什么？ ● 在这家企业里，你担任什么职务？ ● 你在这家企业里做出了哪些你自己认为值得骄傲的成就？ ● 你在主管部门中，遇到过什么困难？你是怎么样处理和应付的？ ● 请你谈谈职务的升迁和工资变化情况。
经营意识	判断应聘者是否具有商品概念、效率观念、竞争意识以及是否具备基本的商品知识	● 通过经营小案例来判断其是否有这方面的观念和意识。
知识水平、专业特长	应聘者是否具有应聘岗位所需要的专业知识和专业技能	● 你在大学学什么专业或接受过哪种特殊培训？ ● 你在大学对哪些课程最感兴趣？哪些课程学得最好？ ● 询问专业术语和有关专业领域的问题。 ● 询问一些专业领域的案例，要求其进行分析判断。
精力、活力、兴趣、爱好	应聘者是否精力充沛、充满活力，其兴趣和爱好是否符合应聘职位的要求	● 你喜欢什么运动？你会跳舞吗？ ● 你怎样消磨闲暇时间？ ● 你经常参加体育运动和文娱活动吗？
思维能力、分析能力、语言表达能力	对主试所提问题是否能够通过分析判断，抓住事物本质，并且说理深刻、透彻，分析全面，条理清晰，是否能顺畅地将自己的思想、观点、意见用语言表达出来	● 你认为成功和失败有什么区别？ ● 你认为富贵和贫穷、美好和丑恶有什么区别？ ● 如果让你筹建一个部门，你将如何入手？ ● 提一些小案例，要求其分析、判断。

续前表

面试项目	测评要点	提问要点
反应能力与应变能力	头脑的机敏灵活程度，对突发事件的应急处理能力，对主试提出的问题能否迅速、准确地理解，并尽快做出相应的回答。	● 询问一些小案例或提出某些问题要求迅速做出回答。
工作态度、诚实性、纪律性	工作态度如何，如工作热情、工作精神、工作积极性和责任心，谈吐是否实在、诚实，遵照规章制度办事及遵纪守法情况	● 你所在单位管得严吗？在工作中看到别人违反规章制度，你怎么办？ ● 你经常向领导提合理化建议吗？ ● 除本工作外，你还在其他单位兼职吗？ ● 你在处理各类问题时经常向领导汇报吗？ ● 你在领导与被领导之间，喜欢哪种关系？
自知、自控能力	应聘者是否能够通过经常性的自我检查，善于发现自己的优缺点，当受到批评、遭受挫折、工作有压力时，能否克制、容忍、理智地对待	● 你认为你自己的长处在哪里？ ● 你觉得你个性上最大的优点是什么？ ● 领导和同事批评你时，你如何对待？ ● 你准备如何改正自己的缺点？

c. 情境面试（Situational Interview）。

情境面试是指在面试过程中，给申请者提出一种假定情况，请他们做出相应的回答。这是一种变化了的结构化面试：它给应聘者一个假设事件，问他该如何做出反应。应聘者的反应按事先确定的评分标准来衡量，许多组织使用这种方法来筛选新毕业的大学生。图 4.2 展示了一个化学工厂筛选系统分析员的情境面试例题。

1. 作为负责人，你带领一个团队承担的一个重要项目接近尾声了，就在这个时候，你的上司让你放下手中的工作，给你分配了一项同样重要的新任务。你会如何处理？
2. 作为项目经理，你带领 5 个成员正在全力进行一个项目的开发，还有两个月到期。其中一个团队成员突然向你请病假，声称要休假一个星期。你知道他的病假是借口，实际上是要去结婚。你会怎么处理？
3. 作为项目组成员，如果你参与的一个项目的设计思路或方法与你的项目经理不一致，你会怎么办？

图 4.2 情境面试问题示例

d. 行为描述面试（Behavior Description Interview）。

行为描述面试是指请应聘者回答在面试中就既定情况做出反应。与情境面试不同，行为描述面试着重于真实的工作事例。前者给出假设情况，后者询问在实际情况下，应聘者做了些什么。例如，面试官常问这样一些问题：“请告诉我，你上次那份工作中最有成就的一件事，你是怎样开始计划的？你是怎样实施并最终完成计划的？你是怎样处理你遇到的障碍的？”“请讲述一下，昨天从你进办公室开始到你回家之间发生的所有事件，我都感兴趣。”

行为描述面试的一个特点就是常在问题中使用类似于英语语法中的“最高级”，如“告诉我你在工作中与你的老板最动怒的一次争吵”，“讲一下你曾开发过的最成功产品”。可见，这些问题趋向于激发过去行为中的特定事件。而这恰恰又是与应聘者工作的内容、业绩有直接联系的。它的另一个特点就是面试中使用的问题，都是从工作行为分析中得来的。这种分析可以确定在特定的工作相关情形下，应聘者所做的事情，什么是有效的和什么是无效的。

e. 系列式面试（Serialized or Sequential Interview）。

多数企业要求在做出录用决定前，必须有几个人对求职者进行面试，称为“系列式面试”。每一位面试官从自己的角度观察求职者，提出不同的问题，并形成对求职者的独立评价意见。然后，对每位面试官的评定结果进行综合比较分析，最后做出录用决策。

f. 小组面试（Panel Interview）。

小组面试指的是由一组面试官对一位候选人进行询问和观察的面试。通常在这种面试中，应试者会遇到3～5个面试官，他们从不同侧面轮流提问，这有些类似于记者在新闻发布会的提问。因此，与系列式的一对一面试相比，小组面试能获得更深入更有意义的回答。同时，这种面试也会给被试者额外的压力，有可能阻碍那些在一对一面试中可以得到的信息的传递。据一些人力资源专家在美国菲利普·莫里斯公司和弗吉尼亚能源公司进行小组面试的实践证明，与传统的一对一面试相比，小组面试有一些显著的优点，包括决策可接受性强、决策时间短、更有效等。

小组面试的一种变形是“集体面试”，即由面试小组同时对几位候选人进行面试，提出一个需解决的问题，然后不采取行动，而是观察哪位候选人首先给出答案。这种面试比较容易依情况或组织结构的紧密性而将大家的意见综合起来预测求职者的工作表现。此法的缺点是费人费时，因此，一般只用于选拔较高层的管理者。

g. 压力面试（Stress Interview）。

压力面试是在第二次世界大战中发明的，它的目标是确定求职者将如何对工作上的压力做出反应。在这类面试过程中，面试官带有攻击性，不断给求职者施加失败的压力，使他们产生防御行为，再观察他们在压力下的应变能力。然后，面试官再设法使气氛恢复到原来的平静状态，以使对方恢复自信。同时，也可以继续观察对方的应对能力。例如，当一位客户关系经理候选人礼貌地提到自己在过去两年里换了四项主要工作时，面试官可能告诉他，频繁的工作变换反映了不负责和不成熟的行为，若求职者对工作变换做出合理的解释，就可以开始其他话题；相反，若求职者表示出愤怒和不信任，就可以看作是在压力环境下承受力弱的表现。

压力面试有助于我们区分出一些高度敏感的求职者和可能对温和的批评做出过度反应的求职者。但是，在使用压力面试时，面试官必须具备控制面试的技能（如被试者的非理性表现），并有足够证据表明压力的确是该工作的一个重要特征。因为压力面试可能导致求职者愤恨离开公司，即使企业希望录用他，他也不干了。

h. 计算机辅助面试（Computer Assistant Interview）。

近年来，许多组织使用计算机辅助面试作为传统面试的补充。这种面试按模式化和结构化面试的原则建立，其基本思想是向求职者展示一系列有关他/她的背景、经历、教育、技能、知识和工作态度的问题，这些问题与求职者的具体工作有关。问题采用多项选择形式，每次一个问题，求职者通过键盘输入答案。例如，一个申请零售商店店员的应聘者，可能在计算机上看到这样的问题：

您的主管如何评价你的顾客服务技能？

A. 优秀；B. 平均水平以上；C. 平均水平；D. 低于平均水平；E. 差

在计算机辅助面试中，回答的真实性是比较大的问题。为了避免这一问题，需要对应聘者回答每一问题的时间进行计时，如果对一些敏感问题的回答有所迟疑，一般就会被筛选出去。

随着高科技的发展，现在的计算机辅助面试已经被设计成类似于电子游戏的形式。当应聘者坐在电脑前时，他面对的是不断活动的画面，这些画面模拟出各种各样的情景。实际上，电脑面试可以被设计成一种情境面试或压力面试。例如，一个应聘银行出纳员的人，需要面对一个在计算机屏幕上出现的粗鲁顾客，这些顾客还会根据应聘者的反应做出各种新的刁难。

计算机辅助面试一般用于初次筛选，目的是将明显不合格的申请者筛选出去。使用计算机辅助面试有许多优点：首先，可以大大节省招聘者的时间。其次，效度较高。计算机辅助面试实际上生动地告诉了应聘者，他们正在申请的工作到底需要做什么。有关调查表明，通过计算机辅助面试筛选出来的应聘者，在最初三个月的雇用期内流失或被开除的情形都很少。

面试过程中应注意下列问题：

尽量提一些随便的问题，使应聘者在轻松、自由的气氛中表现自己。

尽量给应聘者反应的余地，以保证获得更多的信息。

保证所提问题的质量，尽量使用那些从回答中能获得可评价信息的问题。

提问的语气和思路不要带有威胁性或表现出不耐烦。

避免个人好恶的影响。

一个问题力求能同时反映应聘者多个方面的特点。

面试中除非是特殊设计，一般应保持友好的气氛。

注意面试中的灵活性。

注意提问与观察相结合。

第三节 人员录用

录用决策是企业人力资源形成和配置过程的一个重要组成部分。招募工作的主要任务是建立一个招募蓄水池，将求职者集中起来。筛选是从建立起来的招募蓄水池中挑选合格的求职者，而录用就是最终决定雇用应聘者并分配给他们职位的过程。因此，录用决策是招募过程的一个总结，是给招募工作画的一个句号。在做出录用决策之前，要对经过层层选拔的求职者进行背景调查和体检，以确保求职者符合企业空缺岗位的需要，然后才能做出正式录用与否的决定。

一、背景调查

对应聘者的背景调查通常包括信用状况、工作经历、学历、从业许可以及是否有犯罪记录等。现在，很多企业都将背景调查作为招募、选拔人员的必要环节，这在很大程度上是因为不合适的员工会给企业带来无穷尽的麻烦。

背景调查所需要的大部分信息都是公开的记录，可以提供给任何人。但是，明智的做法是请一位专家，他可以帮助企业迅速、全面、专业而又合法地完成这项调查工作。

二、体检

体格检查是选拔过程后紧接着的一个步骤。在某些情况下，检查在新雇员开始工作后进行。进行体检有三个目的：

首先，确定求职者是否符合空缺职位的身体要求。

其次，建立求职者健康记录，以服务于未来保险或雇员的赔偿要求。

最后，通过确定健康状况，可以降低缺勤和事故。

体检这一环节的执行相对比较简单，通常企业会指定一个信誉较好或长期往来的医疗机构，要求应聘者在一定时间内进行体检。也有一些大型的企业让自己内部的医疗部门对应聘者进行体检。在这一环节中，要注意不同职位对健康的要求有所不同。对于一些对健康状况有特殊要求的职位，必须要对应聘者进行严格的体检，以避免不必要的麻烦。

三、做出录用决策

录用决策的做出是招募工作开花结果的阶段，应该说，这一决策常常是难以做出的，尤其是选拔对企业发展至关重要职位的人选时，比如招募财务主管或销售总经理时，招募者往往会在几个出色的候选人之间举棋不定、难以决策。出现这种情况时，最好的选择是回到工作分析阶段，确认该职位究竟需要什么人，从候选人中挑选出两个或三个人。但要注意在录用过程中，不能一味追求完全符合工作说明的人，因为许多研究显示，如果一个人已经能够100%地完成他应聘的工作，那么他在该职位上也不可能任职太久（因为对他来说该工作缺乏刺激）。一般来说，选择一个能够完成工作任务80%的应聘者比较现实，因为这样的雇员往往会在岗位上任职更长时间，也有更高的工作动机和更强的工作动力。

在做出录用决策时要进行两种比较：一是要在候选人之间进行比较，二是要在候选人和招募标准之间进行比较。由于企业的需要不同以及雇用的职位不同，录用决策的程序会有很大差别。对于文职办事人员和一线工人来说，只由待聘者的主管上司一个人做出录用决策就可以了；而对于管理岗位，需要由待聘职位的直接上司和至少两位将会与待聘者一起工作的人一起决策录用人选。当候选人的素质差不多时，要做出录用决策时应考虑下列几个方面：

（1）重在考察候选人的核心技能和潜在工作能力。

（2）在候选人工作能力基本相同时，要优先考虑其工作动机。

（3）不用超过任职资格条件过高的人。

（4）当对候选人缺乏足够信心时，不能将就。

（5）尽量减少做出录用决策的人，以避免难以协调不同意见。

（6）如经上述步骤仍然无法确定人选，可再做一次测试。

四、通知应聘者

做出录用决策后，就要向合格的应聘者发出录用通知了，每个人力资源管理工作者都很清楚这一点，但是在实践中，并非每个企业都能做好这项工作。许多企业由于没有及时通知应聘者而造成优秀人才另谋高就。也有企业的录用通知书措辞含糊，或者让待聘者感觉不到企业的诚意和办事效率，从而使企业在最后关头失去了对待聘者的吸引力。还有一些人力资源工作者仅仅重视给合格的应聘者发录用通知，而忽视了及时向未被录用的求职者辞谢，这样就会有损企业在应聘者心目中的形象。当然，并非发出录用通知书就万事大吉了，有些接到录用通知的人可能不来企业报到。所以，对于那些企业看重的优秀应聘者，人力资源部甚至最高领导层应该主动打电话询问，并表明积极争取的态度。如果待聘者提出更高的条件，要考虑是否能做一些让步。如果企业被许多待聘者拒绝，一定要查清原因，从中也许可以获得一些有价值的信息。

五、签订试用合同或聘用合同

当企业拟录用的应聘者同意接受职位后，企业就要考虑与其签订试用合同或聘用合同了。聘用合同的内容一般包括：

（1）被聘任者的职责、权限、任务。

（2）被聘任者的经济收入、保险、福利待遇等。

（3）试用期，聘用期限。

（4）聘用合同变更的条件及违反合同时双方应承担的责任。

（5）双方认为需要规定的其他事项。

（6）签订遵守规章和保护公司秘密，以及知识产权承诺和连带责任保证书。

【基本概念】

人员招募　外部招募形式　猎头公司　内部提升的条件　人员甄选

人格—工作适应性理论　成就测试　非结构化面试　结构化面试

【本章小结】

1. 人员招募是指根据组织人力资源规划和工作分析的要求，把具有一定技巧、能力和其他特性的申请人吸引到企业或组织空缺岗位上，以满足企业（或组织）的人力资源需求的过程。

2. 人员招募的意义在于，为企业补充新鲜血液，保持企业的良性循环，使得社会更广泛深入地了解企业、扩大企业的知名度，同时促进劳动力的合理流动，提高社会劳动力的合理配置。

3. 制订招募决策，实质上就是在拟订人员补充政策，目的在于使企业在中长期内，能够合理地、有目标地将企业所需人员的数量、质量和结构补充到可能产生的职位空缺上。

4. 通过吸引足够多的求职者、选择适宜的招募渠道、组建一支称职的招募团队等途径可以提高招募的有效性。

5. 人员招募的基本流程，包括对空缺职位进行职位分析，确定基本的招募方式，拟定招募简章和发布招募信息等。

6. 招募渠道的类别和选择，一般包括企业外部招募和企业内部招募两类，各类别都有其优缺点，应该选择其中恰当的方法用于人员招募。

7. 人员甄选，是用人单位在招募工作完成后，根据用人条件和用人标准，运用适当的方法和手段，对应聘者进行审查和筛选的过程。常见的有：简历筛选、测试甄选、面试甄选、背景调查以及其他一些特殊的办法。

8. 面试是录用员工必不可少的环节。它可以使招募人员有机会直接接触应聘者，判断职位候选人是否具有热诚和才智，判断其语言表达能力、情绪控制能力、逻辑思维能力以及处理专业事务的能力等。

9. 甄选是从建立起来的招募蓄水池中挑选合格的求职者，而录用就是最终决定雇用应聘者并分配给他们职位的过程。因此，录用决策是招募过程的一个总结，是给招募工作画的一个句号。在做出录用决策之前，要对经过层层选拔的求职者进行背景调查和体检，以确保求职者符合企业空缺岗位的需要，然后才能做出正式的录用或拒绝决定。

【复习思考题】

1. 人员招募、甄选的概念。
2. 为什么要制定招募决策？
3. 人员甄选的意义是什么？
4. 为什么说组建一支称职的招募团队是十分重要的？
5. 进行一场成功的面试必须做好哪些方面的工作？
6. 常用的招募渠道有哪些？如何确定合适的招募渠道？
7. 人员录用时，应该注意哪些问题？

【推荐阅读】

1. Fleming P. ‘Kindergarten cop’: paternalism and resistance in a high-commitment workplace. Journal of Management Studies, 2005, 42 (7): 1469-1489.

2. Harzing A W. International human resource management. Thousand Oaks, CA: Sage Publications, 2004.

3. Gupta V. Culture, leadership and organizations: the GLOBE study of 62 societies. Thousand Oaks, CA: Sage Publications, 2004.

4. 斯蒂芬·罗宾斯. 组织行为学. 北京：中国人民大学出版社，2012.

5. Lioyd L. Byars, Leslie W. Rue. 人力资源管理. 北京：华夏出版社，2002.

6. 多米尼克·库珀，伊凡·罗伯逊. 组织人员选聘心理. 北京：清华大学出版社，2002.

第五章 人员测评

【学习目标】

学完本章后，你应该能够：

1. 了解人员测评的发展和特点。
2. 了解人员测评的功能和作用。
3. 理解人员测评的理论基础。
4. 掌握人员测评的工具及其原理。

| 章节导引 |

张女士的烦恼

张女士在一家网络公司担任招聘主管，主要职责之一就是考察和评估前来应聘的人员，为各个岗位招聘和选拔有胜任力的人选。年初，公司引进了人员测评系统，每位应聘者都要做一套测评试题，其中有性格特征测验、兴趣爱好测验，还有诸如情商、星座之类的结果报告。但是，随着人员测评系统的使用，张女士的难题也接踵而至了。她除了要看简历外，还要阅读每个人长达十几页的测评报告。更令她头疼的是，她根本搞不清报告上那些分数的含义以及这些分数和这个人能不能把工作做好有什么关系，单纯看测评报告，每个人的特点好像说得挺有道理的，但这些特点是怎么总结出来的，她不清楚，这些特点与将来的工作是什么关系，她也不清楚。最后，张女士还是按照自己原来的方法来选人。用人部门主管看了应聘者的测评报告经常是一头雾水，面对他们的询问张女士也无法给出令人满意的解释，这令她倍感压力。难道人员测评非但不能为招聘工作助上一臂之力，还要使张女士徒增烦恼吗?

资料来源：改编自 www. cabhr. com/hr/details-id-118343. html。

有一个人站在你面前，如何判断他是不是人才？是不是组织需要的人才呢？如果他是人才，那他又有什么特质？适合做组织里的什么工作呢？对人做出准确的判断是人力资源管理中一个重要的环节，也是让很多人力资源管理者头疼的问题。人员测评方法就是一套用来衡量人才的方法，掌握了这种方法，我们就有了解决上面问题的相对客观科学的途径。

第一节 人员测评概述

人员测评是建立在现代心理学、管理学、行为科学、计算机技术、测量技术等基础上的一种综合方法体系。它通过履历判断、答卷考试、心理测验、面试、情景模拟、评价中心技术等多种科学的方法对人员进行测量和评价。人员测评针对特定的人力资源管理的目的，例如人员招聘与安置、绩效考核、晋升与奖励、培训与开发等等，收集被测评者在主要活动领域的表征信息，对个体的知识水平、能力倾向、个性特征、职业偏好等素质进行多方面的系统评价，从而为人力资源管理与开发提供参考依据。

从字面上解释，测评就是测量和评价的加总。在人员测评中，测量即客观地、定量地对人的行为的某个指标进行描述，可以用数字或者符号表示出来，而不管其价值的高低；评价即依据定量描述的结果进行价值判断的过程。

一、人员测评的基础原理

作为一种科学的工作方法，必须有其工作的基础原理，人员测评的基础原理包括测评的理论基础和测评工具的测量指标两项基本内容。

（1）人员测评得以实施是因为人与人之间是存在个体差异的，而某些差异特征又具有相对稳定性和可测量性。

人们遗传、生活经历等生理及社会生活方面的差异，造成了个体间的差异性。这些差异性表现在人们的个性特点、能力、兴趣及价值观等很多方面。同时，人的某些素质又具有相对的稳定性。比如心理素质，人们在不同的时间和不同的地点总是表现出相同或相似的心理特征，即某个人的心理特征不仅目前是这样，而且以前或今后相当长的时期里很可能基本上如此，而且不仅在这一地点如此，更换到其他地点之后也是如此，同时，心理特征又能够通过行为表现出来，这使得心理特征可以测量出来。

（2）人员测评是一种间接的、客观的和相对的测量手段。

由于人员测评是对人的心理素质及潜在能力的测评，而科学发展到今天，还无法直接测量人的心理，只能通过测量人的外在行为表现推断出人的心理素质和潜在能力，因此说人员测评是一种间接的测量。

同时，由于人员测评以现代心理学、行为科学等理论为基础，借助了一系列客观的测评技术和手段，因此与传统的经验判断方法相比，它更加客观和科学。

另外，人员测评所测量的一个人某种素质的高低、强弱等指标在评价时没有绝对的尺度，而是通过个体在群体中的相对位置来判定的，所以人员测评又具有相对性的特点。

所以，科学的人员测评必须以严格的统计规律作为手段。人员测评所采取的是一种一斑窥豹的方法，这是因为不可能测量一个人所有的行为，而只能抽取一定的行为样本。从统计学意义上讲，通过有代表性的样本可以对行为的整体做出推论。因此，测评中所运用的目标、样本必须具有较强的代表性。

二、人员测评的功能和作用

1. 人员测评的功能

人员测评具有多方面的功能，归纳起来主要有三个方面：

（1）甄别和评定功能。这是人员测评最直接、最基础的功能。所谓甄别和评定，是指对人才状况优劣、水平高低进行鉴别和评定，并以定量或定性的方式表示出来。其中甄别是测量个体之间的素质差异，评定是衡量受测者水平高低及其成熟程度。人员测评的甄别和评定功能的实现有赖于人员测评工具的科学性、人员测评实施过程的规范性以及评定标准的适当性，这三者是实现人员测评的鉴定功能的必要条件。

（2）诊断和反馈功能。诊断是指通过测评，找出被测者素质构成及发展上的问题和不足。反馈是指根据测评结果，提供相关信息，分析被测评者的缺点和不足及其产生的原因，提出诊断意见和改进方案，帮助其克服缺点，发挥优势，推动其素质全面发展。

（3）预测功能。预测功能是指通过对人才素质现有状态的鉴别评定，可以预知推测其发展的趋向以及在实际工作中可能表现出的绩效水平。这种预测的有效性取决于人才素质特征的稳定程度和测评工具的效度。

2. 人员测评的作用

人员测评最主要的作用，是为人力资源决策提供可靠、客观的依据和参考性建议，它是人力资源决策的基本工具。其作用大致有三方面：

（1）配置人才资源。人才资源配置是人才资源管理的基础工程。传统的人事管理由于缺乏人员测评技术，人才资源没有得到科学合理的配置，造成人才资源的闲置、埋没和浪费。在人力资源管理中引入人员测评技术，有利于实现人才资源的优化配置。

人员测评的这一作用是由测评的功能派生的。因为人员测评可以测查人的素质状况，了解其特长、兴趣和爱好。所以人员测评获得的这些信息可以成为人力资源部门使用、配置人员，以及领导者进行人力资源决策的科学根据。

（2）推动人才开发。由于现代人员测评能够明确各人的长短优劣，所以可以有针对性地开展培训和人才开发，扬长避短，最大限度地开发人员的潜能。

（3）调节人才市场。从某种意义上讲，人才市场类似于商品市场，商品交换是必须以其价值和使用价值为基础的，人才交流同样必须有价值尺度。传统的人才价值尺度讲求的是学历、工作经验和职称等等，这些指标通常只能说明某些问题，不能客观准确地反映人才的真正价值。所以，要想更为客观准确地反映人才的价值，必须借助于人员测评技术。通过人才真实价值的确定调节人才纵向、横向流动，促使社会人才资源合理布局。

三、测评的类型和目的

基于不同目的所设计的测评具有不同的功能，所以在不同的测评方法中，我们所要关注的测评工具的特点和指标也不同。这里我们根据测评目的和用途把测评分为选拔性测评、配置性测评、开发性测评、诊断性测评和鉴定性测评。

1. 选拔性测评

选拔性测评以选拔优秀人员为目的。这是人力资源管理活动中经常要使用的一种测评。选拔性测评有这样一些特点：

（1）整个测评特别强调区分性质。选拔优秀求职者，实际上是一种相对性测评，需要通过人员测评把最优秀的求职者与一般性的合格者区分开来，便于雇主录用。

（2）测评过程特别强调客观性。选拔性测评的目的性决定了人们对它操作要求的严格性以及精确性。测评方法的改进过程实际上就是使其不断客观化的过程，其最明显的标志是对测评方法的数量化与计算机化的追求。

（3）选拔性测评的结果可以是分数也可以是等级，这一点与其他测评类型相比，特别明显。评语式的测评结果无益于区分与选拔。

选拔性测评操作的基本原则是公正性、差异性、准确性与可比性。

（1）公正性，即对每个被评者来说，整个测评过程都是一致的。要求测评者按统一的标准进行客观测评。这是保证人们认为选拔结果有效的前提。

（2）差异性，即要求测评能够反映求职者素质的真实差异。这是保证选拔结果正确性的前提。

（3）准确性，即要求测评对求职者素质差异的反映要尽可能精确。

（4）可比性，即要求测评对求职者测评的结果具有纵向可比性，一般要求采取量化形式，这样做不但具有可比性，而且还可以与其他测评结果相加。这是保证选拔结果最终发挥实际作用的前提。

2. 配置性测评

配置性测评即针对需要配置的职位对任职者的素质要求设计测试，对人员进行测评的一种测评方法。

配置性测评是人力资源管理中另一种常见的测评，它以人员合理配置为目的。现代企业的人力资源管理强调人员与工作的匹配，人适其事，事得其人，人尽其才，才尽其用。实践表明，每种工作职位对其任职者都有一定的基本要求，当任职者现有的素质符合职位要求时，个体的人力资源就能发挥主动性，创造出高水平的绩效。否则，个体的人力资源就处于低效状态。

3. 开发性测评

开发性测评，是一种以开发人员素质为目的的测评，人的素质具有可塑性与潜在性。从当前状况来看，有些人也许并不具备某方面的素质，但他可能具有这方面的潜力。要想发现人员的潜力，显然有必要实施开发性测评。

开发性测评对人力资源带有调查性，主要是了解总体素质结构中，哪些素质有开发价值，哪些是优势素质，哪些是短缺素质，哪些是显性素质，哪些是潜在素质等。此外，人力资源的开发应该具有针对性。在每个组织中，存在着不同类型的人力资源。有的人热心于技术革新，有的人善于技术传播，有的人专注于技术运用，这些人实际具备了不同的资源形态，相对应地就该对它们分别采取不同的开发策略，以最大限度地发挥他们的作用。为了明确区分不同形态的人力资源，也需要实施开发性测评。

4. 诊断性测评

诊断性测评是以了解素质现状为目的的测评。在企业管理过程中，会遇到一些问题，需要从人员素质方面查找原因，这时可以使用诊断性测评。诊断性测评主要特点表现在以下几个方面：

（1）测评内容可以是十分精细的，也可以是全面广泛的。诊断性测评是为了查找问题的原因，测评过程就像医生诊断病情一样，因此测评内容需要设计得十分精细与深入，任何细节都不能错过。另一方面，如果测评目的是了解现状，则其测评的内容就需要十分广泛了。

（2）诊断性测评的过程，一般是由现象观察出发，通过层层深入分析，步步综合，最终找到答案。

（3）测评结果不公开。其他各种类型的测评，结果一般都向众人公开，而诊断性测评的结果，只供内部掌握与参考。

（4）测评具有较强的系统性。诊断性测评要求从表面特征与标志观察搜寻入手，继而深入分析问题与原因，诊断“症状”，接着提出矫正对策。

5. 鉴定性测评

鉴定性测评以考核与验证是否具备某种素质以及具备的程度为目的，鉴定性测评经常穿插在选拔性测评与配置性测评中使用。

鉴定性测评的主要特点如下：

（1）其测评结果主要给想了解任职者或求职者素质结构与水平的人提供成绩或证明，是对人员素质的结构与水平的鉴定。

（2）鉴定性测评比较注重素质的现有差异，而不是素质发展的原有基础或者发展过程的差异，侧重于被测者现有素质的价值与功用。

（3）具有概括性的特点，其测评的范围比较广泛，涉及素质表现的各个方面，是一种总结性的测评。

（4）要求测评结果具有较高的信度与效度。也就是说，鉴定性测评较之其他类型，更要求所作评定结论的准确性与全面性，更要求所作的评定结论能够被验证。

在操作与运用鉴定性测评时应注意以下几个原则：

（1）全面性原则。这一原则要求鉴定性测评的范围，要尽可能遍及纵向时间的跨度与横向空间的场所，要尽可能遍及素质形成的全过程以及素质结构中的所有因素。这样才能突出鉴定性测评的概括性特征。

（2）充足性原则。这一原则要求所作的每一个评价结论都要有充足的依据，是事实本身的反映而不是主观推论。这种充足性应体现在测评依据与测评信息的搜集与确定上。

（3）权威性原则。这一原则要求测评者是有一定影响的权威人士或专家，以保证测评结果的有效性。

四、测评的内容

任何一种测评都有明确的目的，这个目的就具体体现在测评内容中。测评内容的正确选择与规定，是实现测评目的的重要手段。测评内容的确定主要通过工作分析、素质结构分析、个案分析、文献分析等来完成。

测评内容，是指测评所要获取信息的具体对象与范围，它具有相对性。例如，兴趣量表中的“职业兴趣和偏好”，面试中的“仪表”、“口才”。在数学考试中，相对“数学能力与数学知识”来说，所测试的具体章、节、段就是测评内容。

测评内容的确定是以测评目的以及所要测评的人员的个体特点为依据的。例如，诊断性测评的内容要有针对性，能够准确找到问题。常用的内容维度如下：

（1）身体素质，包括强度、速度、耐力、灵活性。

（2）心理素质，包括智力、个性、观念。

（3）文化素质，包括结构、水平、品行。

（4）技能素质，包括种类、技能、效果。

（5）能力素质，包括种类、水平、效果。

例如，对企业管理人员测评的内容可以是：被试者具备以下哪些能力？每项能力水平如何？测试能力包括计划能力、组织协调能力、控制能力、决策能力、创新能力、沟通能力、技术能力、执行能力、理解能力、发现问题能力、问题解决能力、人际交往能力。

筛选测评内容时应注意以下几项原则：相关原则（与测评目的有关）、明确原则（界定清楚、表达准确）、科学原则（内容的取舍应该有理有据）、独立原则（内容之间各自独立）、实用原则（操作简便、经济实用）。诊断和鉴定性的测评内容主要考虑准确、完整。

五、测评内容的操作化

测评内容的操作化是指把测评内容转化为可以测量的指标的过程。

测评指标，并非完全同义于统计学中“指标”，它是测评目标操作化的表现形式。举一个例子来说明：当把室外温度作为测评一个地区气候的一项内容时，“温度”是一个难以直接测评的东西，只有通过温度计才能把它操作化，并且表现出来。温度计内的水银柱的长短就成为“温度”这一气候测评内容的测评指标。

指标的设计，在于对测评内容进行内涵与外延的分析。测评内容中包括多项测评要素，一项测评要素可能要用几个指标来揭示，几项要素也可能共用一个指标。例如，纪律性这一要素的测评指标，可以从多个不同的方面来拟定：迟到早退的次数、是否听从长辈的意见、约会是否守时、是否有过违法乱纪的记录等等。因此对纪律性的测评，可以选取上述某一指标作为代表，并以每个被试者在该指标上的得分多少来对其进行评价。另外，也可以选择几个指标为代表，以被试者在这几个指标上的总分为依据来测评他的纪律性。

测评内容、测评要素、测评指标和评分标准共同构成了测评的指标体系。测评内容是人员测评体系的基础，测评要素是测评内容的分解，测评指标是可以用来观察和操作的项目，评分标准是具体操作中的尺度。如表 5.1 所示，这是人员能力测评中的一部分，这一部分的测评内容是“人际交往能力”。

表 5.1　　测评的指标体系示例

测评要素	测评指标	分数范围
关系建立（30 分）	易与他人建立可信赖的积极发展的长期关系	22～30
	能够与他人建立可信赖的长期关系	13～21
	较为自我，不易与他人建立长期关系	6～12
	刚愎自用，不易与他人相处	0～5
团队合作（30 分）	善于与他人合作共事，相互支持，充分发挥各自的优势，保持良好的团队工作氛围	22～30
	能够与他人合作共事，相互支持，保证团队任务的完成	13～21
	团队合作精神不强，对工作有影响	6～12
	不能与他人很好相处，独断专行	0～5
矛盾解决（20 分）	巧妙地和建设性地解决不同矛盾	16～20
	能够解决已发生的矛盾，不致对工作产生大的负面影响	11～15
	解决矛盾手法生硬，影响工作的顺利进行	6～10
	遇到矛盾不知如何解决	0～5
敏感性（20 分）	对他人较关心，容易感知别人的想法，体谅他人，善于领会他人的请求，并付之于适当的言行	16～20
	能关心他人、体谅他人，领会他人的请求，有时帮助想办法解决	11～15
	有时能关心他人，对他人的请求有时不能领会	6～10
	不太关心他人，对他人的需求毫无感觉	0～5

该表包含了人员测评中的测评要素、测评指标以及每一项指标的评分范围。

测评标准有两种基本形式。一种是依据测评内容与测评目的而形成的测评指标体系，一般是对测评对象内涵的直接描述，是效标参照标准；另一种是通过对测评客体外延进行比较而形成的标准。前一种标准与测评客体本身无关，而后一种标准与测评客体直接相关，是一种常模参照标准。

例如，在进行选拔飞行员的测试过程中，选拔标准来自于对飞机驾驶工作本身的直接描述，这种选拔标准就是效标参照标准；而在选拔管理人员时，选拔标准则是属于常模参照标准，这里的选拔标准是主观的与相对的，而不是客观的与绝对的。选拔过程是由参加选拔的所有候选人的水平决定的，低于“一般”水平的人被淘汰，而高于“一般”水平的人被提拔。

测评指标是实际测评的东西，是内容的具体体现，指标与内容是相对的，指标应该具有可操作性，是可观察、可度量的。设计的步骤大体可以分为四步：工作分析、理论归纳（推演）、调查评判和预示修订。

第二节 常用的测评工具

人员测评的常用工具包括：纸笔测试、面试、心理测验、基于模拟的测试等几种类型。另外还有近年比较流行的管理评价中心，它是一种综合运用多种工具的方法。面试在前面已经详细介绍，在此省略。

一、标准化的纸笔测试

这是一种最古老而又最基本的测试法。它是让报考者在试卷上笔答事先拟好的题目，然后由主考人根据报考者解答的正确程度予以评定成绩的一种测试方法。采用这种方法可以测量报考者的基本知识、专业知识，以及综合分析能力、文字表达能力等方面的差异，例如，一年一度的国家公务员考试就属于这种方法。

纸笔测试的优点在于它花费时间少、效率高、一次评价人数多，对报考者的知识、技术、技能的考查信度和效度较高，成绩评定比较客观，因此笔试至今仍是企业使用频率较高的人才选拔方法。

纸笔测试的缺点是它不能全面地考察应聘者的工作态度、品德修养以及组织能力、口头表达能力和操作技能。因此，还必须采用其他测试方式作为补充。一般来说，在人员招聘和选拔中，测查知识、技能的纸笔测试往往作为应聘者初次竞争的工具，合格者才能获得面试或下一轮测试的资格。

二、心理测验

心理测验是通过观察人的具有代表性的行为，对于贯穿在人的行为活动中的心理特征，依据确定的原则进行推论和数量化分析的一种科学手段。心理测验是对胜任职务所需要的个性特点能够最好地描述并测量的工具，被广泛用于人事测评工作中。

1. 标准化测验

标准化的心理测验一般有事前确定好的测验题目和答卷、详细的答题说明、客观的计分系统、解释系统、良好的常模，以及测验的信度、效度和项目分析数据等相关的资料。通常用于人事测评的心理测验主要包括下面几类：

（1）人格测验。

（2）智力测验。

（3）能力倾向测验。

（4）其他心理素质测验，如兴趣测验、价值观测验、态度测验等。

标准化的心理测验具有使用方便、经济、客观等特点。我们简要介绍其中的几种。

人格测验是根据个人特质来对他们进行归类。它包括两大类：一类是自陈测验，典型的几个测验有：吉尔福德—齐默尔曼气质问卷、明尼苏达多相人格调查表（MMPI）、卡特尔 16 种人格因素测验（16PF）、艾森克人格问卷（EPQ）；另一类是投射测验，我们在后面还将提到。

智力测验注重于测量一般能力。在人员选拔中常用的智力测验包括：奥蒂斯独立管理能力测验、旺德利克人员测验、韦斯曼人员分类测验、韦克斯勒成人智力量表。

兴趣测验的基本依据是，如果一个人表现出与某一职业中那些工作出色的人相同的兴趣，那么此人在这个职业中可能得到满足，进而努力工作。人员选拔中常用的兴趣测验有：斯特朗—坎贝尔兴趣调查表、库德职业兴趣测验和爱德华个性偏好量表（EPPS）等。

下面我们以 16PF 为例，让大家了解一下心理测验的大体内容。

美国心理学家卡特尔经过多年的研究，运用一系列严密的科学手段编制出 16PF。他把对人类行为的 1 800 种描述称为人格的表面特质，并将这种描述通过因素分析合并成 16 种因素，称这 16 种因素为根源特质。他认为只有根源特质才是人类的潜在的、稳定的人格特征，是人格测验应把握的实质。这 16 种因素在任何一个人身上组合，就构成了与其他人不同的独特人格。这 16 种因素是：

乐群性、聪慧性、稳定性、恃强性、兴奋性、有恒性、敢为性、敏感性、怀疑性、幻想性、世故性、忧虑性、实验性、独立性、自律性、紧张性。

测验由 187 道题组成。每一人格因素由 10～13 个测验题组成的分量表来测量，共有 16 个分量表。16 种因素的测验题按序轮流排列，这样既便于计分又保持受试者的作答兴趣。

16PF 的测验题目如下（含指导语）：

本测验包括一些有关个人兴趣与态度的问题，每个人都各有自己的看法，对问题的回答自然不同，无所谓正确和错误，请试着尽量表达自己的意见。

做答时，请注意下列四点：

a. 请不要费时斟酌。应当顺其自然地依你个人的反应选答。比如第一题是有关球赛的问题，对于参观排球赛或篮球赛的爱好可能不同，你的回答就以一般球赛而论。通常每分钟可做五六题，全部问题应在半小时内作答完毕。

b. 除非在万不得已的情形下，尽量避免如“介于A与C之间”或“不正确”这样的中性答案。

c. 请不要遗漏，务必对每一个问题作答。有些问题似乎不适合你，有些问题又似乎涉及隐私，但本测验的目的，在于比较青年人和成人的兴趣和态度，希望你能真实作答。

d. 作答时，请坦白表达自己的兴趣与态度，不必顾忌到主试者或其他人的意见与立场。

请看下面的样题：

我喜欢看团体球赛：A. 是的；B. 偶然的；C. 不是的

我所喜欢的大人都是：A. 拘谨缄默的；B. 介于A与C之间；C. 善于交际的

金钱不能给予快乐：A. 是的；B. 介于A与C之间；C. 不是的

“女人”与“儿童”犹如“猫”与：A. 小猫；B. 狗；C. 男童

被试者回答完全部题目后，评价者按计分规则计分，得到被试者在各因素的得分，最后根据各因素的高分、低分、平均分特征的常模描述分析出被试者本人的人格特征。

2. 投射测验

投射测验主要用于对人格、动机等内容的测量，它要求被试者对一些模棱两可或模糊不清、结构不明确的刺激做出描述或反应，通过对这些反应的分析来推断被试者的内在心理特点。它基于这样一种假设：人们对外在事物的看法实际上反映出其内在的真实状态或特征。常用的投射测验有主题统觉测验、罗夏墨迹测验、故事解释测验。

投射技术可以使被试者不愿表现的个性特征、内在冲突和态度更容易地表达出来，因而在对人格结构、内容的深度分析上有独特的功能。但投射测验在计分和解释上相对缺乏客观标准，对测验结果的评价带有浓重的主观色彩，对主试和评分者的要求很高，一般的人事管理人员无法直接使用。

三、基于模拟的测试

情境越真实，个体行为和反应也更真实，几十年来，很多研究者致力于设计各种模拟情境，希望能够更自然地观察被试者在特定情境下的行为或反应；测试中也设计各种模拟的工作任务，以考察被试者的实际工作能力。

情景模拟是通过设置一种真实的管理系统或工作场景，让被试者参与其中，按测试者提出的要求，完成一个或一系列任务。在这个过程中，测试者根据被试者的表现或通过模拟报告、总结材料为其打分来判断被试者的各项素质特征，并预测其在拟聘岗位上的实际工作能力和水平。情景模拟测验主要适用于管理人员和某些专业人员。常用的情景模拟测验有下面几种。

1. 公文处理

在日常的管理工作中，管理者需要处理大量的公文，即各种便函、备忘录、电话记录、报告和上级指示等。公文处理就是模拟这一管理工作情景。在测验过程中，将实际工作中可能会出现的各类信件、便笺、指令等放在一个文件筐中，要求被试者在一定时间内处理这些文件，做出相应的决定、撰写回信和报告、制订计划、组织和安排工作等。目的是考察被试者的敏感性、工作独立性、组织与规划能力、合作精神、控制能力、分析能力、判断力和决策能力等。一段时间之后，看他处理了多少文件，如何处理的。首先，考察他处理的是否为关键问题；其次，考核他处理问题是否坚决、果断，并使下级可以执行；再次，要看他有没有发现更深层次的问题以及各种问题间的内在联系，是否考虑了人的因素等；此外，还要求他解释为什么这样处理。

公文处理适合于测试被试者的敏感性、工作主动性、独立性、组织和观察能力、合作精神、控制能力、分析能力、判断能力和决策能力等。

在这项测验中需要特别注意的事项如下：

公文处理作业的适用对象为中、高级管理人员，它可以帮助企业选拔优秀的管理人才或考核现有管理人员。由于它的测验时间比较长（一般约为两个小时），因此常常作为选拔和考核的最后一环使用。

公文处理作业从以下两个角度对管理人员进行测查：一为技能角度，主要考察管理者的计划、预测、决策和沟通能力；一为业务角度，公文的材料涉及财务、人事、行政、市场等多方面业务，它要求管理者具有对多方面管理业务的整体动作能力，包括对人、财、物流程的控制等。

公文处理作业对评分者的要求较高，它要求评分者了解测验的内核，通晓每份材料之间的内部联系，对每个可能的答案了如指掌，评分前要对评分者进行系统的培训，以保证测评结果的客观和公正。

2. 无领导小组讨论

无领导小组讨论是安排一组互不相识的被试者（通常为 6～8 人）组成一个临时任务小组，不明确谁是组长，也不给他们提供如何讨论的规则和指导。让其共同讨论某项与拟任岗位相关、工作性质相近的业务或人事安排问题。例如，可以这样告诉他们：他们是某一公司的管理者，所做的工作是在一定时期内使公司的利润得到增长，然后向他们提供有关的信息，并让他们自己决定如何最好地完成这一任务。在讨论过程中，定期告诉他们（有时在他们解决了一个问题后立即告诉他们）有关原材料的费用上涨情况以及其他相关产品的价格变化情况。

在讨论中，可以观察被试者的组织协调能力、口头表达能力、说服能力、人际技能、非语言沟通能力（如面部表情、身体姿势、语调、语速和手势等）等各方面的能力和素质是否达到拟任职位的要求，同时可以考查应试者在讨论中所表现出来的自信心、进取心、责任心、灵活性等个性特点是否符合拟任职位的团体气氛和企业文化，并由此来评价此人是否合适。

在这项测验中需要特别注意的事项如下：

评分者在观察被试者的行为和言语表现时，不要因为被试者的某些人格特点而对其造成不应有的偏见，这样会使结果失之偏颇。

评分过程中，要求多名评分者对同一被试者的不同能力要素分别打分，取其平均值作为最后得分，这样的结果才科学、公正。

3. 角色扮演

角色扮演即在模拟场景中要求被试者扮演某一角色，并进入角色场景去处理各种问题和矛盾，以此来观察被试者的表现，了解其心理素质和潜在能力的一种测试方法。例如，要求被试者扮演谈判者，就某一合同与另外一位谈判扮演者进行谈判，评价其在谈判中的表现；或者要求被试者扮演销售人员，现场运用技巧向顾客推销指定产品；或者要求被试者扮演高层管理人员，面对公司面临的产品滞销困难，向全体员工做一次动员，要求大家齐心协力共渡难关。

在角色扮演活动中，通常预先设定一些场景，考官也可以主动给被试者施加压力，设置障碍，以考察被试者的角色把握能力、人际技能和对突发事件的应变能力。

4. 管理者游戏

由被试者组成小组，按小组分派任务，小组在规定的时间里完成某种实际操作任务。观察完成任务过程中每个被试者的行为表现。小组任务一般是有一定难度的，可以考察小组内每个被试者的管理技巧、合作能力、团队精神等方面的素质。

四、管理评价中心

管理评价中心是一套人员测评程序，而不是一种具体的工具，更不是某个地方的名称。用管理评价中心进行人员测评通常需要两三天的时间，在这期间，被试者组成一个小组，由一组测试人员对他们进行包括心理测验、面试、多项情景模拟测验在内的一系列测评，测评结果是在多个评价人员系统观察的基础上综合得到的。

评价中心的最大特点是注重情景模拟，上面所介绍的情景模拟的测评方法，基本上属于评价中心的内容。在一次评价中心中包含多个情景模拟测验，可以说评价中心既源于情景模拟，但又不同于简单情景模拟，是多种测评方法的有机结合。

由于评价中心技术综合运用了纸笔测验、面试、心理测验以及包括无领导小组讨论、公文处理、角色扮演、管理游戏在内的模拟类测试，测评效果比原来更加可靠和有效。比如有研究表明，用评价中心选拔出来的经理，工作出色的人数比用一般标准选拔出来的经理中的出色者多50%。在评价中心获得较高评价的人比获得较低评价的人更容易得到晋升。以美国电报电话公司为例，公司在对一批经理候选人进行评价后，把结果保留了下来，8年后，把结果与实际情况进行核对，发现以前预测会升迁的候选人中已经有近64%的人被提升为中层主管，以前预测不晋升的候选人中，只有32%的人上升为中层主管。由于评价中心的效度较高，目前此技术已成为西方评价各层管理人员的主要技术工具。由于情景模拟设计复杂，准备工作时间长，费用比较高，正确度比较高，因此往往用于招聘高级管理人员。评价中心所测的要素包括：

（1）管理技能，包括计划、组织、指挥和协调能力、授权能力等。

（2）人际技能，包括口头沟通能力、人际敏感性、理解他人的能力、冲突解决、合作意识等。

（3）认知能力，包括问题判断、对人的认识、思维灵活性、逻辑推理、分析判断能力等 。

（4）工作与职业动机，包括成就倾向、工作兴趣等。

（5）个性特征，包括自信心、情绪稳定性、责任心、独立性等。

（6）领导能力，包括领导风格、影响力、个人权威等。

（7）绩效特征，包括任务绩效与情景绩效、对绩效的关注等。

目前，西方的各种组织已经将评价中心视为一种适用于不同职业以评价工作人员行为的广泛接受的工具。剔除职业差异，有效的评价中心技术是具有共同要素的。评价中心获得成功的一个要素是：在这一过程中，所有评价人员都必须具有团队协作的精神。1992年，中国人民大学劳动人事学院在国内最早引入并使用该项技术，已成功为多家企业提供专业测评服务，同时建立了符合中国管理人员特征的常模。

第三节 测评工具的属性

所谓测评工具的属性，实际上是评价测评工具好坏的指标。最常用的评价指标有信度、效度、区分度等。

一、测评工具的可靠性——信度

信度是标准化人员测评的基本要求之一。信度主要是指测量结果的一致性和可靠性。由于接受测量时，被测者的行为可能由于各种原因而产生波动，偏离其真实或常规行为，导致测量结果产生误差。因此，我们需要用信度指标来评价测量工具的可靠性。

信度实际上是对随机误差的一种度量。一种好的人员测评工具不仅要有尽可能高的精度，还要把误差控制在有规律的范围之内，这样才能使得人员测评的结果稳定可信。研究信度时主要考虑两方面的问题，即稳定性问题以及影响稳定性的原因。

信度高低的指标通常以相关系数表示，称为信度系数。可以用 r 表示，它是真实分数标准差与实得分数标准差之比率的平方。信度究竟要多高才可以被接受呢？一般说来，最理想情况为 $r=1.00$，但这种情况在实际操作中是很难达到的。表 5.2 提供了几种测量工具的可接受的信度系数。

表 5.2　　几种心理测验的信度系数

测验类型	信度		
	低	中	高
成套成就测验	0.66	0.92	0.98
学术能力测验	0.56	0.90	0.97
客观人格测验	0.46	0.85	0.97
成套倾向性测验	0.26	0.88	0.96
兴趣问卷	0.42	0.84	0.93
态度量表	0.47	0.79	0.98

资料来源：王垒，姚宏，廖芳怡，肖敏．实用人事测量．北京：经济科学出版社，1999.

一般的能力与成就测验的信度系数在 0.90 以上，而人格或兴趣测验的信度系数则通常在 0.80～0.85 之间。在一般的人员测评过程中，当信度系数 $r<0.70$ 时，不能将测验所得的结果用作对个人的评价，也不能在组织间作横向的比较。只有当信度系数 $r>0.70$ 时，才可以将测评结果用于团体间的比较。当信度系数 $r>0.85$ 时，可以将测试结果用于评价和对比个人的情况。

1. 复本信度

复本信度又被称作等值性系数，它是以两个测验复本来测量同一群体，这两个测验复本的功能等值，但是题目不同。然后求得被试者在这两个测验上得分的相关系数。两个等值的测验互为复本。

复本信度的高低反映了这两个测验复本在内容上的等值程度，考察两个测验复本的题目取样或内容取样方面是否等值。例如，同样都是测试数学运算能力的测验，如果其中一个复本主要考察加减运算能力，而另一个考察乘除运算能力，那么两者之间的复本信度就会很低。

复本信度会受到两个复本实施时间间隔的影响。如果两个复本是在同一时间实施的，那么它将反映真实的复本信度，测试结果不会受到学习、经验增长等其他情况的影响。在实际工作的应用中，为了避免施测顺序效应的影响，可以采用让一半被试者做一个复本，另一半被试者做剩下的另一个复本的方法。

2. 再测信度

再测信度又称稳定性系数，它通过用再测的方法，将同一测验在不同的时间对同一群体施测两次，这两次测验分数的相关系数，就是再测系数。再测信度所要考察的误差来源是时间的变化所带来的随机影响。

再测信度代表测验成绩能够应用于不同时间的程度，信度越高，测试受到测验环境影响的日常随机因素越少，这就代表测验越稳定。对于再测测验的时间间隔有着特殊的要求。间隔时间太短，被试者对测验内容还记忆犹新，会造成测验结果高度相关，而这种相关的体现是一种假象。如果间隔时间太长，又会使得测验结果受到被试者身心特质发生改变的影响，使得测试结果的相关性降低。所以，测试间隔时间的长短必须根据测验的性质和目的来确定，必须“因人而易”。

3. 评分者信度

评分者信度是指不同评分者对同样对象进行评定时的一致性。在有些测量情形中，评分者的评判也是误差的来源之一。在很多测试中，测试结果依赖于评分者的判断。这种判断的主观性往往造成不同评分者对同一结果的评分很不一致。

评分者信度的最简单估计方法，是随机抽取若干份答卷，由两个独立的评分者打分，再求出每份答卷两个评判分数的相关系数。

4. 内部一致性信度

内部一致性信度主要反映的是测验内部题目之间的关系，考察测验的各个题目是否测量了相同的内容或特质。内部一致性信度又被分为同质性信度和分半信度。

（1）同质性信度。

同质性信度是指测验内部的各题目在多大程度上考察了同一内容。同质性是指所有测验题目测量的只是单一特质或内容，表现为所有测验题目得分的一致性。它是保证测验只测量单一特质的必要条件。

如果同质性差，则测验可能混淆了不同的内容，其结果就无从判断究竟反映了被试者的什么特征。同质性信度低，即使各个测试题看起来似乎是测量同一特质，但测验实际上是异质的，即测验测量了不止一种特质。

例如，在人格测验中，乐观情绪特质和外向特质是两个比较容易混淆的内容。这就需要在设计人员测试题目时将这两个概念区分开。如果把不同的概念混淆在了一起，就会导致结论错误和用人的失误。

（2）分半信度。

分半信度是通过将测验分成两半，计算这两半测验之间的相关性而获得的信度系数。采用这种信度，估计测试的信度系数只需要一种测验形式，即实施一次测验，因而比较简单。

获得分半信度的过程是在测验实施后，将测验分为等值的两半，并分别计算每位被试者在两半测验上的得分，再求出这两个分数的相关系数。一般采取奇偶分半的方法，即将测验按奇数题和偶数题分成两半。而将题目简单地进行前半部分和后半部分的区分是不合适的。大部分的测验前、后半部分是不可以比较的，因为这两半部分的题目难度水平可能不同，而且被试者在回答问题时的状态也不同，可能出现疲劳、厌倦等情绪影响答题。

5. 影响信度的因素

影响信度的因素主要有：

（1）样本群体的性质。

样本群体的分数分布。任何以相关系数表示的信度系数都会受到样本群体分数分布的影响。分数分布越广，信度系数就相对越高；分数分布越窄，信度系数就会越低。

样本群体的异质性。一般来说，取样团体的异质性越大，信度系数就相对越高。同质性样本群体的分数分布窄，得到的信度低。而异质性样本群体的分数分布广，得到的信度高。

不同团体能力水平的差异。例如，对于年幼的团体，平均能力水平低，他们获得的测试分数中大部分是凭猜测得到的，这种依赖于猜测获得的结果是不稳定的，所以信度值是低的。

（2）测验的长度。

一般来说，测验越长，信度值越高。一方面，测验长，题目取样或内容取样就越充分，结果就越可靠。另一方面，较长的测验也不容易受到猜测的影响。只要测验的长度足够，猜对所有题目的概率就非常小了。

（3）测验的难度。

只有当测验的难度水平能够使测验分数分布范围最大时，测验的信度才会比较理想。一般来说，当所有被试者的分数从零分到满分分布时，而且所有被试者的平均分为测验总分的一半时，测量的信度最高。

二、人员测评的有效性——效度

测量的效度就是指测量的准确性，即指测量到所要测量目标的程度。从测量理论角度讲，效度可以被定义为：与测量目标有关的真实变异数（与测量目的有关的有效变异）与总变异数（实得变异数）的比率。一组测验分数的总变异包括：真实的与测量目的有关的变异、真实的出自无关来源的变异、随机误差变异。效度的特性有：相对性，即只对一定的样本有效，不是全或无的关系；目的性，即只对一定的目的有效。一项测验不止有一个效度评估，它可能有多项效度评估。这些效度的确定依赖于测验的具体目的和评估效度的方法。

一般来说，效度的作用比信度更为重要。如果一个测验的效度很低，无论它的信度多高，这项测验都是没有应用价值的。这就好像是用米尺测量物体的质量，不论米尺的测量多么精确，每次测量的结果如何一致，它都不代表物体的质量。这就是一个信度很高，但是没有效度的例子。

较高的效度是一个良好的测验最重要的特性，是必要条件。同时，它也是选择和评价测验的重要依据。信度高，并不能保证效度高，然而，效度高的测验往往信度也很高。

效度主要有内容效度、构想效度、效标关联效度等。

1. 内容效度

内容效度是检查测验内容是不是所要测量的行为领域的代表性取样的指标。在实际的操作过程中，设计的测验不可能包含所要测量的行为领域的全部可能的情景和材料，所以只能选择一个有代表性的样本，通过观察被试者对某些个别题目所做出的反应，来推测他的总体行为的表现。

因此，选取测验内容样本的恰当性就是影响测量效果的一个非常重要的因素。如果所选择的题目过于困难或者简单，以及题目偏重于某部分内容，就会使测验难以对目标行为或特点进行准确、全面的测量。

内容效度最适合应用于评估职业成就等类型的测验。通过将对内容效度的评价应用于这种测验中，可以得到两个答案：第一，该测验是不是应考查的某种技能和知识的代表性样本；第二，测验的成绩是否不受无关因素的影响。内容效度也适合应用于某些选拔和分类的人员测评过程。在这些测验中，测验的内容实际上是一个工作的样本，因此它包含了实际工作中所需要的技能和知识。内容效度的评估一般不适合应用于能力倾向测验和人格测验，因为它们并不太重视要求与所取样的行为领域的内在一致性。

内容效度分析时应该注意两个方面：第一，应避免将测验取样的行为领域过于泛化；第二，要注意测验分数中无关因素的影响。

较好的内容效度需要两个基本条件：第一，测验内容范围明确；第二，测验内容的取样有代表性。

2. 构想效度

构想效度是指测验能够测量到理论上的构想或者特质的程度。一般而言，建立一个构想效度要经历三个基本步骤：

（1）建立理论框架，以解释被试者在测验上的表现。

（2）推测出各种有关测验成绩的假设。

（3）以逻辑和实证的方法来检验假设。

构想效度关注的问题是，测验是否能正确反映理论构想的特性。比如，一项语言流畅性测试所测量的是不是真正的语言流畅性，是否对语言流畅性理论概念中所包含的所有特点，像语速、逻辑性、口误数等等都进行了测量。

3. 效标关联效度

效标关联效度也称效标效度或实证效度，它反映的是测验分数与外在标准（效标）的相关程度，即测验分数对个体的效标行为表现进行预测的有效性。例如，管理能力测验的效标可以是某人将来管理工作的绩效，机械能力倾向测验的效标可以是某人成为机械师后的工作表现。

效标是考察测验效用的外在参考标准。效标关联效度往往被应用于预测性的测验。以在这种测试中得出的测验分数做出的预测，一般是用来在甄选决策中作参考的，因此，只有当证明测验结果的评分确实能够反映或者预测出所希望研究的行为时，这种决策才可能是正确的。

效标是衡量测验有效性的参照标准，是一种可以直接、独立测量的行为。只有当效标行为被转化为某种可以操作的测量指标时，才可以测量效标，进行比较。因此，效标的概念可以细分为：观念效标，即效标的实质性概念内容；效标测量，即效标的具体度量方法。

效标效度主要考虑测验分数结果与效标间的关系，也就是测验分数与效标间的相关程度。效标的测量可以在与测验实施大致相同的时间进行，也可以在测验实施很长时间后获得。根据效标材料获取的时间不同，可以将效标效度区分为同时效度和预测效度。

同时效度的效标可以和测验结果差不多同时取得。同时效度的评估不需要长期进行追踪，所以应用比较普遍。例如，在校学生的平时测验成绩可以与其在学校的作业成绩相比较。

预测效度的效标往往是测量结束后隔一段时间获得的。它适合应用于那些对人员进行选拔、分类以及安置的人员测评测验。预测效度反映的是测验分数对一段时间后被试者行为表现的预测程度，测验需要对被试者未来的工作绩效进行可靠的预测。

同时效度与预测效度的差异根源不仅是收集效标的时间，更重要的是在于测验的目的是不同的。同时效度更重视诊断现在的状态，而预测效度多是预测未来的结果。其差别见表5.3。

表5.3　同时效度与预测效度的区别

效度	区别举例	
同时效度	你成功了吗？	你得病了吗？
预测效度	你会成功吗？	你会得病吗？

常用的效标有很多种，例如：

（1）实际工作或者学习表现。

（2）团体对照。对一份测试内容，将受过特殊训练和没有受过特殊训练的人的分数进行比较。

（3）学术成就。常作为智力测验的效标，因为“智商高的人，学术成就也应该大”。

（4）等级评定。观察者对被试者的效标行为评定做出效标测量。虽然这种评定方法带有主观色彩，但在严格条件控制下，它仍是效标材料的有效来源。

（5）以前的有效测验结果。

4. 影响效度的因素

影响效度的因素主要有：

（1）测验本身。凡是能够造成测验结果误差的因素都会影响测验的效度。由测验本身带来的影响因素主要有测验题目的质量、测验的长度、被试者的状态因素、测试实施中的外部干扰等等。

（2）样本群体的性质。对效度的计算是根据样本群体的测试结果分数进行各种分析后得出的，所以样本群体的性质也影响着效度的结果。主要表现在：同一个测验对不同团体的测试，其测量功能可能有不同的体现；同一个测验，样本群体的性质不同，效度也会有很大的差异。

（3）效标的性质。一般来说，在其他条件相同的情况下，所测量的行为或心理特质与效标行为或心理特质越相似，效度系数就将越高。

三、测验区分度

区分度是反映测评工具区分被试者能力水平高低的指标。区分度高的试题，可使水平高的被试者得高分，水平低的被试者得低分，因此可拉开不同水平被试者分数的距离；区分度低的试题则拉不开，也就是说反映不出不同被试者的水平差异。

试题的区分度与试题的难度直接相关。调整试题的难度，是提高试题区分度的重要方法。通常来说，试题具有中等难度，其区分度较大。例如，一道试题，若 100 人中，没有一人答对，即试题难度 $Q=0$，或没有一人答错，即试题难度 $Q=1$，那么该题对区分被试者的水平差异毫无意义。若一人答对或答错，则与其他人作了 99 次区分；若两个人答对或答错，则该题可以做 2×98 次区分。如果 50 人答对，则该题可以做 50×50 次区分，区分能力最大。所以，当试题难度为 0.5 时，具有最大区分能力。

试题的区分度还与被试者的水平密切相关。如果用一道区分性良好的试题去测试能力水平与该题的难度不匹配的被试者，那么这道题的区分能力是体现不出来的，因而，它不能产生良好的区分效果。一般来说，试题难度只有等于或略低于被试者的实际能力，才能发挥试题固有的区分性能。

应该指出，试题的难度和区分度指数只能用作筛选试题的参考，而不能被看作是绝对标准。试题的难易程度取决于预先规定的用人目标，即以外部的标准为依据，而不是以试题与试卷的内部关系为依据。即使根据某一用人目标而设计的试题被被试者全部答对，也不一定说明试题本身不好，而可能是考生都掌握了用人目标所规定的内容。

【基本概念】

配置性测评　开发性测评　鉴定性测评　人员测评标准　人员测评的常用工具
心理测验　投射测验　无领导小组讨论　管理评价中心　信度　效度

【本章小结】

1. 人员测评是建立在现代心理学、管理学、行为科学、计算机技术、测量技术等基础上的一种综合方法体系。它针对特定的人力资源管理的目的，运用多种科学的方法收集被测评者在主要活动领域的表征信息，对个体进行多方面的系统评价，从而为人力资源管理与开发提供参考依据。

2. 人员测评具有甄别和评定、诊断和反馈，以及预测的功能。

3. 人员测评得以实施是因为人与人之间是存在个体差异的，而某些差异特征又具有相对稳定性和可测量性。

4. 信度、效度，以及试题目的难度、区分度等是衡量测试过程和结果的主要指标。

5. 误差是指在测量中与目的无关的变量（原因）所产生的不准确或不一致效应。误差主要包括随机误差和系统误差两种。

6. 信度是评价测验结果可靠与否的一个指标。信度的高低通常以信度系数表示。常用的信度包括：复本信度、再测信度、内部一致性信度和评分者信度。

7. 效度是指一项测试能够测量到所要测量目标的程度。常用的效度有内容效度、构想效度、效标关联效度三种类型。

8. 根据测评目的和用途的不同可以把测评分为选拔性测评、配置性测评、开发性测评、诊断性测评和鉴定性测评。

9. 测评内容、测评要素、测评指标和评分标准共同构成了测评的指标体系。

10. 人员测评的常用工具包括：纸笔测试、面试、心理测验、基于模拟的测试等几种类型。另外还有近年比较流行的评价中心，它是一种综合运用多种工具的方法。

【复习思考题】

1. 人员测评方法有哪些方面的功能？
2. 什么是效度和信度？它们有什么不同？
3. 根据目的不同，测评可以分为哪几种类型？
4. 有哪些人员测评工具属于基于模拟的测试？它们分别是怎样进行的？
5. 什么是管理评价中心？
6. 请为某公司招聘人力资源部主管的面试设计一份结构化面试提纲。

【推荐阅读】

1. Whetten D A，Cameron K S. Developing management skills. Upper Saddle River，NJ：Prentice Hall，2004.

2. Pedler M，Burgoyne J，Boydell T. A Manager's guide to leadership. Maidenhead，UK：McGraw-Hill，2004.

3. Witt L A，Burke L A. Using cognitive ability and personality to select information technology professions//Mahmood M A. Advanced topics in end user computing（Vol. 2）. Hershey，PA：Idea Group Publishing，2003：1－17.

4. Boyatzis R E. The competent manager：a model for effective performance. New York：Wiley，2009.

5. Sandra A. McIntire，Leslie A. Miller. 心理测量. 北京：中国轻工业出版社，2009.

6. 孙健敏. 人员测评理论与技术. 长沙：湖南师范大学出版社，2007.

7. 爱德华·诺库格，查尔斯·福西特. 实用心理测验与评估. 北京：机械工业出版社，2013.

8. 王垒，姚宏，等. 实用人事测量. 北京：经济科学出版社，1999.

第六章 绩效考核与管理

【学习目标】

学完本章后，你应该能够：

1. 了解绩效考核的概念和特点。
2. 理解绩效管理的功能与意义。
3. 了解绩效考核的功能、目的和原则。
4. 掌握绩效考核的实施过程、反馈及评价方法。

| 章节导引 |

天龙航空食品公司的年终考绩

罗芸在天龙航空食品公司担任地区经理快一年了。他分管10家供应站，每站有1名主任，负责向一定范围内的客户销售和服务。

天龙公司不仅服务于航空公司，也向成批订购盒装中、西餐的单位提供所需食品。天龙公司雇请所有需要的厨房工作人员，采购全部原料，并按客户要求的规格，烹制订购的食品。供应站主任要负责订计划、编预算、监控分管指定客户的销售服务员等活动。

罗芸上任的头一年，主要是巡视各供应站，了解业务情况，熟悉各站的所有工作人员。通过巡视，他收获不少，也增加了自信。罗芸手下的10名主任中资历最老的是马伯兰。他只念过一年大专，后来就进了天龙，从厨房带班长干起，三年多前当上了如今这个供应站主任。

近一年的接触，罗芸了解了老马的长处和缺点。老马很善于和他重视的人，包括他的部下和客户们搞好关系。他的客户都是“铁杆儿”，三年来没一个转向天龙的对手去订货的；他招来的部下，经过他指点培养，有好几位已被提升，当上其他地区的经理了。不过他的不良饮食习惯给他带来严重的健康问题，身体过胖，心血管病加胆囊结石，使他这一年里请了三个月病假。其实医生早给过他警告，他置若罔闻。再者，他太爱表现自己了，做了一点小事，也要来电话向罗芸表功。他给罗芸打电话的次数，超过另9位主任的电话数总和。罗芸觉得过去共过事的人没有一人是这样的。

由于营业扩展，已盛传要给罗芸添一名副手。老马已公开说过，站主任中他资格最老，他觉得这地区副经理非他莫属。但罗芸觉得老马若来当他的副手，真叫他受不了，两人管理风格太悬殊；再说，老马的行为准会激怒地区和公司的工作人员。

正好年终考绩要到了。公正地讲，老马这一年的工作，总的来说，是干得挺不错的。天龙的年度考核表的总体评分是10级制：10分是最优；7～9分属良，虽然程度有所不同；5～6分合格、中等；3～4分是较差；1～2分最差。罗芸不知道该给老马评几分。评高了，他就更认为该提升他；太低了，他准大为光火，会吵着说对他不公平。

老马自我感觉良好，觉得跟别的主任比，他是鹤立鸡群。他性格开放豪迈，爱去造访客户，也爱跟手下人打成一片，他最得意的是指导部下某种新的操作方法，挽起袖子亲自下厨，示范手艺。跟罗芸谈过几次后，他就知道罗芸讨厌他事无巨细，老打电话表功，有时一天两三次，不过他还是想让他知道自己干的每项成绩。他也知道罗芸对他不听医生劝告，饮食无节制的看法。他为自己学历不高但成绩斐然而自豪，觉得这副经理就该提他，而这只是他实现更大抱负的过程中的又一台阶而已。

考虑再三后，罗芸给老马考绩总体分评了个6分。他觉得这是有充足理由的：因为他不注意卫生，病假三个来月。他知道这分数远低于老马的期望，但他要用充分说理来坚持自己评的分。然后他开始考虑给老马各考评维度的分项分数，并准备怎样跟老马面谈，向他传达所给的考绩结果。

资料来源：http：//jpkc. peizheng. net. cn/rlzygl/article/2012/0329/article _ 66. html.

绩效考核与管理是人力资源管理过程中最重要的环节之一，任何一个优秀的组织，都离不开有效的绩效考核与管理。那么，究竟什么才是绩效考核与管理？为什么要进行绩效考核与管理？怎样才能进行有效的绩效考核与管理？等等，这一系列问题是我们在这一部分要讲解的内容。

第一节
绩效考核与管理概述

一、基本概念

1. 绩效

绩效考核或绩效评估的概念大家几乎耳熟能详。但对于什么是绩效，却没有形成统一的认识。绩效就是在特定的时间阶段里，特定的工作职能或活动的过程和产出所达到的水平。

绩效可以从组织绩效、部门（团队）绩效、个体绩效三个层次进行分析，但无论是组织层次还是部门层次，绩效的根基都来源于员工的绩效。因此，本章主要着重于员工层次的绩效。

2. 绩效考核

绩效考核又叫绩效评估，或绩效评价，它通过系统的方法、原理来评定和测量员工在职务上的工作行为和工作效果。也就是指在工作一段时间或工作完成之后，对照工作说明书或绩效标准，采用科学的方法，检查和评定员工对职务所规定的职责的履行程度以及员工个人的发展情况，对员工的工作结果进行评价，并将评定结果反馈给员工的过程。绩效考核是决定员工的报酬、晋升、调动、培训开发等一系列活动的依据，科学客观的绩效考核能够增强员工的公平感、满意感，从而有效地激励员工更加积极努力地工作。

绩效考核的过程并不复杂：设定清晰的工作目标和合理的考核方法，给予员工公正的报酬和激励，让员工知道他要做什么、怎么做以及怎样获得回报。绩效考核是注重工作过程还是结果，取决于组织的文化，取决于组织想通过绩效考核达到什么样的目的，针对不同的关注重点，考核的内容各有侧重。

关注过程的绩效考核注重员工的工作态度和能力，考核的内容主要集中在员工工作过程中的行为、努力程度和工作态度。它营造的是一种比较感性、和谐的文化氛围。在这样的考评体系下，员工依照组织的期望和要求付出努力，就应该出现与组织期望相近的结果。由于是对员工多方面的考核，考核难度相对比较大，无论是对考核体系本身还是对考核人员要求都比较高。

关注结果的绩效考核注重工作的最终业绩，以工作结果为导向，考核内容主要集中在工作的实际产出。它营造的是一种比较理性、任务导向的文化氛围。典型的以结果为导向的绩效考核通常出现在制造型企业里，那里的工人们通常是按计件来领取报酬的。这种情况由于过于看重最终的结果，忽略了过程，容易导致过于注重短期利益，而忽视了核心能力的培养和发展。所以，许多组织在采取关注结果的绩效考核时，往往辅以针对工作态度的考核。

同样，科学的绩效考核应该是工作结果和工作过程的结合，对每个员工的目标完成、工作业绩、业务能力和工作态度等情况进行综合考评，它既是确定员工奖惩的主要依据，又是员工确定下一年度个人目标的参考依据之一。

3. 绩效管理

绩效管理是通过对雇员的工作进行计划、考核、改进，最终使其工作活动和工作产出与组织目标相一致的过程。它是关于个人和组织绩效的一个系统思路，包括所有围绕提高绩效所采用的方法、制度、程序等。绩效管理不仅关注工作的结果，更关注工作行为或工作过程本身，侧重于从过程中发现存在的问题，找出原因，通过不断地“纠偏”以确保组织目标的顺利实现。绩效管理的基本思想在于对绩效的不断改进和完善。

绩效管理的提出源于越来越多的管理者和研究者意识到纯粹的绩效考核的局限性和不足。传统的绩效评估是一个相对独立的系统，通常与组织中的其他背景因素相脱离，如组织目标和战略、组织文化、管理者的承诺和支持等。而这些背景因素对于成功地实施绩效评估有着非常重要的作用。正因为传统的绩效评估对于提高员工的满意度和绩效的作用非常有限，对完成组织目标的作用也不大，绩效管理才得以发展。

伴随着绩效考核向绩效管理的转变，绩效管理的重心不在于“考”，不在于人与人的比较，而在于绩效提升，自己的目标与自己实际绩效相比较。在这个前提下，绩效管理已经成为企业管理的重要工具与手段。它所涵盖的内容很多，它所要解决的问题主要包括：如何确定有效的目标？如何使目标在管理者与员工之间达成共识？如何引导员工朝着正确的目标发展？如何对实现目标的过程进行监控？如何对实现的业绩进行评价和对目标业绩进行改进？因此绩效考核只是绩效管理的一个环节。

在传统的绩效考核中，员工是被动的，不了解工作要求，不清楚绩效的衡量标准，也没有机会了解自己的工作成果，更没有任何人同其沟通关于其完成一项工作任务的期望，这就让被考核者感到工作成绩好坏完全不是自己所能控制的，考核的标准捉摸不定，不知道自己该怎么做、做到何种程度才算好，不确定因素太多，而考核成绩又是直接跟奖惩挂钩的，这就给很多员工带来了沉重的心理压力，考核被当作是

"秋后算总账"，不容易被员工接纳。而绩效管理是以人为本的，它让员工充分参与组织的管理过程，重视员工的发展，在完成组织目标的同时实现员工个人价值和制定职业生涯计划。它可以解决以往管理中的多元目标问题，使员工与团队、组织目标一致，拧成一股绳，劲往一处使，最终达到组织和员工"双赢"的局面。因此，总的来说，绩效管理强调的是这样几个方面：

（1）就目标及如何达到目标需要达成共识。

（2）绩效管理不是简单的任务管理，它特别强调沟通、辅导和员工能力的提高。

（3）绩效管理不仅强调结果导向，而且重视达成目标的过程。同单纯的考核相比，它更注重未来，更注重长期，更注重参与。

尽管现在绩效管理已经得到了越来越多的学者和企业管理者的重视，但由于它本身还只是一个理念，没有形成系统，因此，本章着重于介绍绩效考核，并力求在绩效考核中体现绩效管理的思想。

二、绩效考核的目的、功能和原则

1. 绩效考核的目的

美国组织行为学家约翰·伊凡斯维奇认为，绩效考核可以达到以下八个方面的目的：

（1）为员工的晋升、降职、调职和离职提供依据。

（2）组织对员工的绩效考评的反馈。

（3）对员工和团队对组织的贡献进行评估。

（4）为员工的薪酬决策提供依据。

（5）对招聘选择和工作分配的决策进行评估。

（6）了解员工和团队的培训与教育的需要。

（7）对培训和员工职业生涯规划效果的评估。

（8）对工作计划、预算评估和人力资源规划提供信息。

绩效考核最根本的目的是为了实现绩效改进。在绩效考核中，上级主管与员工之间就工作职责、工作绩效和员工发展等问题所做的持续的双向沟通，帮助主管和员工不断提高工作质量，促进员工发展，确保个人、部门和公司绩效目标的最终实现。

2. 绩效考核的功能

一般来说，绩效考核的功能可以归纳为以下两个方面：

（1）管理方面的功能。从管理的角度看，绩效考核可以为人力资源管理活动的各个层面提供支撑性服务。比如，绩效考核在报酬决策中被广泛运用，我国一直倡导劳动者要以"按劳分配"为依据获得报酬，其中对"劳动"进行衡量的最直接手段就是绩效的考核与评定。又如，绩效考核与其他一些重要的人力资源管理决策也有着直接联系，这些方面包括前面提到的员工职位的变动、组织人力资源规划、培训与开发等等。

（2）员工发展方面的功能。从员工个人发展角度来看，绩效考核为评价个人优缺点和提高工作绩效提供了反馈渠道和改进方式。无论员工目前处于哪个职位层面，进行绩效考核都会为其提供一个发言的机会以消除潜在的问题，并为他们的目标进行修订，帮助他们实现更高的绩效。为发展目的而制定的绩效考核方法认为，管理者的任务是改善员工的工作方式，而不仅仅是评价他们过去的业绩。这是因为绩效考核不仅是一项管理活动，更是企业管理者与员工之间的一项管理沟通活动。从心理学的角度来看，绩效考核应具有“导向性”、“反馈性”和“惧怕性”等特点。考核的导向性，指的是考核的内容和标准应该是人所共知的，并且在考核开始之前（比如说在每年的年初）很长时间就确定下来。只有这样，员工才会自觉地用这些标准来要求自己，有效地控制自己的行为和工作结果。考核的反馈性，是指要把考核的结果具体地反馈给员工本人，使其知道自己需要在哪些方面继续坚持下去，哪些方面加以改善，提高工作的有效性。考核的惧怕性是指考核给员工带来的心理压力，这种压力在某种程度上起着调节员工行为的作用。员工并不是惧怕考核本身，而是惧怕考核的结果会给自己带来什么不利。正是因为这些影响作用，绩效考核才会对提高和改善员工的工作质量和行为方式具有重要的功能。

3. 绩效考核的原则

要想保证绩效管理系统的正常运转，发挥预期的作用，必须遵循下列原则：

（1）“三公”原则。绩效考核必须以客观事实为依据，公平、公正、公开地对员工的绩效做出评价。

（2）有效沟通原则。有效的沟通行为将持续贯穿绩效考核活动的全过程，从绩效目标的制订、绩效计划的形成、达成目标过程中的目标调整和任务变更，到对绩效表现的评估、绩效改进计划的形成以及提出新的绩效目标，都会通过员工与直接上级的沟通来实现。

（3）全员参与的原则。绩效考核活动绝不仅仅是人力资源部门的职责，绩效考核应该是每个管理者，甚至是每个人的职责。管理者有责任去管理自己下属的绩效，每个人也有权利和义务去评估对自己工作任务的达成有影响的对象。因此，考核中所有的部门主管、直线经理必须对考核工作的推进负责。对下属做出正确的考核与评价是管理者日常管理工作的重要内容，绩效管理工作必须贯穿于日常的管理工作中。

（4）上级考核与同级考核并行的原则。为保证考核的公正性，采用上级考核与同级考核并行的原则，即被考核者的直接上级对被考核者进行考核，相关部门之间进行相互考核。

第二节
绩效考核流程

科学的绩效考核是一套完整的程序，体现了绩效管理的思想，“考”仅是这套程序中的一部分。一般说来，绩效考核的全过程包含计划、实施、结果应用三部分内容。整个流程如图 6.1 所示。

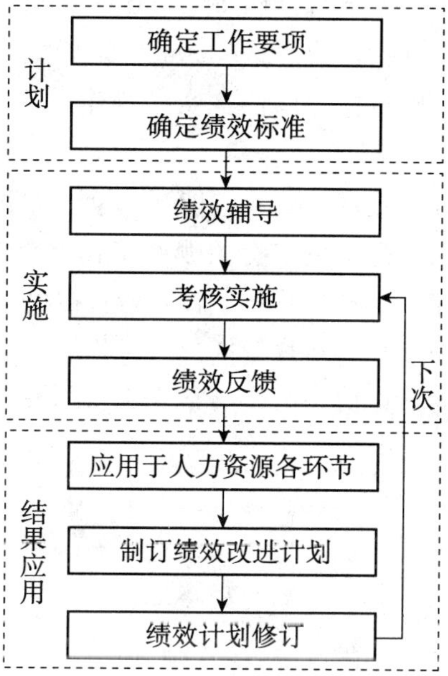

图 6.1　绩效考核流程

一、确定工作要项

一项工作往往由许多活动构成，但是，绩效考核不可能针对每一个工作活动内容来进行，因为这样做，一是没有必要，二是不易操作。我们所指的工作要项，一般是指工作结果对组织有重大影响的活动或虽然不很重要但却是大量重复的活动。一项工作，其工作要项的选择一般不超过 4～8 个，抓住了工作要项，就等于抓住了工作的关键环节，也就能够有效地组织考核。

例如，一个办公室的文秘工作，活动内容多且杂，这些工作包括速记口述文件、撰写日常文书纪要、录入文字报告、电话联络、会议安排、筛选来访人员、筛选来信来函、整理文件和公文档案等。在这些工作活动之中，速记、打字、电话、档案、访客和邮件筛选是比较重要的活动，可以视为工作要项。

工作要项的选取和提炼必须建立在对每一项工作的工作内容和工作要求都十分清楚的基础之上，因此一般根据工作说明书来确定。

二、确定绩效标准

1. 绩效标准的设定

在确定了要评价的工作要项之后，还必须对这些要项所要达到的标准进行明确的定义，并就这些标准与员工进行沟通。这些标准应该以员工所在岗位的特定需求为基础，并立足于企业长远的发展目标，以便在实际操作过程中既起到衡量基准的作用，又发挥应有的行为引导功能。

所制定的绩效标准是好还是坏，要看它能否帮助企业将其目标反映到对岗位的需求上，并通过这些岗位需求传递给员工有关哪些工作行为和方式是企业可以接受的，甚至是备受企业推崇的，而哪些行为是不能被企业接受的等方面的信息。

绩效标准设定的具体做法是将考核要项逐一进行分解，形成考核的判断基准。例如，办公室秘书的报表工作，可以用差错数量来衡量，并分出等级。

一级：没有任何错误。

二级：一个月中，只有一次错误。

三级：一周出错四次以内，但仅发生一次。

四级：一周出现六次以内错误，但仅发生一次。

五级：一周出现七次错误，但仅发生一次。

六级：一个月中错误平均每周四次。

也许有人会说这种划分太细了，不是一般管理水平所能做到的。其实，当管理水平不高的时候，标准也可以适当放宽一些，例如不对具体工作的完成情况做出评价等级划分，而是列出某项工作每个工作内容的完成要求，考核评价时只需判断是否达到这一水平即可。比如对一般性文书工作的绩效标准的描述可以是：根据口述或手稿打字，打出的文件没有文字、语法错误和涂改痕迹；复印打出的文件前应先交主管校读，然后再行复印，并将原稿存档；文书工作在指定时间内完成。

2. 绩效标准设定的注意事项

关于绩效标准的设定，需要注意以下几个方面：

（1）明确。由于绩效标准是考核判断的基础，因此必须客观化、定量化，只有这样才可能让员工清晰地认识到自己的目标究竟是什么，也会尽可能地提高考核者做出判断的客观性，避免模棱两可的考核结果的出现。

（2）可衡量。可以衡量的标准既包括数量上的标准，也包括质量上的标准，比如每一天要售出 10 件产品或每生产 1 000 件产品中合格率要达到 99%等，这些都是可衡量的数量标准，而计划完成或未完成的程度就是可衡量的质量标准。

（3）切合实际。标准的设置要建立在工作分析的基础上，只有这样才能保证绩效评价标准是与工作密切相关的。

（4）难度适中。所定标准要充分考虑员工的能力，不能过高或过低，因为标准过高让员工可望而不可即，容易使其丧失信心；标准过低则不易激起员工的工作热情。只有那些合理的并且具有挑战性的标准才是具有最大激励性的。

（5）有区分度。明确完成什么样的程度是合格水平，完成什么样的程度是优秀水平等，便于考核的时候拉开等级。

总而言之，绩效目标以及考核标准的设定至关重要，需要管理者和员工共同参与、充分讨论，它是一个双向沟通的过程，管理者和员工在目标设立的过程中都负有责任。比如在这个双向沟通的过程中，管理人员要向员工解释和说明：组织的整体目标是什么？为了完成这样的整体目标，我们所处的业务单元的目标是什么？为了达到这样的目标，对员工的期望是什么？应该制定什么样的工作标准以及工作期限？等等。员工应该向管理者表达的是：自己对工作目标和如何完成工作的认识、自己所存在的对工作的疑惑和不理解之处、自己对工作的计划和打算、在完成工作中可能遇到的问题和需申请的资源等。通常来说，一个良好的绩效计划应该包括以下内容：

（1）员工在本次考核期间需要达到什么样的工作目标？

（2）达到目标的结果是怎样的？期限有何安排？

（3）如何评价这些结果是好是坏？

（4）如何收集员工工作结果的信息？

三、绩效辅导

现代绩效考核和传统绩效考核的一个很重要的区别在于：在计划制订和最终考核期间，绩效实施不再是员工单方面的事情，而是管理者和员工不断反馈、反复沟通、共同完成的过程。这个中间环节是绩效考核循环中耗时最长、最关键的一个环节，这个过程的好坏直接关系着绩效目标的成败。具体来讲，这一过程主要包括如下两方面的工作。

1. 绩效沟通

正如前面所提到的那样，沟通贯穿于绩效考核的整个过程。在计划阶段，管理者和员工通过沟通对工作目标和考核标准达成了共识，但更多的沟通还体现在绩效实施的过程中，主要有两个目的：

（1）计划跟进与调整。员工与直接上级共同制定了考核内容和评价标准、形成工作计划之后，并不是说这一计划就固定不变了，管理人员可以高枕无忧了。俗话说："计划赶不上变化。"当今的工作环境竞争加剧了，变化的因素也增多了，通过员工定期的工作进展情况汇报，管理人员要对计划的执行情况进行跟进。更重要的是，员工在执行计划的过程中很可能遇到各种意想不到的情况，使得最初设立的绩效计划完成变得更加困难或不切实际，比如由于原材料涨价使得产品成本增加，竞争对手改变销售策略抢占了更多的市场份额等等。通过员工和管理人员的沟通，双方可以对绩效计划进行调整，使之更加适应环境的要求。

（2）过程辅导与激励。此外，在绩效实施的阶段，管理人员更多地扮演着辅导员的角色，有责任帮助员工完成绩效目标。首先，当得知员工在计划执行过程中碰到困难时，管理人员要帮助员工分析问题之所在。如果是外部障碍，要尽力帮助员工排除障碍；如果是员工自身能力的缺乏，则应提供技能上的帮助或辅导；如果是员工信心不足，则要给其打打气。其次，对于员工工作中出现的偏差，管理者更是有责任及时"纠偏"，尽早找到潜在的问题并在它们出现之前将其解决。

从上面可以看出，持续的沟通对于管理者和员工双方都是有利的：一方面，管理人员可以及时了解员工的工作动态，有针对性地提供辅导和帮助，还能更加全面地掌握对今后下属进行绩效考核的信息（见下面的数据收集）；另一方面，员工可以在工作中及时解决困难，并能得到上级关于自己工作表现的反馈，得以不断地提高技能、改进绩效。

那么，如何才能进行有效的沟通呢？沟通的方式有很多，比如口头的方式与书面的方式、会议的方式与谈话的方式。随着现代计算机和网络技术的发展，网络沟通的方式也越来越普遍。所有的沟通方式主要可以分为两种方式：正式沟通和非正式沟通。

正式的沟通方式包括会议和书面报告两种形式。会议沟通能使员工通过正式的渠道获知企业或部门的工作重点及其变化，可以满足团队交流的需要，但比较耗时耗力，对时间安排的要求比较高，同时有些问题也不一定适合在会议上讲。书面报告相对来说比较灵活，不会对管理人员和员工的工作时间安排造成很大的困难，同时还可以培养员工的逻辑思考能力，但存在的缺点是信息的单向流动，很容易使沟通流于形式。

无论是哪种形式的正式沟通都容易使员工紧张，因此在表达的时候会有所取舍，很多真实的想法无法表达出来。而非正式的沟通更容易营造一种开放、坦诚的谈话气氛。非正式的沟通形式很灵活，不易受到时间地点的限制，比如上班途中、工作间隙、吃饭的时候，它更容易拉进管理者和员工的距离，对于及早地发现、解决问题非常有效。

正式沟通和非正式通常结合起来使用，很多公司建立了正式沟通的制度，并把非正式沟通作为必要的补充。

2. 数据收集

很多公司的绩效考核之所以失败，就是因为员工觉得考核没有依据，太过主观。

数据收集的目的就是要在绩效实施的过程中为考核收集“证据”，力图做到评估客观、公正。从这个意义上来说，绩效的实施环节是为下一个环节——考核实施准备信息的。收集和记录员工的绩效信息主要有以下几点原因：

（1）提供绩效评估的事实依据。做任何判断必须有充足的证据。在绩效评估的时候，管理者将一个员工的绩效判断为“优”、“良”、“中”、“差”，那么我们的依据在哪里？靠事实说话。事实越充分，评估结果越有说服力，越能为员工所接受。

（2）提供绩效改进的有利依据。在绩效实施的过程中，管理人员要帮助员工发现问题、解决问题，以提高绩效。但当一个管理者指出员工存在的问题时，并不能只是笼统地说“做得不好”或哪方面“需要改进”。任何问题都会有外在表现，只有结合具体的事实，员工才能更清楚地认识到自己目前的差距并知道应该如何改进。比如，如果管理者希望一个服务员改善对顾客的态度，他就可以举出一个事实来说明：“我们一直要求对顾客要热情周到，比如对于顾客的疑问要不厌其烦地解释，但你上次……是什么原因呢？”只有这样，员工才能清楚地认识到自己的问题。

（3）发现优秀绩效和不良绩效产生的原因。任何事物的发展都有其规律性，在收集到足够多的绩效信息尤其是突出的绩效表现事件后，管理人员可以从中总结一下绩效好的员工和绩效不好的员工在平常的工作表现中存在的差异。这一方面可以为员工们树立优秀的标杆，另一方面也有利于发现绩效差异产生的原因，从而对绩效不良的员工对症下药。

综合上述几点，绩效信息最重要的作用是在绩效考核中所发挥的基础性作用。信息的收集是一项细致、系统的工作，为了保证评价的公正客观，管理人员必须重视对信息的收集工作，随时收集员工绩效的相关数据。收集方法包括：

（1）观察法。管理人员直接观察员工在工作中的表现并形成记录。

（2）工作记录法。员工在完成工作的时候常常需要按规定填写原始记录，这些记录可以在一定程度上体现员工工作目标的完成情况，比如财务记录、生产记录等。

（3）关键事件法。就是对员工在工作中的特别突出或异常失误的情况进行记录。关键事件的记录有利于管理人员对下属的突出业绩进行及时的激励，对下属存在的问题及时反馈和纠正。

（4）相关人员反馈法。管理人员不可能完全靠自己的观察留意收集信息，员工在工作的过程中相当多的时间是和其他的相关人员接触，因此，要注意让相关人员提供信息，比如客户、项目小组成员、相关部门的主管和员工等。

需要注意的是，所有的数据记录和收集都一定要以绩效为核心，但并非员工的所有绩效信息都要收集，管理人员要有所选择。一般来说，在绩效考核的计划阶段，管理人员确定了关键绩效指标，那么现在所要收集的信息就要和关键绩效指标密切相关。同时，信息的收集也绝不是为了对员工“秋后算账”，因此管理人员在对员工出现的失误或绩效差的事实进行记录的同时，应当及时向员工指出，并且帮助员工及时更改。

四、考核实施

考核实施就是对被考核者的绩效状况进行评定，一般来说包括以下内容。

1. 确定考核者

一般来说，参加绩效考核的人员可以包括上司、员工自己、下属、同事、小组成员和客户等，不同的人员从不同的角度对被考核者进行考核，各有优劣，具体如下：

（1）上级评估。这是传统的考核方式，也是大多数绩效考核制度的核心所在。由于直接上级往往直接分派工作给员工，员工大部分工作也向其反馈，因此直接上级对员工的实际工作情况最为了解，是评价的最佳人选。但缺点是直接上级个人的好恶容易影响考核结果，从而无法保证考核结果的客观公正，容易破坏上下级之间的信任关系。

（2）自我评估。自我评估的方式一般是在综合评价之前由员工自己填写一份评估表或进行述职（述职一般在政府）。这种方法的优点在于能够提高员工在绩效考核中的参与程度，增强其对企业考核制度的认同，同时还给了员工一个对自己工作进行总结的机会；但它的缺点在于员工们对自己的工作绩效所做出的评价往往要高于上司或同事对他们的评价，这就导致了矛盾的出现，甚至会损害上下级、平级之间的关系。

（3）下级评估。这一方法用于对管理人员的评价。由于下级经常与上级打交道，对上级的工作比较熟悉，并且站在一个独特的角度观察许多与工作有关的行为，如领导能力、口头表达能力、授权、团队协调能力、对下属的关注程度等，它有利于管理者了解自己在下属心目中的形象，便于自省。但管理者的有些工作是下属看不到的，同时有些下属可能出自私心会故意扭曲评价结果，因此在实施下级评价时要综合考虑多个人的意见。

（4）同事评估。现代企业对团队合作越来越重视，通过同事间的评估很容易看出员工的人际交往能力，同时由于朝夕相处，同事也很容易观察到员工的日常工作行为和态度，能为考核提供更为真实的信息。但如果同事间相互勾结或相互报复，则此种考核方式的效果将会大打折扣。

（5）客户评估。该种方法适用于服务业或者组织的营销公关部门。让客户评价公司员工的绩效，其好处是强化“服务观念”和“客户是上帝”的意识，直接了解客户对公司的看法。不足之处是客户往往从个人的立场和角度，而不是从公司或工作的角度来评价员工的工作。

（6）二级评估与小组评估。为了避免上述考核方式的缺陷，有的公司采用了二级评估和小组评估的方式。所谓二级评估是指上司考核后，再由上司的上司进行复核，这样有助于减少肤浅的或有偏见的评价结果，因为间接上司虽然不如直接上司对下属的了解那么直观，但是往往却能把握“局外人”的客观。小组评估则是运用多个评价人来进行绩效评价，尽管不同的评价人可能会因为各种偏差而得出不确切的结论，但多人评价所得出的综合性结果却通常比单个人的评价更可信、更有效。有的公司甚至进一步发展出 360 度考核的方法，即由员工的上司、下属、同事及服务对象同时对其评估，把各方面的考核结果综合起来，作为对这个人的考核。这样可以进一步保证考核结果的全面、客观和公正，但操作起来很复杂。

2. 确定考核周期和考核方法

考核周期的确定与企业的实际情况、被考核者在企业中的职位等因素有关。比如，生产制造型的企业会按照生产周期进行考核，工程公司会按照项目周期进行考核……同时，对于企业中高层的考核其周期通常是半年或一年，而对于普通员工的考核，周期通常要短一些，比如按月考或按季度考核。

考核的方法有很多种，具体采用何种考核方法，详见本章第三节。

五、绩效反馈

传统的绩效考核往往在考核实施之后就宣告结束了，员工不知道自己的考核结果或者是只知道考核结果，不了解自己哪些地方做得好，哪些地方需要进一步的改善，从而导致员工的绩效始终停留在一个水平上。而现在考核加入了绩效反馈这一环节，绩效反馈的目的就是要让员工了解自己的工作情况，肯定员工所取得的成绩，确认仍然存在的问题，并在查清造成这些问题的原因基础上制定出解决这些问题的行动计划。绩效反馈最主要的方式是绩效面谈，这一点将在本章第四节详细介绍。

六、应用于人力资源管理各环节

绩效考核的结果可以作为工资等级晋升（降级）和绩效工资发放的直接依据，与薪酬制度接轨；记入人事档案，作为确定职等晋升、职位调配、教育培训和福利等人事待遇的参考依据；作为调整工作岗位、脱岗培训、免职、降职、解除或终止劳动合同等人事安排的依据。表 6.1 列举了绩效考核结果在人力资源各个环节中应用的比例。

表 6.1　　绩效考核结果在人力资源各个环节中的应用

作用	百分比
工资	85.6
绩效反馈	65.1
培训	64.3
晋升	45.3
人力资源规划	43.1
解聘	30.3
研究	17.2

组织通过绩效考核，发掘出绩效突出、素质好、有创新能力的优秀员工，对于这部分员工要通过岗位轮换、特殊培训等方式，从素质和能力上进行全面培养，在班子调整补充人员时，优先予以提拔重用；对于绩效考核成绩不太理想的员工，要找出被考核者素质与任职岗位的差距，按照组织经营方针与长远发展战略对管理人员的要求，设计并实施有针对性的培养计划，及时提高管理人员的能力和水平；对那些绩效不能达到要求，能力改进并不明显的员工要考虑是否有其他合适的岗位比原岗位更能发挥其作用，通过对员工职业发展的考虑，使工作绩效、工作能力或行为方式与员工个人的职业前景互为联结，从而强化了员工提高绩效和能力的意识，促使所有员工努力去提高能力，完成绩效目标。为了更好地对绩效不同表现者进行管理，可参考图6.2的人才矩阵模型。

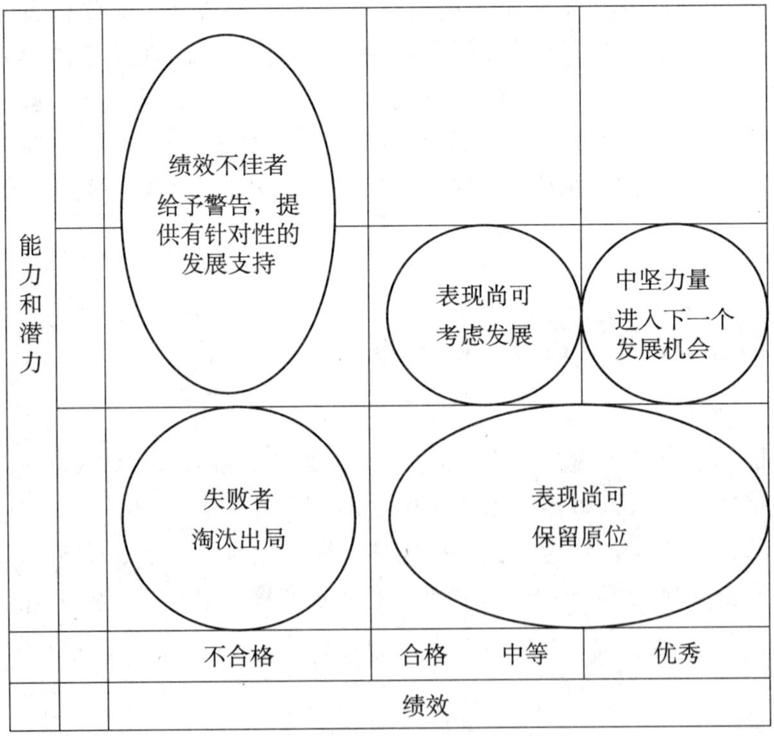

图 6.2　人才矩阵模型

七、制订绩效改进计划

根据反馈面谈达成的改进方向，制定绩效改进目标、个人发展目标和相应的行动计划，并将其落实在下一阶段的绩效目标中，从而进入下一轮的绩效考核循环。也许有人会说，我们连绩效考核这一环节都做不好，要做好完整的绩效考核的过程岂不更难？其实，管理问题一般是系统问题，依靠“头痛医头，脚痛医脚”的方法不能奏效，需要采取系统的解决方法。绩效考核系统作为一个完整的管理过程，如果只是把精力花在绩效考核上，确实难以见到成效。同时，绩效考核的目的不仅仅是作为确定员工薪酬、奖惩、晋升或降级的标准，员工能力的不断提高以及绩效的持续改进才是其根本目的，而实现这一目的的途径就是绩效改进。

通过对员工的绩效考核结果进行分析，根据员工有待发展提高的方面所制定的在一定时期内完成的系统计划就是绩效改进计划，这一计划的内容是关于工作绩效和工作能力的改进和提高的。绩效改进计划通常是管理人员和员工进行充分沟通之后，由员工自己制定的，其内容通常包括绩效改进项目、改进原因、目前的水平和期望的水平、改进方式、达标期限。表 6.2 是一个绩效改进计划的范例。管理人员应承诺在员工进行绩效改进的期间提供各种尽可能的帮助。

在制订绩效改进计划时应该注意以下要点：

（1）切合实际。为了使绩效改进计划确实能够执行，在制订绩效改进计划的时候要本着这样三条原则，即容易改进的优先列入计划、不易改进的列入长期计划、不急于改进的暂时不要列入计划。也就是说，容易改进的先改，不易改进的后改，循序渐进，由易至难，以免使员工产生抵制心理。

（2）时间约束。绩效改进计划应有比较明确的时间限定，避免流于形式，也利于管理者的指导、监督和控制，同时给员工造成一定的心理压力，使其认真对待。

（3）具体明确。列入绩效改进计划中的每一个内容，都要十分具体、可操作、可衡量，尤其是绩效改进措施，比如改进新员工沟通能力，可以建议他们读一本有关的书，和同事交流一下各自的体会，听听有关的讲座（见表 6.2）。

表 6.2　绩效改进计划范例

<table>
<tr><td colspan="3">姓名：王×　部门：×部　直接主管姓名：李××　制定时间：2003 年 12 月 25 日</td></tr>
<tr><td>改进项目：沟通技能</td><td>目前水平：2.5 分</td><td>期望水平：3.5 分</td></tr>
<tr><td colspan="3">改进原因：与客户沟通是市场开发人员的基本能力，目前本人在这一方面有比较大的欠缺</td></tr>
<tr><td colspan="2">改进措施</td><td>评估时间</td></tr>
<tr><td colspan="2">1. 向沟通能力较好的张×请教沟通方法</td><td>2004 年 1 月 15 日</td></tr>
<tr><td colspan="2">2. 参加“提升沟通能力”的培训</td><td>2004 年 2 月 15 日</td></tr>
<tr><td colspan="2">3. 阅读《有效的沟通》这一本书</td><td>2004 年 3 月 1 日</td></tr>
<tr><td colspan="2">……</td><td>……</td></tr>
</table>

八、绩效计划修订

绩效考核体系是一个不断循环、不断完善的系统，绩效计划的修订作为前后两个绩效考核循环周期的连接点，一方面它通过对上一个循环周期运行情况的总结，进而对下一个循环周期的运行进行修整完善，另一方面由于组织战略方向或每年组织的侧重点会随着组织发展的不同阶段或外界竞争形势的改变而做相应的调整，各层级部门或员工的工作目标也会做相应的调整，因此客观上需要一个修正过程。总的来说，绩效考核完成后，在广泛听取各方意见的基础上，应该对绩效考核的实践进行全面的总结分析，具体可从以下几个方面考虑：

（1）绩效计划的绩效考核内容（包括工作要项、关键绩效指标等）。找出最成功的部分是哪些，最难操作的是哪些，意义不大的是哪些。工作目标调整将反映在主要工作活动内容或关键结果区域。另外，即使是相同的工作活动内容或相同的关键结果区域，也可以因为完成该结果区域的能力或外界因素等原因而做相应的调整，这种调整会反映在衡量标准上。

（2）绩效计划目标值（包括关键绩效指标的目标指标与挑战指标，以及工作目标设定的完成标准）。根据实际完成情况与目标进行对比，以确定指标值确定的是否合理，并对下一次绩效计划指标值的确定提供经验和指导。

（3）绩效指导与强化的方法及绩效考核与回报方法。对指导及考核方法进行全面的验证分析，剔除不合理的因素，并进行修正。在全面总结分析的基础上，根据组织新的年度业务发展计划和经营预算目标，对绩效计划进行重新修订，进入下一轮绩效计划的运行。

第三节 绩效考核方法

一、常用的考核方法

1. 图表评定法

图表评定法是绩效考核中最简单也是最常用的工具。这种评定法有多种具体的形式。一种是列出需要考核的特质，如执行能力、服从能力等，同时给出评价等级，如三等或五等（从“不令人满意”到“杰出”）；也可以把特质变成具体行为，如按时完成领导交给的任务，保证工作质量等，相应的每种行为都有评价等级。每位员工根据评价要素进行逐项评价。有的企业在实际运用中进一步把每一个等级转换为实际分数，在进行工作绩效评价时，首先针对每一位员工从每一项评价要素中找出最能符合其绩效情况的分数，然后将每一位雇员所得到的所有分值加总，即得到其最终的工作绩效评价结果。表 6.3 是一个典型的图表评定量表。

图表评价法操作起来比较简单，但由于等级之间的区分没有足够明确的标准，评估的时候对考核者的依赖性太大，主观色彩较重。

表 6.3　　工作绩效评定表范例

评定要素		评定尺度	分数	评定事实依据或评语
质量：所完成工作的精确度、彻底性和可接受性	A B C D E	90～100 80～90 70～80 60～70 60 以下		
生产率：在某一特定的时间段中所生产的产品数量和效率	A B C D E	90～100 80～90 70～80 60～70 60 以下		
工作知识：时间经验和技术能力以及在工作中所运用的信息	A B C D E	90～100 80～90 70～80 60～70 60 以下		
勤勉性：雇员上下班的准时程度、遵守规定的工间休息/用餐时间的情况以及总体的出勤率	A B C D E	90～100 80～90 70～80 60～70 60 以下		
独立性：完成工作不需要监督和只需要很少监督的程度	A B C D E	90～100 80～90 70～80 60～70 60 以下		

评定标准：
A——杰出　B——很好　C——好　D——需要改进　E——不令人满意

2. 交替排序法

交替排序法即根据某些工作绩效评价要素将员工由最好到最坏加以分等。一般而言，由于把最好与最坏的员工加以区分，比单纯分等来得容易，因此“交替”分等较为一般人所接受。首先，将所有要考核的下属名单列出来，再把不够熟悉的员工从名单内删除。然后，在同一表格上根据所列出的评价要素来判定，将表现最佳的员工的名字放在最高的位置，最差者放在最低的位置，如此互相交替分等，直至所有员工评定完毕，如图 6.3 所示。

评价所依据的要素：________________

针对你所要评价的每一种要素，将所有雇员的姓名都列举出来。将工作绩效评价最高的雇员姓名列在第 20 行的位置上，将评价最低的雇员姓名列在第 1 行的位置上，然后将次最好的雇员姓名列在第 19 行的位置上，将次最低的雇员姓名列在第 2 行的位置上。将这一交替排序继续下去，直到所有的雇员都被排列出来。

雇员的评价等级：

1. ________________	11. ________________
2. ________________	12. ________________
3. ________________	13. ________________
4. ________________	14. ________________
5. ________________	15. ________________
6. ________________	16. ________________
7. ________________	17. ________________
8. ________________	18. ________________
9. ________________	19. ________________
10. ________________	20. ________________

图 6.3　交替排序法范例

资料来源：加里·德斯勒．人力资源管理．北京：中国人民大学出版社，2012.

3. 配对比较法

配对比较法可使排序法更为有效。方法是每一位员工按照所有的评价要素（如工作量、工作质量等）与其他员工进行两两比较。例如，假如有五位员工 A、B、C、D、E 接受考核。首先列出如表 6.4 那样的表格来，将五位员工中任意两人的排列可能性列出（如 A 与 B、A 与 C、B 与 D 等）。然后根据每个评价要素，决定两人中何人较优。例如，可能结果是员工 B“工作素质”最高等级，员工 A 则“创造力”最高等级。最后，求出员工获取最高等级次数之和，依次排列。

表 6.4　配对比较法范例

评价要素：工作主动性						
员工	A	B	C	D	E	分数
A		1	0	1	1	3
B	0		0	1	0	1
C	1	1		1	1	4
D	0	0	0		0	0
E	0	1	0	1		2

如上表所示，在“工作主动性”这一要素上，如果 A 比 B 好，则在 A 行 B 列记上“1”分；反之，如果 A 比 C 差，则在 A 行 C 列上记上“0”分。最后每人的得分加总就是该员工在“工作主动性”这一要素上的总分。如果将每个要素都比较一遍，

最后可得出各个员工的考核得分综合。这种方法的优势在于得到的考核结果更加可靠，但是它适合于人数不多的组织，否则操作起来将非常繁琐。

4. 强制分布法

强制分布法是按照公司管理者想要达到的员工分布曲线效果进行评定，即事先确定员工在每一个绩效等级上所占的比例，如：15%表现为上等；20%表现为中上等；30%表现为中等；20%表现为中下等；15%表现为下等。然后按比率把员工分布到各个等级上去。

该评价方法通常是这样操作的：首先根据每一种评价要素对每一位员工进行单独的评价，然后根据雇员的评价结果按比例把他们强制分配到各个绩效等级上去。实施强制分布法的主要目的就是在员工之间形成更大的绩效等级差别，避免评价结果的"居中趋势"，这样就比较容易发觉那些工作确实优秀的员工。这种方法的假设是，所有小组都有优秀、一般、较差的员工分布。具体到各个部门，比例可以有一定的浮动。当部门员工人数比较少时，可以将同一机构中的几个部门捆绑在一起进行绩效评价。强制分布法会迫使管理者根据分布规则的要求而不止根据雇员的个人绩效将他们进行归类。但是，若是部门中优秀员工很多，这种方法就不太适合，否则会挫伤员工的工作积极性甚至会导致优秀员工的流失。

交替排序法、配对比较法和强制分布法都是一种相对考核标准的方法，也就是说，考核是一种相互比较判断的过程。如果我们打个比方，绝对考核标准就相当于运动员的纪录，而相对考核标准就相当于运动员的比赛名次。因此，一个运动员可能获得好的名次，但并不一定能破纪录。绝对考核标准（比如图表评定法）能够反映员工的实际工作绩效，比较客观，但可比性差，因为每个工作的标准有一些可能不一样，它主要适用于员工个人的绩效改进。相对考核标准虽然可以确定每个员工在考核上的位置，但主观性比较强，有时难以服人。这种考核主要适用于奖惩。总之，绝对考核和相对考核各有利弊，要根据考核的目的灵活选取。

5. 关键事件法

本方法由美国学者弗拉耐根和贝洛斯共同创立，是指管理者在绩效实施阶段，通过对员工的工作行为和结果的观察，记录下每位员工表现出来的非同寻常的良好行为或非同寻常的不良行为或事故，以此作为对员工考核的依据。例如，一个门卫发现一个存有重要文件的文件柜忘记了上锁，于是他报告了保安人员，然后保安人员立刻采取措施补救了可能发生的意外事件，这就是一个成功的关键事件；再如，办事员没有将加急邮件立即寄出，而是将其与其他普通邮件放在一起，延误了邮寄时间，这就是一个失败的关键事件。在实施这种方法对员工进行考核时，考核者应该时刻对被考核者的行为进行密切观察，一经发现关键事件发生，就立即记录在案，正如前面所提到的那样，关键事件是管理者在员工实施绩效的阶段中应该重点收集的信息。

该种方法通常可以作为其他绩效评估方法的有效补充，因为它有很多优点：

首先，它为管理人员向下属员工解释绩效评价结果提供了一些确切的事实证据。其次，由于这些关键事件记录是在一个相当长的时间段里（整个绩效实施阶段）积累起来的，而不仅仅是针对员工最近一段时间的表现，所以比较具有说服力。最后，一份动态的关键事件记录还可以清楚地展示员工是如何消除不良绩效的。关键事件法常常被用作等级评价技术的一种补充，因为它在认定员工特殊的良好表现和劣等表现方面是十分有效的，而且对于制定改善不良绩效的规划也是十分方便的。但就它本身来说，在对员工进行比较或在做出与之相关的薪资提升决策时，可能不会有太大用处。

6. 行为锚定等级评价法

这是一种基于关键事件法的量化的评定方法，它将关于绩效的特别优良或特别劣等的关键事件描述加以等级性量化，从而将描述性关键事实评价法和量化等级评价法的优点结合了起来。

建立行为锚定等级评定表的步骤是：

（1）选定绩效考核因素，并对其内容进行界定。

（2）获取关键事件，可以由对工作比较熟悉的人来提供。

（3）将关键事件分配到评定要素中去。

（4）由另外一组人对关键事件重新进行审定和排序，然后将两组一致的关键事件保留下来，作为最后的关键事件。

（5）对关键事件进行评定，保证关键事件与为其分配的要素和等级匹配。

表 6.5 是一个关于对员工发现、解决问题能力进行评估的行为锚定量表。

表 6.5　　　　行为锚定量表范例

评价要素	发现、解决问题能力	
要素定义	在工作中，发现问题，并利用一切方法使问题得以解决，保证工作顺利进行的能力	
要素等级	5	提出系统性解决方案：在工作中，能够及时地发现问题，并很快触及问题的实质；能够提出多个可替代的解决方案，从中选出最优方案，并能指出潜在的风险，使问题得以圆满解决
	4	提出多个备选方案：在工作中，能够及时发现问题，并能触及问题的实质；能够提出多个可替代的解决方案，在他人的指导和帮助下可以确定最优方案
	3	提出单一解决方案：在工作中，能够发现问题，在他人的指导和帮助下能够触及问题的实质；能够提出解决方案，但不能保证这是最佳的解决方案
	2	借助帮助提出单一解决方案：在工作中，能够发现存在的问题；在他人的指导和帮助下能够提出解决方案
	1	借助帮助发现问题：在工作中，经过他人的指导和帮助能够发现存在的问题

绩效考核的方法多种多样，以上几种是比较常用的考核方法。在实际工作中，一些企业结合自身的实际情况，还探索出另外一些行之有效的考核方法。由于篇幅有

限，这里仅简单地介绍三种：

（1）行为观察评价法。它是行为锚定等级评价法的一种变异形式，也是从关键事件中发展出来的一种绩效评价方法。但是，行为观察法与行为锚定等级评价法的区别在于，行为观察法并不排斥那些不代表有效绩效和无效绩效的非关键行为，相反，它采用了这些事件中的许多行为来更为具体地界定构成有效绩效的所有必要行为。同时，行为观察法并不是要评价哪一种行为更好反映了雇员绩效，而是要求管理者对雇员在评价期内表现出来的每一种行为的频率进行评价，最后将所得的评价结果进行平均之后得出总体的绩效评价等级。

行为观察评价法容易将高绩效者与低绩效者区分开来，能够维持客观性，便于提供反馈，便于确定培训需求，很容易被使用。它的一个例子见图 6.4。

这个组织是否采取了克服变革阻力的措施？

1. 向下属描述变革的细节

几乎从来不	1	2	3	4	5	几乎常常如此

2. 解释为什么必须进行变革

几乎从来不	1	2	3	4	5	几乎常常如此

3. 与雇员讨论变革会给雇员带来何种影响

几乎从来不	1	2	3	4	5	几乎常常如此

4. 倾听雇员的心声

几乎从来不	1	2	3	4	5	几乎常常如此

5. 在使变革成功的过程中请求员工的帮助

几乎从来不	1	2	3	4	5	几乎常常如此

6. 如果有必要，会就雇员关心的问题定一个具体的日期来进行变革之后的跟踪会谈

几乎从来不	1	2	3	4	5	几乎常常如此

总分数＝__________

很差	尚可	良好	优秀	出色
6～10	11～15	16～20	21～25	26～30

图 6.4　行为观察评价法范例

（2）组织行为修正法。它是通过一套正式的行为反馈与强化系统来管理雇员的行为。其假设是雇员的未来行为是由其得到过正面强化的过去行为决定的。这种方法的组成部分是：界定一套必要的关键行为，它们对于工作绩效来说是非常重要的；运用一套衡量系统来评价这些行为是否被表现出来；管理者将这些关键行为告知雇员，并且为雇员制定目标，告知雇员以怎样的频率来体现这些行为；向雇员提供反馈，并强化正确行为。

（3）评价中心法。评价中心法常被用在甄选和晋升决策过程中，但是，它也是一种衡量绩效的有效方法。在评价中心中，雇员需要完成大量的模拟任务，观察者对其在完成任务的过程中所表现出来的行为进行观察，然后评价他们作为一名管理者所具有的相关技能或潜力。

评价中心的优点在于，它能够对人在从事管理方面的工作的绩效提供一种比较客观的衡量。同时，还能提供特定的绩效反馈并且设计出个人化的绩效开发计划。

二、绩效考核模式的新趋势

近年来，关于绩效考核模式的探索有了新进展，下面介绍几种在一些大型企业里运用得比较广泛的考核方法。

1. 360 度反馈评价

360 度反馈评价，又称全方位反馈评价或多源反馈评价。传统的绩效评价，主要由被评价者的上级对其进行评价。360 度反馈评价则由与被评价者有密切关系的人，包括被评价者的上级、同事、下属和客户等，分别匿名对被评价者进行评价。被评价者自己也对自己进行评价。然后，由专业人员根据有关人员对被评价者的评价，对比被评价者的自我评价向被评价者提供反馈，以帮助被评价者提高其能力水平和业绩。作为一种新的业绩改进方法，360 度反馈评价得到了广泛的应用。

360 度反馈评价的重点在于围绕目标个体的所有职位的人的整体观点，其潜在作用包括：

(1) 要求员工提供反馈促进了组织事务的参与。

(2) 强化了领导者的优良绩效；运用一套多个评定者系统，上级就可以承担起更重要的角色，如绩效指导者，而不是简单地作为绩效的判断者。

(3) 增进了员工对领导者反馈的兴趣。

(4) 在领导者和他们的下级、同事、客户和上级之间促成良好沟通。

(5) 促进了领导者行为的改善。

(6) 将组织文化朝着更具参与性和开放性方向变革。

(7) 在正式的绩效考核中注入更多的输入。

(8) 综合性强，因为它集中了多个角度的反馈信息。

(9) 信息质量可靠。

(10) 通过强调团队和内部/外部客户，推动了全面质量管理。

(11) 从多个人而非单个人那里获取反馈信息，可以减少偏见对考核结果的不良影响。

另外，从员工周围的人那里获取反馈信息，可以增强员工的自我发展意识。

360 度反馈评价也有许多缺陷，如在搜集信息、整理信息和提供反馈时，为了保证评价者的匿名性和结果的保密性，花费的管理精力将比较多。同时，由于来自不同方面的意见可能会发生冲突，在综合处理来自各方面的反馈信息时仍然会比较棘手。因此，有人提出 360 度反馈评价主要应该服务于员工的发展，而不是对员工进行人事管理，如提升、工资确定或绩效考核等。因为实践证明，当用于不同的目的时，同一评价者对同一被评价者的评价会不一样；反过来，同样的被评价者对于同样的评价结果也会有不同的反应。当 360 度反馈评价的主要目的是服务于员工的发展时，评价者所做出的评价会更客观和公正，被评价者也更愿意接受评价的结果。当 360 度反馈评价的主要目的是进行人事管理，服务于员工的提升、工资确定等时，评价者就会考虑到个人利益得失，所做的评价相对来说难以客观公正，而被评价者也就会怀疑评价者评价的准确性和公正性，在这种情况下，360 度反馈评价甚至不如仅仅由直接上司进行的评价。

2. 平衡计分卡

平衡计分卡是美国哈佛商学院卡普兰和诺顿教授提出的一种建立在客户基础上的计划和程序提升系统，旨在推动组织的变革。它的核心思想就是通过财务(Financial)、客户（Customers)、内部经营过程（Internal Business Progress)、学习与成长（Learning and Growth）四个方面指标之间相互驱动的因果关系展现组织的战略轨迹，实现绩效考核—绩效改进以及战略实施—战略修正的目标。在组织与成员就组织战略进行沟通，提供反馈，指导员工行为达到目标的过程中，平衡计分卡扮演了最主要的角色。其主要内容如图 6.3 所示。

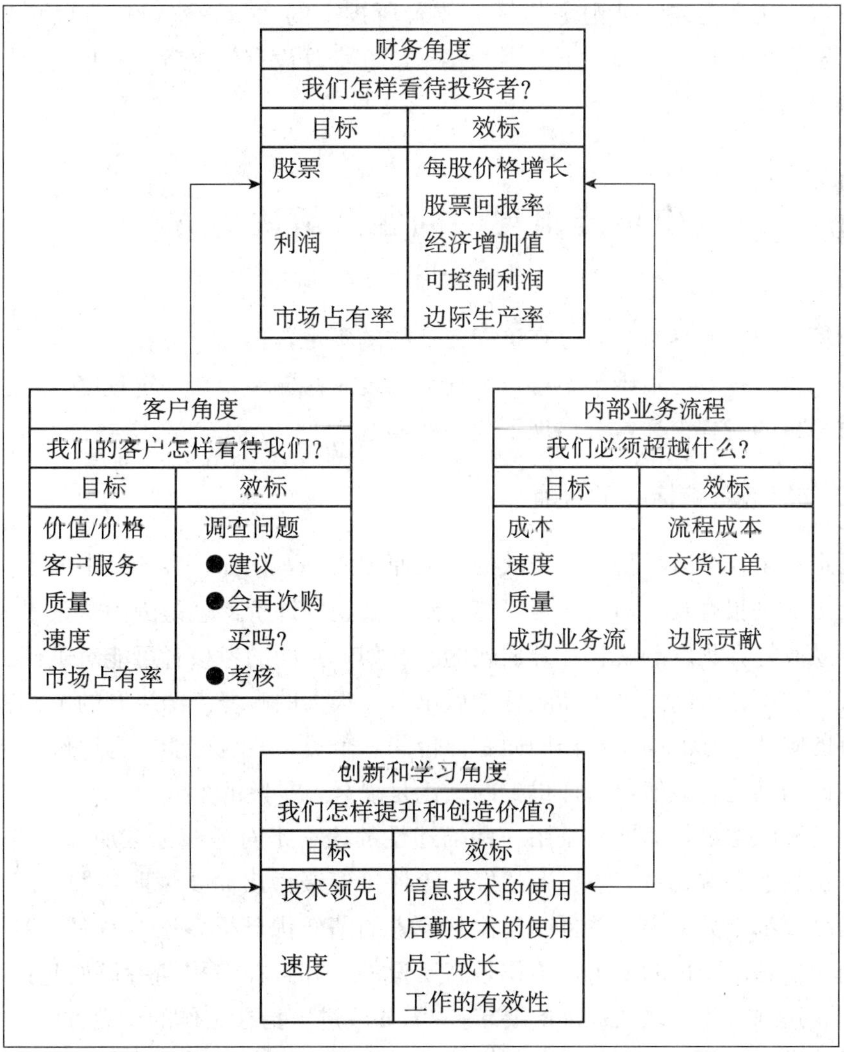

图 6.3　平衡计分卡主要内容

平衡计分卡可以在不同的层级上使用。整个组织、子公司，甚至在单个员工层次上，都可以使用“平衡计分卡”。不论在何种层次，平衡计分卡方法都涉及确认业务运作的组成部分，为其设定目标，然后寻找方法衡量这些目标的进步。战略层次的平衡计分卡很容易分解成个人层次的计分卡。这些个人和团队计分卡通过组织的个人绩效回顾来强化，考核的依据是计分卡中目标和效标（进一步细化目标的指标）的达成情况。

在实际运用中，要正确对待平衡计分卡实施时投入成本与获得效益之间的关系。平衡计分卡的四个层面彼此是关联的，要提高财务层面，首先要改善其他三个方面，要改善就要有投入，所以实施平衡计分卡时首先出现的是成本而非效益。更为严重的是，效益的产生往往滞后很多时间，使投入与产出之间有一个时间差，这可能是 6 个月，也可能是 12 个月，或更长的时间。因而往往会出现客户满意度提高了，员工满意度提高了，效率也提高了，可财务指标却下降的情况。关键的问题是在实施平衡计分卡的时候一定要清楚，非财务指标的改善所投入的大量投资，在可以预见的时间内，可以从财务指标中收回，不要因为实施了 6 个月没有效果就没有信心了，应该将眼光放得更远些。

三、考核过程中可能出现的问题及解决的方法

由于绩效考核工具本身就存在这样或那样的不足，再加上考核者在考核实施过程中的主观因素，绩效考核结果不可避免地会出现一些偏差，在一定程度上不够公正客观。绩效考核的过程中通常会出现下列一些问题。

1. 工作绩效考核标准不明确

这是造成工作绩效评价工具失效的常见原因之一，比如，表 6.3 中的工作绩效评价表看上去似乎很客观，但它却很可能导致不公正的评价。这是因为这张表对于每一评价要素及其好坏程度的解释是开放式的。比如，不同的考核者可能对于什么是“杰出”、“好”、“不令人满意”等绩效标准做出差异很大的解释。结果有的考核者评价标准低，有的则评价标准高，这样即便是评价同一个员工，也可能因为评价者不同，得出截然不同的结论，显然，这样得到的结论是缺乏公平性的。

解决这种问题最好的办法是用一些描述性的语言来对考核标准加以界定。比如，可以在评价表前面首先对“杰出”、“好”等评价等级做出简要说明：“杰出”指在各个方面的绩效都十分突出，并且明显比其他人的绩效优异得多；“很好”指工作的大多数方面明显超出职位的要求，工作是高质量的，并且在考核期一贯如此；“好”指工作称职，达到了工作绩效标准的要求；“需要改进”指在工作的少数方面存在缺陷，需要进行改进；“不令人满意”指工作总的来说无法让人接受，必须立即加以改进。如果可能的话，最好能进一步就每一评价要素的等级区分做出说明。比如，关于教师

的课堂教学技巧，“杰出”指能够使用多样化的教学方法，引导学生进行创造性的思考，提高学生的自我学习能力；“很好”指能够将具有关联性的问题前后联系起来讲解，使学生形成完整的知识体系；“好”指讲解问题时清楚明了、重点突出；“需要改进”指讲课枯燥，对稍有难度的问题讲不清楚；“不令人满意”则指经常讲错一些重要概念等等。

2. 晕轮效应

晕轮效应指的是人们在对其他人做出评价的时候，对他人的某一方面评价较高或较低，往往会导致对此人的所有其他方面都评价偏高或偏低。在绩效考核中，这种情况也经常发生，如果管理者对下属的某一绩效要素（比如与其他人相处的能力）评价较高，那么他往往会对此人的所有其他绩效要素（比如工作质量）也评价较高；反之，如果管理者特别讨厌某个下属的某个缺点（如迟到），他就倾向于认为这个人的其他工作表现也很差。在实践中解决这一问题的有效办法是，要让考核者本人知道在一个人对其他人的认知过程中可能会出现这样的问题，以便督促其有意识地去避免这一问题的出现，因此对考核者进行适当的培训是十分必要的。

3. 居中趋势

居中趋势意味着所有员工不管干得好干得坏，都被简单地评定为“中”的等级。比如，如果评价等级是从第 1 到第 7 等级，那么他们很可能既避开较高的等级（第 6 和第 7 等级），也避开较低的等级（第 1 和第 2 等级），而把他们的下属都评定在第 3、第 4 和第 5 等级上。这样的结果导致了严重的平均主义，这种过于居中的评价结果会使工作绩效考核变得扭曲，它对于企业做出晋升、工资方面的决定以及进行员工激励等工作所能起到的积极作用就很小。避免这种情况发生的一个有效的方法就是采用等级评定法，由于它是对员工之间的相对位置进行排序，所有的员工都必须就其绩效好坏排出高低。

4. 偏松或偏紧倾向

有些管理者在绩效考核的时候，倾向于对下属员工的工作绩效做出过高或者过低的评价，就好像有些老师向来就愿意给学生高分，而有些老师向来就只给学生较低的分数一样。这种情况在要求评价者对员工工作进行等级性评定时尤为严重，这使得不同考核者对员工的考核结果之间不具有可比性，也使考核结果丧失了公平性。评价者多半由于不想得罪人，怕引起人际冲突，或是怕影响与被评价者的私人关系，或是下属给上司做评价时怕将来上司利用职权对其进行报复等原因，会对被评价者做出过于宽容的评价；而严厉性的错误产生的主要原因是评价者自己心中的标准非常高，或是评价者为了鞭策被评价者，把低评价作为负激励的一种手段，而忽视了对正常评价标准的把握。如果是要求评价者对被评价者的工作绩效以排序的方式进行等级排序，就可以避免这种倾向了。在实际操作中，如果选用的是等级性的评价方法，一个避免这种问题的办法就是假定一个强制的工作绩效分布比例，比如，只能有 10%的人被评定为“优秀”，20%的人被评定为“好”，如此等等。也就是说，想办法将员工的工作绩效考核结果适当地分布开来（除非你认为自己所有的下属确实都应该落入一个或某几个绩效等级之中）。

5. 评价者的个人偏见

被考核者之间的个人差异（主要是指年龄、种族和性别这一类个人特点方面的差异），有时候也会影响他们所得到的评价，甚至会导致他们所得的评价大大偏离他们的实际工作绩效。比如，研究者在一项研究中发现，在工作绩效考核中存在一种稳定趋势，就是年纪大的员工在“工作完成能力”和“发展潜力”等方面所得到的评价一般都比年轻人要低，而且高绩效的男性员工所得到的评价也显著高于同样是高绩效的女性员工所得到的评价。这些实际上是由人们对老年人和女性员工的偏见引起的，由于长期以来社会价值观对人们思维模式的影响，人们总是不愿意对老年人和女性员工的成绩予以肯定，而理所当然地将他们的低绩效归咎于他们能力上的欠缺。事实证明，这种对年龄和性别的歧视将极大地影响考核结果的公平性，是考核者在实施考核的过程中应该极力避免的。

6. 员工过去的绩效状况

雇员过去的绩效状况也有可能会影响他们当前所得到的绩效评价等级。这种历史事件所造成的误导可能会以几种不同的形式表现出来。比如，有时候，考核者可能会全面地高估一个一贯的低绩效员工的绩效改善状况；相反，也可能会将一个一贯绩效表现较好的员工的绩效下滑程度看得过于严重；而在某些情况下，尤其是当下属的行为变化十分缓慢时，考核者对被考核者的行为变化又有可能过于不敏感。之所以会有这些不准确的评价，主要是由于各个员工的绩效水平起点不同，考核者已经对每个员工的绩效情况产生了一定的先入为主的印象，而这些印象往往又是深深地植根在考核者心中的，一旦形成就难以改变。

既然考核的过程中容易出现这么多的问题，那么如何才能尽量避免这些问题的发生呢？有几点可以注意：

首先，要弄清楚在绩效评价过程中容易出现的问题，然后有意识地加以避免。

其次，要根据需要正确地选择绩效评价工具，考虑到各个工具分别有其优缺点，可以综合使用几种工具。

再次，要慎重挑选考核者并对考核者进行相关培训。比如要挑选正直、公正的考核者，同时要对考核者如何避免晕轮效应、居中趋势以及偏松或偏紧倾向进行培训。

最后，要排除一些外部因素对绩效评价的影响，比如时间约束的强度、雇员流动率的高低等。

第四节
绩效反馈面谈

一个完善的绩效管理系统到绩效考评这个环节不是结束而是刚刚渐入佳境，如果后期的工作不能及时跟进，不做或者不尽心去做，那么前面的工作都将徒劳无功，白费时间。绩效考评结束后的一段时间内，员工的心情都不会平静，那些担心绩效考评结果会对自己不利的员工将坐卧难安，因为他们不敢确定绩效考评的结果对他们会意味着什么：是被降职、减薪还是被解雇？这些与员工切身利益密切相关的问题在没有答案之前肯定会给员工的心理造成严重的负担，降低员工的工作效率，这种情绪蔓延开来更会严重影响员工的士气。

在这样的环境下，组织一次成功的绩效反馈面谈将对绩效考评起到积极的促进作用，使之真正发挥作用。绩效面谈主要有三个目的：

首先，让员工了解上个考核周期中的考核结果，并将其作为改进其今后工作的依据。

其次，给下属提供一个良好的沟通机会，了解下属工作的实际情况和困难，并让员工确信企业可以给予他们所需要的帮助。

最后，共同讨论下属未来的发展规划和目标，确定企业、主管、员工个人的绩效改进行动计划。

一、绩效面谈的主要类型

根据绩效考核的结果，对不同的员工要采用不同目的的面谈类型。

1. 制订开发计划

在这种面谈中，被考核者的工作绩效是令人满意的，并且即将被提升。这是三种面谈中最容易的一种，面谈者的主要目的是与被面谈者讨论其职业发展规划，以及为这个人进入新的岗位制订培训和职业发展方面的行动计划。

2. 维持现有绩效

这种面谈的对象是那些虽然工作绩效尚令人满意，但却暂时不能得到提升的员工。之所以暂时没有得到晋升，可能是因为他们个人的能力已经发挥到了极限，也可能是组织内部目前暂时没有高一级的职位空缺。在这种情况下，管理者进行面谈的目的就不再是对这类员工的工作绩效加以改进或进行下一步的开发，而是设法使其维持现有的工作绩效水平。但是，要想做到这一点实际上并非易事，一个成功的管理者必须能够找到对这类员工来说比较重要的东西，并以此来激励他们努力维持现有的令人满意的工作绩效水平。这些激励措施可能包括：较长一点的休假时间、一笔小小的奖金、处理更大工作范围内事务的权力等等。有的时候，哪怕是一句简单的肯定性语言也可以起到意想不到的激励效果。

3. 制订绩效改善计划

当员工的工作绩效不令人满意但有改善的可能时，进行绩效面谈的目的就是制定一个行动绩效来改善当前的这种令人失望的绩效状况。这时就应该和下属进行妥善的沟通，指明其工作中不令人满意的地方，并和他们一起制订改进计划，督促他们在日后的工作中不断完善。

二、面谈准备

要想使面谈达到想要的效果，一定要在面谈之前做好充分的准备，具体来说，至少需要做好以下三件事。

1. 管理人员的心理准备和资料准备

面谈之前一是要事先了解将要面谈的员工的性格特点、工作状况，充分估计到下属在面谈中可能表现出来的情绪和行为，准备可能的应对策略；二是要进行数据、资料的整理和分析工作，比如职位说明书、绩效考核表、计划总结、日常记录等。在面谈之前，管理人员对有关资料谙熟于胸，用科学的数据、事实来证明自己的观点。

2. 让员工做好准备

只有管理者本人做准备是不行的，面谈是管理者和员工两个人共同完成的工作，只有双方都做了充分的准备，面谈的成功才成为可能。应至少提前一周通知员工，让员工也有充分的时间调整自己的心理、审查自己的工作，包括阅读他们自己的工作描述，分析自己工作中所存在的问题，搜集需要提出的问题和意见等。

3. 确定面谈时间和地点

应该找一个对双方来说都比较方便的时间来进行面谈，以便在比较宽松自由的条件下进行开放式交流。通常情况下，与像办公室普通职员和维护人员那样的从事简单劳动的员工面谈不应该超过一个小时，而与管理人员进行的面谈则常常要花 2～3 个小时，要根据员工从事的工作的灵活性等特点适当地安排面谈时间。而且面谈地点应当选择相对安静的地方，以免受到电话或来访者的打扰。

三、进行绩效面谈

进行绩效面谈是最核心的环节，为了确保绩效面谈的效果，必须注意下列几个方面。

1. 营造良好的面谈氛围

为了使面谈能够达到预期的效果，在面谈开始时，应首先对下属的辛勤工作予以肯定，使下属放松心情，建立彼此相互信任的关系。

2. 说明面谈的目的

向员工讲清楚面谈的主要目的是使双方形成对考核结果的一致看法，从而帮助员工改进绩效。

3. 告知考核的结果

要简明、扼要、准确、直接、清晰，不模棱两可，利用事先设定的目标和绩效标准评价进行对比说明。可以采取先扬后抑的做法，首先肯定其优点，希望其继续保持和发扬；其次指出其存在的缺点和不足之处；最后表示对其今后表现充满信心。在谈话中，注意不要泛泛而谈，而是要拿出具体的证据来支持你的结论。

4. 请下属白述原因，主管听取意见

要共同解决问题，必须是个双方交流的过程，应该给下属充分的表达机会，这样才能有效地了解下属的问题和想法，让他们阐述自己的观点，鼓励下属自己分析造成问题的原因，诊断出原因后，才可以对症下药。

5. 制订绩效改进计划

经过双方讨论，对下 个阶段的工作目标达成一致的意见，并与下属一起制订详细的、操作性强的绩效改进计划，并对每一项计划，标注具体的时间要求，给下属一定的压力。

6. 结束面谈

一般来说，在双方对绩效评估中的各项内容基本达成一致意见之后，就可以结束面谈了，结束面谈时，管理人员要表达出对下属的信心和信任，避免对立和冲突，如果双方就某些问题争执不下，管理人员可以建议将其作为双方回去继续思考的问题，留做下一次面谈时需要沟通的内容。

7. 整理面谈记录，向上级主管报告

报告之后，管理者应该随时追踪下属绩效改进计划的落实情况。

四、注意事项

一项研究发现，员工是否对工作绩效面谈满意，在很大程度上有赖于以下三个方面的情况：在面谈的过程中不会感到威胁；有机会表达自己的意见和感受，并对面谈的过程有所影响；有一位乐于助人和富有建设性的上级主管来主持面谈。要达到以上三方面的效果，主持面谈的管理人员在面谈中应注意以下几点。

1. 真诚，建立和维护信任关系

真诚是面谈的心理基础，不可过于谦逊，更不可夸大其词。如果是正面反馈，要让员工真实地感受你确实是满意他的表现，你的表扬确实是你的真情流露，而不是“套近乎”，拉关系。只有这样，员工才会把你的表扬当成激励，在以后的工作中也才会更加努力。如果是反面反馈，则要对事而不对人，描述而不做判断。只说部属工作中存在的问题，不能涉及人格问题。最好不要拿他和其他员工做比较，而是与他的过去相比。

2. 谈话要直接而具体

尽管不能直接针对员工个人，但必须确保员工明白他或她到底做对了什么，又做错了什么。同时谈话一定要具体，无论批评还是表扬，都针对员工的具体行为或事实反馈，避免“你的态度很不好”或是“你的工作做得不错”这类空泛的陈述。这时平常所收集到的关键事件能派上用场。比如，员工为了赶一份计划书而加了一夜的班，这时你不能仅仅说员工加班很辛苦、表现很好之类的话，而是要把员工做的具体事特别点出，比如：“小王，你加了一夜的班赶计划书，领导对你的敬业精神很赞赏，对计划书的编写很满意。”这样，小王就会感受到不仅加班受到了表扬，而且计划书也获得了通过，受到了赏识。相比较，后面的话可能更会对小王有激励作用。

3. 双向沟通，多问少讲

面谈是一种双向沟通的过程，应该给下属充分的表达机会，这样才能有效地了解下属的问题和想法。从员工的角度，以聆听的态度听取员工本人的看法。听员工怎么看待问题，而不是一直喋喋不休地教导。多提一些开放性的问题，比如：“你说说看。”“你认为采取何种行动才能改善当前的这种状况呢？”还可以将员工所表述的最后一点作为一个问题提出来，比如：“你认为自己无法完成这项工作，是吗?”鼓励员工多说话。

4. 提出建设性意见

绩效管理是一个往复不断的循环，一个周期的结束，同时也是下一个周期的开始。因此在对人员绩效进行评价和回顾后，还要帮助员工找准路线，认清下一阶段的目标，同时要给员工提出一些建设性的改进意见，以帮助员工获得更大的提高和改进。

此外，你的目标并非仅仅在于让下属对绩效面谈感到满意，你的主要目标是使他们改进将来的工作绩效，从这个方面来说，面谈还有一项更重要的工作就是要和被评价者一起解决所有与工作相关的问题，与他们一起确定可以衡量的绩效目标以及达到这些目标的时间表，形成书面的行动计划。

第五节 绩效管理效果评估

我们用了大量的篇幅来介绍绩效管理的整个过程，绩效管理作为一个系统，无论是设计还是使用都要耗费大量的人力和财力，而且本身处于一个不断完善的过程之中，因此有必要就整个管理系统的有效性进行评估。虽然不同的人对于用什么标准来评价一个绩效管理系统的有效性存在不同的看法，但通常来说，可以考虑下面几个标准。

一、信度

信度，指的是绩效考核系统的一致性程度，即考核结果反映绩效状况的准确性程度。信度要求主要体现在再测信度和评估者信度上。再测信度是指以相同的考核工具、考核方式与评估对象再次评估时，考核结果之间所产生的差异程度。如果再次评估结果的差异不大，则证明评估结果比较准确；反之，如果在不同的时间对同一对象采用相同的考核方式却得出了截然不同的评价结果，这说明这个考核系统是缺乏再测信度的。评估者信度反映的是绩效考核结果与考核者之间的关联度，即评估者的主观误差在绩效评估中的影响。不同的人对同一个员工的绩效做出的评估结果越相近，评估工具的评估者信度越高。在企业绩效考核的实际操作过程中，如果管理者、上级、下级和同事都参与到考核中来，由于他们处于不同角色，对同一个被考核者的考核结果可能就有很大差异，这也正是360度考核所面临的最大难题。如果说这种考核结果的差异主要是由处于不同角色地位的员工的视角不同造成的，那么事实证明即便是都采用上级评价的考核方法，不同的上级对下属的要求也有严格和松懈之分，那么这种差异就需要通过选择高评估者信度的工具来避免。

建立高信度的考核系统对于企业有效实施绩效考核是十分必要的，可靠的考核系统应该是科学而又符合法律规定的，考核指标应该是依据实际工作情况筛选设计的，不同的人在不同的时间使用同一考核工具所得出的考核结果应该是没有明显差异的。

二、效度

效度，是指绩效衡量系统对于与绩效有关的所有方面进行评价的程度，即是否能测量出自己所要测量的工作绩效的所有方面。这一效度常常被称为内容效度。绩效标准要想做到有效，就必须是没有缺失或被污染的。没有缺失是指标准应该涵盖工作所有相关的方面，不能忽略或偏废任何一个必要的方面，否则就有可能诱导员工的不恰当行为。例如，工作仅注重“客户投诉数目”和“解决投诉效率”两个方面但忽视了“销售数量”这个指标，员工就有可能通过减少销售的数量来减少客户的投诉，以获得相同于甚至高于其他员工的绩效，这样的绩效评估系统显然是存在着标准缺失的。污染是指那些不能被员工控制的外部因素可能对工作绩效造成的影响。这里的外部因素主要是指员工不可预见的或是可预见但不可控制且短期内无法改变的情况。例如，单用实际销售额来衡量不同地区范围内的销售业务员的工作业绩就没有将地区差异（当地市场需求状况、地区政策、区域经济发展状况、潜在客户和竞争对手数量等等）考虑在内，为排除这种因素的影响，组织应该从总销售额、销售额提高比例和对组织的贡献程度等多个方面进行综合衡量，既表现绝对的差异，又避免外部因素对绩效的污染，还能体现各个地区在组织整体战略框架中的作用和地位。当然，由于人的经验和处理信息能力的局限，不大可能做到完全的公平和满意，绩效标准难免会缺失或被污染，所以组织在制订绩效标准时要从多角度获取相关信息，最大努力地满足绩效标准的效度要求。

三、可接受性

可接受性是指员工（包括考核者和被考核者）对绩效考核系统的认可程度和接受程度。许多组织投入大量人力物力，精心设计出的绩效考核工具却过于复杂。这样考核者需要耗费许多精力和时间去了解考核过程和方法，有的时候甚至费力不讨好，时间和精力花费之后，仍然不得要领；而被考核者则容易弄不清楚工作和绩效之间的联系以及评价结果的依据。如此等等的情况都会导致考核过程中阻力大、困难多，员工根本不配合考核等情况的发生，更有甚者会导致员工与管理者之间的相互猜忌和误解。因此，绩效考核不是越复杂越严谨就越好，关键是能够被员工认可和接受并适合本企业的具体状况。

可接受性在很大程度上取决于员工的心理感受。很多企业的绩效考核流于形式，主要是由于其给考核者的感觉是一定周期内的例行差使，上面叫怎么做就怎么做，充充门面，应付了事，给被考核者的感觉就是组织的强权控制在员工具体绩效上的一种反映而已，上面说是怎样就怎样，无力去辩驳或是申述了也无济于事。这样员工无法参与到绩效考核系统中去，积极性和主动性都受到打击，自然会排斥这样的考核系统和基于这种系统结果上的各种决策。所以组织要想绩效考核系统为员工所接受，得到很好的贯彻和实施，就必须突出员工的主体地位，不仅是让员工了解这个系统，更要让员工参与到绩效考核中来，开发、使用绩效考核系统，了解并有权质疑考核评估的结果。

另外，有效的绩效考核系统还应该是在一种团结奋进的人际氛围基础之上建立起来的。事实证明，如果企业不考虑组织中的人际关系的因素，再好的考核方法也是无济于事的。虽然绩效考核致力于在企业内部建立公平竞争的机制，但是任何人力资源管理措施的实施，并不是为了挑起人与人之间力量的较量，如果采取这种态度，只能降低管理措施的可接受性。

四、完备性

完备性是指绩效管理系统用于不同考核目的的能力。研究表明，考核者对一些完全相同的工作评价信息会做出完全不同的处理，处理的方式取决于考核的目的。这一研究揭示了员工考核结果用于管理目的和用于员工个人发展目的之间的矛盾：用于管理目的时，考核系统需要收集有关员工之间绩效差别的信息；而用于促进员工个人发展的目的时，考核系统需要收集的是每位员工在不同阶段自身工作情况差别的信息。很显然，一个是不同员工之间的横向比较，一个是员工自身的纵向比较，两者需要的信息有很大差异，因此要求考核方法的选取能收集到合适的绩效信息。这就要求绩效管理系统能够尽可能多地收集多方信息，以满足管理者的不同需求。

【基本概念】

绩效考核　绩效管理　关键事件法　360 度反馈评价　平衡计分卡　晕轮效应　信度　效度

【本章小结】

1. 绩效考核的最终目的是为了实现绩效改进。在绩效考核中，主管上级与员工之间就工作职责、工作绩效和员工发展等问题进行持续的双向沟通，帮助主管和员工不断提高工作质量，促进员工发展，确保个人、部门和公司绩效目标的最终实现。

2. 完整的绩效考核流程包含计划、实施、结果应用三部分内容，它是一个持续循环、不断优化的系统。

3. 绩效计划主要确定两方面的内容：员工在考核期间应该完成什么工作以及应该达到什么样的绩效标准。为了使所定的考核内容和考核标准更容易让员工接受，管理人员应该和员工一道进行绩效计划的制订。

4. 在绩效实施阶段，管理人员需要和员工保持持续的沟通，这一方面能够对绩效计划进行跟进和调整，另一方面能够在员工遇到困难的时候及时提供帮助和辅导。在沟通的同时，管理人员还需要收集一些关于员工工作表现的信息，特别是关键事件，为下一阶段的考核做准备。

5. 我们描述了几种主要的工作绩效评价工具，包括图表评价法、交替排序法、强制分布法、行为锚定等级评价法等等。每一种评价方法都有其优缺点，在评价过程中应该注意避免的问题包括：工作绩效考核标准不明确、晕轮效应、居中趋势、评价标准掌握偏紧或偏松问题以及评价者的个人偏见。

6. 绩效考核的结果主要可以用于三个方面：用于人力资源管理的各环节，作为薪资支付、职务晋升、培训计划等的依据；用于绩效改进计划的制订，明确员工今后的工作改进重点；用于绩效计划的修订，进一步完善绩效管理系统。

7. 工作绩效的面谈一共有三种形式，每一种形式的面谈目的是不一样的。第一种面谈的对象是工作绩效不令人满意但尚有改善可能的员工，这种面谈的目的就是帮助他们制定改善工作绩效的计划或方案。第二种面谈的对象是那些工作绩效尚令人满意但还不太可能得到晋升的员工，这种面谈的目的是对他们进行人力开发以求得绩效的进一步改善，但首先应保证他们目前的绩效水平得以维持。第三种面谈是针对那些工作绩效令人满意并且可以得到晋升的员工，这种面谈的目的是讨论他们的职业发展规划。

8. 要保证绩效面谈的成功，需要在面谈前做充分的准备，在面谈过程中还要注意方法。要牢记面谈的最后需要制定出一个绩效改进的行动方案。

9. 衡量一个绩效管理系统是否有效至少可以从四个方面考虑：信度、效度、可接受性、完备性。

【复习思考题】

1. 什么是绩效考核？什么是绩效管理？它们有什么区别？
2. 绩效考核的目的、功能、原则是什么？
3. 绩效考核流程主要包括哪几个主要部分？
4. 绩效考核主要有哪几种方法？请至少说出四种以上考核方法的优缺点。
5. 绩效面谈主要有哪几种类型？如何进行有效的绩效面谈？

【推荐阅读】

1. Hirschfeld R R，Jordan M H，et al. Becoming team players：team members' mastery of teamwork knowledge as a predictor of team task proficiency and observed teamwork effectiveness. Journal of Applied Psychology，2006，91（2）：467－474.

2. Cabrera E F，Cabrera A. Fostering knowledge sharing through people management practices. International Journal of Human Resource Management，2005，16（5）：720－735.

3. Jian G，Jeffres L W. Understanding employees'willingness to contribute to shared electronic databases. Communication Research，2006，33（4）：242－261.

4. Pearce C L，Herbik P A. Citizenship behavior at the team level of analysis：the effects of team leadership，team commitment，perceived team support，and team size. Journal of Social Psychology，2004，144（3）：293－310.

5. Cabrera A，Collins W C，Salgado J F. Determinants of individual engagement in knowledge sharing. International Journal of Human Resource Management，2006，17（2）：245－264.

6. Chowdhury S. The role of affect and cognition-based trust in complex knowledge sharing. Journal of Managerial Issues，2005，17（3）：310－326.

7. 加里·德斯勒．人力资源管理．北京：中国人民大学出版社，2012.

8. 赫尔曼·阿吉斯．绩效管理．北京：中国人民大学出版社，2012.

第七章 员工培训

【学习目标】

学完本章后，你应该能够：

1. 了解员工培训与开发的概念和意义。
2. 理解员工培训的内容、方法和程序。
3. 了解员工培训的目标和功能。
4. 掌握员工培训的程序和方法。

| 章节导引 |

阿里巴巴新人培训的“五行拳”

立志跨越三个世纪、只做102年的阿里巴巴，从面试开始即导入新人培训，从细节关怀新人，用“五行拳”修炼让新人快速融入企业。

事实上，这家公司的员工构成极为年轻，从入职时间来看，入职一年以上的占比达46%，1～3年的也占到了33%；从年龄段上看，25～30岁的员工占比高达62%。因此，如何帮助新人快速融入团队就成了阿里巴巴面临的挑战。

新人导入的加减法

新人的导入，我们内部有两个算法：加法和减法。

对于新人来说，到一个新的组织，无论环境还是企业文化都会面临很大的变化。阿里巴巴的特点是几乎不需要太多的计划，永远是快速的变化——每个人都那么的热情，每个人都那么的张扬，对从传统产业出来的人来说会是一个很大的冲击。

新环境里有新的关系、新的工作方法，而这是新人需要在自己原来的认知上加进去的东西，我们称为“加法”。我们特别希望能在新人导入的3～6个月中做“减法”，减少新人的焦虑。

一般来说，新人在一个组织里面有三个阶段：结束的阶段、困惑的阶段和重生的阶段。什么叫结束？到了一个新的环境里面，首先是忘掉，结束以前公司里面成功的体验或者过去旧的流程、工作方法、工作习惯，这是第一阶段我们希望给新人灌输的一个意识。第二个阶段是最困惑、最迷茫的。这个时候会发生一些问题，新人会在1～2个月的时间里面临一些困惑，他们需要改变原来对组织的看法。我们将其称为“重新定义”和“重新定位”，并且要在这个困惑期里迅速让员工产生新认知。

在顺利度过前面两个阶段以后，新人能很快地掌握新组织里的一些方法，以及老员工非常熟悉的一些表达文化的东西，融入了这个团队。在找到归属感的时候，自然会有一种意愿去贡献，而且也有能力做出贡献，从而获得重生。

如何帮助新人度过以上三个阶段？在阿里巴巴，我们用新人的指南、新人的关怀、培训和回炉分享这样的方法来帮助他们。

新人培训的“五行拳”

我们认为一个新人的培训，主要是达到三个目的。一是导航，帮助他在企业里面指明一下方向，告诉他们哪些是边界，不要越过。在阿里巴巴，新员工培训都有自己的品牌，我们叫做“百年阿里”、“百年大计”和“百年诚信”。每个人来了之后都需要明确：我是一个国际站的销售，我要参加的是“百年大计”；我是一个中国站的销售，我要参加的是“百年诚信”；我不是销售，我要参加的是“百年阿里”。这是新员工培训的三大系列。

从意识层面上，我们叫“五行拳”，即金、木、水、火、土。

(1) 金拳 vs 心态。从心态上，要有一个至纯的心态。我们老员工的比例就占了4%，没有那么多根深蒂固的东西，没有那么多不可以说的东西。所以，很多纯净的沟通、开放式的沟通是我们所提倡的。

(2) 木拳 vs 工作中成长。木拳讲究实战，一定要实际、实用。不要太高地期望课堂培训，不要认为进入了阿里巴巴，就应该有很多课堂培训的机会。培训的机会是有，但是新员工在刚来的阶段往往面临很多上岗前期的挑战。

我们特别希望他们脚踏实地地在三个月的时间里向自己的同事、师傅学习，在工作中成长。

(3) 水拳 vs 拥抱变化。水拳是属于价值观层面的。“客户第一”是我们首要的价值观，“拥抱变化”是我们价值观里最重要的一点，也是与众不同的一点。因为阿里巴巴变化太多了，基本上组织架构每年都会有一些调整。最近一次调整后，有位新员工说，来了半年时间，上司已经换了两个了。但其实这是他很大的一个机会和挑战，就看怎么去面对它。这种变化在阿里巴巴是最正常的事情，所以，“拥抱变化”这四个字要像水一样流传在工作中的每一天。

(4) 火拳 vs 职场素养。火拳是指职场职业化的一些素养。对于新人来讲，职业素养是需要一步步积累的，尤其在一个团队里，这种素养的形成胜作效率的保障。

(5) 土拳 vs 沟通无边界。沟通是无界限的，无论是跟高管还是跟自己的同事。我们有两种跟高管沟通的渠道，一种叫“OPEN”，另一种叫“总裁”。集团下属有五家公司，每家公司有自己的总裁热线，只要与这个公司相关的业务话题甚至投诉，都可以直接跟公司的总裁沟通。在集团层面，很多新的创意、新的想法，或是需要子公司才能解决的问题，甚至是需要集团解决的问题，会直接发到我们“OPEN”的邮箱里面去。

回炉与分享

在回炉和分享的环节中我们从三类来开展，即成长类、专业类、生活类。

成长类是通过分享来完成的。阿里巴巴有一个很有特点的文化，叫做“教学相长”。因为往往培训到了评估有效性的阶段，会觉得完成了第一级对讲师课堂组织的一个评估以后，就不知道效果流到哪里去了。课堂之后立刻流失掉 30%，余下 70% 的知识点，到了一个月以后还能有多少？所以“教学相长”的文化就是希望每个员工在参加完一个外部或内部的培训之后，都能够回来在团队里面做一个分享。我们每年都会评出优秀的教练奖，就是“百年教练”。所以这种讲师会进入学习、发展团队的内部讲师库里面。专业类是指技术类的知识和素养；生活类，如婚礼怎么操办，怎么理财，我们称做“阿里夜谈”。

阿里巴巴希望新人能够尽量地缩短学习期，尽快地重生。我们的使命就是“希望所有的人跟这家公司一起成长”。

资料来源：李燕萍，李锡元．人力资源管理．武汉：武汉大学出版社，2012.

第一节
员工培训概述

在当今这样一个知识不断更新、经济快速发展的时代，任何人都不可能仅靠在学校学到的东西“吃一辈子”。“终身学习”已不是一种义务或特权，而是个人生存和发展的需要；同样，任何一个企业雇用到了优秀的人才也并不等于拥有了优秀的员工，企业必须通过持续不断的培训，确保员工掌握促进企业发展的关键知识和技能，提高员工的素质，这样才能收回在招聘人才方面的投资，并使这种投资产生更大的效益，以使企业立于不败之地。员工培训是关系到个人和企业共同发展的一项十分重要的工作，是保持和增进组织活力的有效途径。

一、培训的概念

培训是向新员工或现有员工传授其完成本职工作所必需的相关知识、技能、价值观念、行为规范的过程，是由企业安排的对本企业员工所进行的有计划有步骤的培养和训练。在人力资源管理中，培训和开发是经常联系在一起使用的两个概念，虽然两者在内涵上有一些差别，但其实质是一致的。培训强调的是帮助培训对象获得目前工作所需的知识和能力，以便更好地完成现在所承担的工作。通过示范，教一名工人如何操作一台车床，或教一名管理人员如何安排日常生产，这都是培训的例子。开发则是指一种长期的培训，它强调的是鉴于以后工作将对员工提出更高的要求而对员工进行的一种面向未来的人力资本投资活动。两者的目的都在于提高员工各方面的素质，使之适应现职工作或未来发展的需要。同时，培训中使用的技术和开发中使用的技术通常是相同的。因此，本章对培训和开发的概念并没做严格的区分。

员工培训是人力资源管理工作的内在组成部分，也是一种对人的投资。企业在录用员工的时候，通常都采用考试、测试及其他科学方法进行甄选，做了大量工作。但任何一个新员工，不论他具有多高的素质和技能，都不可能与企业的工作要求完全吻合，通常缺乏在企业集体中同心协力、相互配合的工作经验和态度。因此，企业为使新员工掌握必要的知识、技能和应具备的工作态度，一般都要对其进行相应培训。在过去，大多数企业习惯于将培训作为一项相当狭小的日常事务，其目的通常是传授从事某项工作所必需的技能，如培训装配工焊接线路、培训销售人员洽谈业务、培训教师制订一堂课的计划等。如今，越来越多的企业将培训用于实现两个新的目的。

首先，向员工传授更为广泛的技能，包括解决问题的技能、沟通的技能以及团队建设的技能等。培训作用的扩展反映出技术进步、经济发展对企业的新要求。企业是在不断变动的经济技术环境中生存发展的，员工的知识、技能、工作态度也必须和这种不断变换的外部环境相适应，今天，员工仅仅能胜任工作是不够的，企业为满足客户在质量、品种、个性化、方便、省时等方面的需求，要求员工能够分析和解决与工作有关的问题，不断增加新技能，卓有成效地在团队中工作，并灵活、迅速地适应工作转变。因此，培训就不单是针对新员工的一次性工作，而是一种经常化的制度。不仅新老员工需要不断接受培训，管理者和领导者也需要不断“充电”，接受培训。

其次，更多的企业利用培训来增强组织的吸引力，强化员工的奉献精神。现代企业中的员工，自我意识和自我实现的愿望很强烈，工作对于他们来说，不仅仅是生存的手段，也是实现自我价值的途径，他们十分看重工作中个人的发展前景。员工培训能够有效地开发员工自身的能力和素质，使他们在工作中感受到个人的成长和发展，从而，激发他们对企业的忠诚感。可见，对员工进行培训，从根本上讲，是经济、技术进步和员工发展的必然要求。

二、培训的内容和种类

1. 培训的内容

员工培训的内容主要有两个方面，即职业技能和职业品质。

（1）职业技能。职业技能主要包括基本知识技能和专业知识技能。企业应把培训的重点放在专业知识和技能上。这是因为：

第一，基本知识和技能可以借助企业培训外的教育方式获得，而专业知识和技能只能通过企业培训获得。而企业对员工业务能力的要求，最终体现在专业知识和技能上。所以，企业通常把基本知识和技能作为录用员工的一项必要条件，而把录用后的培训重点放在专业知识和技能上。

第二，基本知识和技能，是在任何一个企业都能派上用场的知识和技能，如读、写、口头表达、基础科技知识等，而专业知识和技能，则是在特定企业和特定岗位上才能用得着的知识和技能。这种知识和技能在企业之外学不到，带出企业也没有用。接受这类培训的员工，由于所学知识技能的专门化和特殊性，对企业会产生更多的认同感和亲和力，不愿意随便离开企业。反之，如果员工接受的是一般知识技能培训，新学的知识技能在任何一个企业都能用得上，往往就会产生重新择业的动机，企业的培训投资也就会随着员工的离职而丧失。因此，企业一般都把专业知识和技能作为培训的重点。

（2）职业品质。职业品质主要包括职业态度、责任感、职业道德、职业行为习惯等，必须和本企业的文化相符合。在现代企业中，员工的知识水平和技能已不再是影响工作绩效的唯一重要因素，员工的态度、观念对企业生产力及企业效益的影响日益加强。因此，企业不仅应该要求员工有良好的专业知识和技能，还应要求员工有良好的职业品质，这样才能保证员工不仅有能力，而且有动力做好工作。员工培训应注重职业品质方面的教育和引导，通过培训，建立起企业和员工、员工和员工之间的相互合作、相互信任的关系。

（3）培训内容的针对性。一个完整的培训方案的设计应是对上至领导者、下至一线员工的全面培训。但对不同职位的员工，培训的重点应该有所不同，这里就涉及培训的针对性问题。

上层管理者的职责是对整个企业的经营管理全面负责，他们的知识、能力、品格、态度对企业经营成败关系极大。他们一般经验丰富，能力比较突出，对他们的培训应侧重：教会他们有效地运用经验、发挥才能；帮助他们及时掌握企业外部环境、内部条件的变化，了解政治、经济、技术发展的大趋势，学习政策、法规等；开发他们处理人际关系、主持会议、做出决策、分权等技能。

基层管理人员在企业中处于桥梁位置：向下要传达上层管理者的意图，执行上层管理者的命令；对上又要代表员工的利益，表达他们的愿望，而且大多数基层管理者都是从业务岗位走向管理岗位的，比较缺乏管理经验。因此要着重培养他们的管理技能和有效工作的方法。

会计师、工程师、经济师等各类专业人员各有自己的业务活动范围，他们容易局限于自己的专业，与其他专业人员之间缺乏了解和沟通。培训中一方面要注意更新他们的知识，提高他们的技能，使他们跟上科学技术的发展，另一方面又要培养他们的大局观念，促进不同专业人员之间的协调与合作。

一般员工是企业的主体，是各项工作的实际操作者。应根据工作说明书和工作规范的要求，培训他们的操作技能，以保证工作任务的顺利完成。

人是极其宝贵的资源，随着教育和培训的持续开展，其价值将会不断增加。员工培训，特别是观念、知识方面的培训，虽然不一定会有立竿见影的效果，但只要坚持必定会有回报，如同春雨“润物细无声”，它体现在员工素质的不断提高和企业经营业绩的稳步发展之中。凡是具有长远目标的企业，都会将员工的培训作为一项长期重要的任务纳入人力资源管理工作中。

2. 培训的种类

员工培训可分为岗前培训、在岗培训、离岗培训、员工业余自学四种类型。

（1）岗前培训。岗前培训是指以企业新录用的员工为对象的集中培训。新员工加盟企业的第一天，他们的所见所闻会形成对企业的第一印象，而且这种印象会持续很长时间。新员工在企业最初阶段的经历是其在企业中发展自己职业生涯的起点，对其职业生涯具有极其重要的意义。企业有必要为新员工提供考虑周全、信息丰富的岗前培训。岗前培训的主要目的在于培养新员工对企业的荣誉感和归属意识，促使新员工认同企业提倡的价值标准和行为规范，了解企业的基本情况，掌握必要的工作技能和基本的工作流程，帮助新员工规划、设计在企业的个人发展。岗前培训要为新员工提供的信息有两个方面。

一方面是由人力资源部门提供的信息，主要包括：企业概况，如企业简史、经营状况、业务领域、产品、所属机构、组织结构、企业战略等；公司文化，如经营理念、价值观念、行为规范等；基本政策与制度，如工作时间、假期、假日、请假、晋升、调职、培训、奖惩、员工的职业生涯规划、有关安全的各项规定等；工资福利，如工资制度、加班费、领薪日期及手续、各项福利待遇等。

另一方面是由新员工所在部门提供的信息，主要包括：本部门的职能，如部门目标、业务和结构，该部门和其他部门之间的业务关系；工作职责，如新员工工作的具体任务、职责范围、绩效标准、工作条件，该工作与部门中其他工作的关系以及工作所需的知识和技能等；本部门特有的规定，如休息时间、午餐时间、安全问题等；本部门的环境，以使新员工熟悉部门的设备，包括安全出口、更衣室等；介绍部门同事。

以上内容可以通过员工手册、专人讲解、座谈会和带领新员工实地参观等方法进行。岗前培训要达到使新员工感到自己加盟企业是受欢迎的、是值得的，愿意在企业好好工作，谋求更大的发展的效果。

(2) 在岗培训。在岗培训指员工在不脱离工作岗位的情况下，由部门经理、业务主管或其他经验丰富、技术过硬的老员工在日常工作过程中对员工进行的定期或不定期的业务传授和指导。如果工作中使用的材料和设备很难搬到教室去，那么，选择在岗培训这种方式是最为恰当的。当培训内容很简单，不需要正式的课堂学习时，在岗培训也是一种常见的培训方式。为使在岗培训的效果更为显著，可按下列步骤进行。

第一步：解释工作程序，其中包括为什么需要这一特定的工作或程序，它是如何影响其他工作的，这一工作如果出现差错会造成什么样的后果。这一步的目的是让员工在掌握具体工作前对整个过程有一个了解。

第二步：给员工演示整个过程。如果示范一项有形的任务，如接电话、使用传真机或复印机，一定要慢慢做示范，让员工有机会记住每一步。

第三步：演示结束后，要鼓励员工提问。根据提问，重新演示一遍，并鼓励员工进一步提问。

第四步：让员工自己动手做。请员工解释自己在干什么和为什么要这样做，以此确认员工是否真的理解了工作过程。

第五步：继续观察员工的工作，并提出反馈意见，直到培训者和受训者双方都对操作过程感到满意为止。让员工清楚地知道自己什么地方有进步，什么地方做得好，并给出足够的时间练习，直到员工有信心独立完成工作而无需指导。教会员工在整个过程中检查自己的工作质量，让他们感到自己有责任提高工作质量。

当在岗培训结束，员工对新技能实践了一段时间以后，要回过头来再看看员工干得怎么样。他们是否有困难？是否找到了改进工作的程序和工作质量的方法？是否需要进一步的培训或帮助？

在岗培训是将学习和应用直接结合起来的一种培训形式，受训者边学边干，不需要工作地点以外的教室和正规化培训所需的教学仪器，从而可以节约培训经费。同时，受训者能够迅速得到工作绩效的反馈，学习效果好。但是，在岗培训有时候会打乱正常的工作流程，而工作流程又往往限制了在岗培训。

（3）离岗培训。离岗培训指员工离开实际工作岗位去学习所在岗位的工作技能。其中，外派培训是离岗培训的重要形式之一，它指员工接受企业委派，在一定时间内离开工作岗位，到企业以外（包括国内外）的机构参加的各种培训。离岗培训也可以在企业内部进行。离岗培训往往是针对企业的战略和核心业务、核心能力、价值观和关键知识、员工改善绩效所共需的基础知识和基本技能，以及其他对企业运营产生重要影响的内容而进行的专项培训，如经理人员培训、核心业务培训、通用职业技能培训等。经理人员培训以部门经理、业务主管、项目经理和子公司经理为培训对象，核心业务培训是指围绕与企业战略、核心业务紧密相关的关键知识和核心能力开展的培训，通用知识与技能培训是指为使员工改善绩效、提高效率、转变观念所进行的基础知识和基本技能的培训，包括外语，计算机与网络知识与技能，公文处理、表达与展示技巧，人际沟通技能，职业发展与规划，时间管理，团队工作技能，压力、冲突与矛盾处理技能，以及其他必要的内容。

（4）员工业余自学。员工业余自学是指员工利用业余时间参加的自费学历教育、自费进修或培训、自费参加职业资格或技术等级考试及培训。对于员工业余学习的费用，凡是所学内容与企业相关的，企业一般都给予一定比例的报销。

三、学习理论在培训中的运用

所有复杂的行为都是习得的。这就是说，学习发生在任何时候。从本质上讲，培训也是一种学习过程。要进行员工培训就有必要了解有关学习的理论。

（1）学习的定义。心理学家对学习的定义是，学习“是由于经验而发生的相对持久的行为改变”。这一定义被人们普遍接受。在理解学习定义中，有几个方面需要注意：

第一，学习包含着变化。从组织的角度来看，这一点有利有弊。人们可以学习好的行为，也可以学习不好的行为，如持有偏见或限制自己的产量。而培训的目的是使员工的行为向好的方面改进。

第二，这种变化应该是相对持久的。暂时的变化可能只是反射的结果，而不是学习的结果。因此，在学习方面需要把那些由于疲劳或暂时的适应性而导致的行为改变排除在外。

第三，我们的定义关注的是行为，只有行为活动出现了变化，学习才会发生。如果个体仅仅思维或态度发生了变化，而行为未发生相应变化，则不能称为学习。

第四，学习必须包含某种类型的经验。学习可以通过观察或直接经验得到，也可以通过间接经验得到。其中关键的问题在于这种经验是否导致了相对持久的行为变化。如果是，我们就可以说学习发生了。总之，行为的变化表明了学习的发生，学习是行为的改变。

(2) 三种有关学习的理论。一个人究竟是如何学习的？在这里，我们提供三种理论来解释这一过程：经典条件反射理论、操作条件反射理论、社会学习理论。

经典条件反射理论。在经典条件反射理论方面的大量研究是 20 世纪初的俄国生理学家伊万·巴甫洛夫进行的，他的研究主要是教会狗听到铃声后做出分泌唾液的反应。

巴甫洛夫通过一个简单的手术程序使自己可以精确测量出狗所分泌的唾液量。当他给狗一片肉时，狗的唾液分泌量明显增加。当他藏起这片肉而只摇铃时，狗不分泌唾液。然后，巴甫洛夫将肉和铃声结合在一起。每次狗得到食物之前都听到铃声，如此反复。于是，狗听到铃声后就立即开始分泌唾液。此后，狗即使只听到铃声而没有提供食物时也会分泌唾液。事实上，狗已经学会了一种新的反应，即听到铃声分泌唾液。食物是无条件刺激物，它必然会使狗做出某种形式的反应。只要无条件刺激物出现，这种反应（唾液明显增加）就会发生，这种反应称为无条件反应。铃声为人工刺激物，或称条件刺激物。它原本是中性的，当与食物（无条件刺激物）联系在一起后，最终使得它单独出现时也产生了这种反应，即条件反应。这就是说，狗在仅有铃声时也做出唾液分泌反应的行为。经典条件反射理论告诉我们，习得条件反射包括了建构条件刺激与无条件刺激之间的联系。将具有吸引力的刺激物与中性刺激物相结合，中性刺激物会变成条件刺激物，因而具有无条件刺激物的性质。经典条件反射是被动的。当某件事发生时，我们以某种特定的方式进行反应，它可以帮助我们解释一些简单的反射行为。然而，要想了解复杂行为是如何习得的，还应该了解操作条件反射理论。

操作条件反射理论。操作条件反射理论认为，行为是其结果的函数。人们通过学习获得他们想要的东西而逃避他们不想要的东西。操作行为指的是主动或习得的行为而不是反射或先天的行为。该行为结果是否得到强化影响着这一行为的重复倾向，也就是说强化物强化了行为并增加了其重复的可能性。心理学家斯金纳是这一理论的创始人。斯金纳认为行为并不是由反射或先天决定的，而是后天习得的。他指出，在具体的行为之后出现令人满意的结果，会增加这种行为的频率。如果人们的行为得到了积极的强化，则最有可能重复这种令人满足的行为。比如，奖励紧跟在恰当的反应之后，会最为有效。如果行为不被奖励或受到惩罚，则不太可能被重复。

社会学习理论。个体不仅通过直接经验进行学习，还通过观察或听取发生在他人身上的事情而学习。比如，我们通过观察榜样，如父母、教师、同伴、电影电视演员、上司等，学会了很多东西。这种认为我们可以通过观察和直接经验两种途径进行学习的观点称为社会学习理论。

社会学习理论是操作条件反射的扩展，也认为行为是结果的函数，但它同时还承认观察学习的存在以及在学习中知觉的重要性。人们根据自己对客观结果的感知和定义做出反应，而不是根据客观结果本身做出反应。榜样的影响是社会学习理论的核心，人们发现榜样对个体的影响包括以下四个过程。

注意过程：只有当人们认识并注意到榜样的重要特点时，才会向榜样学习。我们倾向于最受那些有吸引力、反复出现、我们认为重要或我们认为与自己相似的榜样的影响。

保持过程：榜样的影响取决于当榜样不再真正出现时，个体对榜样活动的记忆程度。

动力复制过程：个体通过观察榜样而看到一种新行为后，观察必须转化为行为。这一过程表明个体能够执行榜样的活动。

强化过程：提供积极的诱因和奖励，将会激发个体从事榜样的行为。人们对被强化的行为将会给予更多的关注，学习得更好，表现得更频繁。

（3）学习理论在培训中的应用。培训是人力资源管理的一项重要活动，员工接受培训也是一种学习的过程。我们可以看出上述学习理论关注的都是如何改变人的行为，那么，培训过程所注重的也必然是作为培训结果的行为。培训的目的就是要使员工的行为发生有利于组织目标实现的变化。如何促使这种变化发生？我们能从上述对学习理论的讨论中获得哪些启发呢？

实践的机会。亲身实践是掌握所学知识和技能的重要环节。如同经典条件反射理论所揭示的道理一样，习惯成自然。只有通过充分的实践，员工应用所学的技能才能够成为一种条件反射，才能成为一种自发的行为。这对受训者实现从培训到实际工作场景的转换是很有意义的。因此，在培训中，要尽量使学习环境和工作环境相似，提供尽可能多的培训实习机会，也可以采用角色扮演、情景模拟、案例分析等培训手段，让受训者有更多的演练、参与机会。

榜样的示范。榜样的行为被认为是理想的和恰当的行为模式。如果榜样人物由于他们的行为而得到补偿，如提薪、晋升和扩大个人影响等，而这种补偿又是他人所期望的，那么与榜样相同的行为就会增加。在员工培训中，为了增加受训者对榜样的认同感，应注意：第一，所树立的榜样应该在年龄、性别等方面与观察者相近，这样更容易引起观察者的模仿。第二，示范的行为应该从易到难，对每一行为要有一定的重复率。

及时的反馈和强化。反馈对于增强培训效果非常重要。不知道行为的结果，员工就很难改进其行为方式。培训者应该在受训者行为发生后及时将行为的结果反馈给受训者，使其能将行为与结果紧密联系起来。反馈的重点应该是告诉受训者在何时何地以何种正确的方式完成了何种工作。直接给受训者有关其行为正确性的信息，会使受训者增强学习的愿望，提高学习积极性，并且会促使他们自动调整以后的行为。当然，也可以指出受训者的不足之处，但要注意方式方法。反馈也是一种强化。学习是循序渐进的，在培训过程中，每当受训者做出期望的行为后，都应当对受训者予以奖励、强化和确认，如此重复下去，出现正确行为的概率就会增加。为使反馈和强化最为有效，必须在理想的行为发生后马上实施，并要明显与该行为相关联。

第二节
培训程序

一般来说，员工培训的基本程序是：第一，培训需求分析，确定企业绩效方面的偏差是否可以通过培训得以矫正。第二，培训计划制订。第三，培训课程设计。第四，培训效果评估。

一、培训需求分析

培训不能盲目进行，必须建立在科学的培训需求分析基础上。是否需要进行培训？什么时候进行培训？在哪些方面对哪些员工进行培训？这是培训需求分析所要解决的问题。培训需求分析可以在三个层次上进行，即员工层次、企业层次、战略层次。员工层次主要分析员工个体现状与应有状况的差距，在此基础上确定谁需要接受培训及接受什么样的培训。企业层次主要通过对企业的目标、资源、环境等因素的分析准确找出企业存在的问题，即现有状况与应有状况之间的差距，并确定培训是不是解决这类问题的最有效的方法。

培训是改变企业现状的有效途径，但是，培训不是万能的。知识上的更新、技能上的补充、态度上的转变等问题可以通过培训得到解决。有一些问题，如机构问题、薪金问题、投资环境的问题等，是培训所不能解决的。如果是培训可以解决的问题的话，应进一步分析需要什么样的培训项目。战略层次的分析，主要集中在企业未来有效运作所必需的知识和技能。为了满足企业未来发展的需要，应开发什么样的培训项目。培训要与企业的发展目标和远景规划相吻合，否则，培训就失去了重点和方向。不论是从战略层次还是从企业层次对培训需求进行分析，培训的落脚点最终还是个人。我们可以根据新员工和原有员工的不同情况分别采用不同的方法进行培训需求分析。下面是培训需求分析的几种方法。

1. 任务分析

所谓任务分析，在这里就是指对工作任务进行详细研究以确定工作中需要哪些知识和技能，然后，根据所需知识和技能制订培训计划。任务分析主要适用于决定新员工需要哪些培训。对于比较低层次的工作，企业通常雇用没有经验的人，这时就可以使用任务分析方法来决定工作中需要的各种技能。在比较规范的企业通常都有工作说明书等人力资源管理的基础文件，由于工作说明书记载着各岗位的职责和工作所需的资格条件，因此，它可以作为决定培训需求的起始依据。

2. 绩效分析

绩效分析主要适用于决定现职员工的培训需求。绩效分析，就是考察员工目前的实际绩效与理想的目标绩效之间存在的偏差状况，决定是否可以通过培训来纠正偏差。在这一过程中，需要完成以下几项工作：首先，通过检查工作进行绩效评估，确认有绩效偏差存在；其次，进行绩效偏差的原因分析；最后，确定采用培训或其他相应方式去矫正绩效偏差的过程。绩效分析包括以下几个步骤：

首先，是绩效评估，以确认绩效偏差存在。例如，通过检查工作进行绩效考核，发现三号装配线的次品率是允许标准的两倍。这一步可以称为发现问题。

其次，是成本分析。就是权衡一下，花费时间和努力去解决上述问题是否值得。因为在某些场合下让问题悬着反比组织培训还要合算，这一步称为“要不要”解决问题。

再次，是绩效偏差的原因分析。这是要认定“能不能”或“肯不肯”的问题，即分析绩效偏差的原因是员工不能做还是不肯做。这里需要分析三个不同的问题：一是知道该做什么吗？即员工是否了解岗位工作的内容和绩效标准。二是如果知道的话，能不能做到？三是肯尽心尽力去做吗？如果员工既知道工作的内容和标准，也有能力做好工作，但工作仍然没有做好，那就是“不肯做”的问题了。“不肯做”的问题往往表明员工缺乏激励，不是培训所能解决的。如果员工不了解岗位工作的内容和绩效的标准，或员工尽心尽力也不能做好工作，这说明导致绩效偏差的原因是“不能做”。

最后，是开始解决“不能做”的问题。对于“不能做”的问题还要做进一步的分析。有些员工是由于不了解绩效标准导致工作不能达标，那么对于他们只需要明确绩效标准就可以解决问题了。另一些员工工作中不能达标的原因在于客观环境造成的障碍，于是就应当设法清除障碍，以提高员工的绩效。只有确定了影响员工绩效的因素确是由于自身能力不够时，才是培训所应解决的问题。

3. 前瞻性培训需求分析

随着技术的不断进步和员工在企业中个人成长的需要，即使员工目前的工作绩效是令人满意的，也可能会由于工作调动、职位的晋升或者适应工作内容的变化等原因需要进行培训。前瞻性培训需求分析模型为这种情况提供了良好的分析框架，如图7.1所示。

除上述方法外，决定培训需求的方法还有：主管的培训建议报告、人事记录、问卷调查、成就测验等。

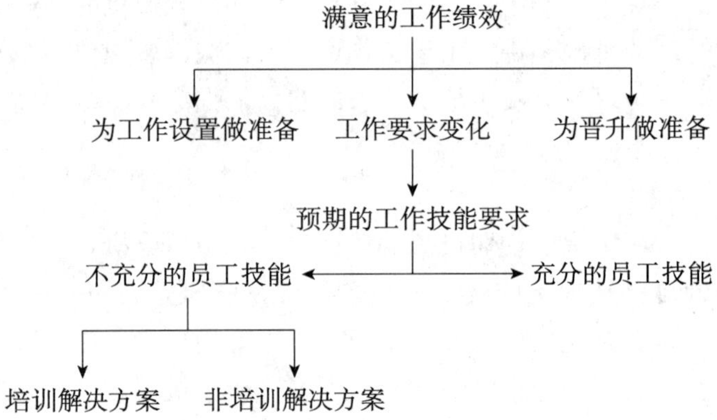

图 7.1　前瞻性培训需求分析模型

资料来源：张一弛．人力资源管理教程．北京：北京大学出版社，1999.

二、培训计划制订

为了确保培训效果，必须在培训之前制订详细的计划，主要包括以下内容。

1. 培训对象

对接受培训的人员，首先，要考虑一项培训计划所能容纳的人员数量。其次，要根据工作性质或工种、专业、水平层次、工作时间安排等因素进行分类，员工培训可分为新员工培训、一般员工培训、专业技术人员培训、管理人员培训等。最后，要尽量选择那些经过培训能大幅度提高工作绩效的人参加培训。培训对象是培训活动的主要成本因素，必须认真选择、精确计算。

2. 培训目标

在确定培训目标的过程中，需要注意的是目标的设立与评价标准密切相关，因此培训目标应该是可以衡量的。培训目标指的是在培训结束时，学员应达到的水平和能展示的能力，它描述的是培训的结果，而不是培训的过程，所以重点应放在学员应掌握什么、能做什么上。目标应包括两个要素：

（1）操作。这是最主要的，它描述了受训者在培训结束时要会做什么。在制订这一目标时，要避免使用诸如了解、知道、发现、思考等含义不清的词，而要使用意义非常明确的词。例如对于知识目标，使用列出、分类、定义等，对于技能目标，使用制造、安装、装配、演示等。

（2）标准。如速度、准确率等。只有规定标准，才能更有效地测量培训结果。同时，还应注意由于组织所面临的问题会不断变化，培训项目在培训的过程中将会暴露出新的问题，所以，培训目标需要不断调整和变化。

3. 培训时间

培训时间可以根据培训目标和要求、培训对象的素质水平、上班时间等因素来确定。

4. 培训实施机构

从实施机构来看，可以有企业内部培训和企业外部培训两种。企业内部培训包括在企业内部场所或企业自己租用的场地，由企业内部人员作为培训师进行的培训，以及聘请外部专家和学者根据企业要求在企业培训基地进行的培训。在一个培训计划中，可以同时安排这两类培训师施教。企业外部培训是指企业外包给社会培训或教育机构为本企业员工进行的培训，包括由企业付费的学历教育。在实施外部培训的过程中，企业的培训管理部门要参与培训计划的设计，并与承办培训的社会机构保持密切联系。

5. 培训方法、课程和教材

企业要根据自身的规模、经费、技术性质、培训内容、培训对象、培训人数、培训时间等因素来选定不同的课程、教材，采用适合成年人学习的培训方法和现代化的培训手段。

6. 培训设施

培训设施的好坏对培训的效果有重大影响。因此，要从视觉效果、听觉效果、温度控制、教室大小和形状、座位安排、计算机辅助教学设备、交通生活条件等方面计划好培训环境的布置。

在明确了以上内容之后，就可以制订一个完整的培训计划了。企业培训管理部门应当按照企业运营周期，制定年度员工培训计划和分项目培训计划，以便将员工培训纳入企业年度预算和工作计划，还可以根据企业需求变化随时制定特殊单项计划。

三、培训课程设计

对员工进行培训，是通过培训课程来进行的。企业既可以从外部购买培训课程或外请专家、专业培训师授课，也可以自己设计培训课程。对于有些培训项目来讲，自己设计培训课程更能满足企业独特的需要。培训课程是一个包括培训目标、培训内容、培训方法、培训条件及反馈评价在内的培训系统。与学科课程一样，任何一门培训课程都包括九个因素，它们是目标、内容、教材、模式、策略、评价、组织、时间、空间。所谓培训课程设计，就是根据培训的根本目的，对上述要素采取不同的方式，做出不同的处理。通过对这些要素的不同选择和处理，就可以设计出各种不同的课程来。

1. 培训课程设计程序

现代培训课程设计的基本程序是：在需求调查与分析的基础上，明确课程的具体目标，根据目标的要求，安排课程内容，确定教学模式，组织课程实施者，准备培训教材，选择课程策略，制定课程评价标准，分配时间，安排场地。初步设计完成后，要进行论证，确定可行因素，否定不可行的部分。如果是一个多次实施的课程，每一次实施效果的评价要反馈到下一次的设计中，不断改进。

2. 培训课程设计九要素

(1) 课程目标。在培训课程的设计中，课程目标既可以明确地表述，也可以暗含在对其他各要素的选择和组织之中。课程目标是指在培训结束时受训者应掌握的知识和技能。明确的培训目标可以增加受训者的学习动机，也为考核提供了标准。培训课程的目标要简单明了，以保证受训者在培训后能够做到。

(2) 课程内容。在课程内容的设计上，要特别注意内容的顺序和范围。对培训内容的范围要精心限定，根据培训目标区分受训者"必须知道"的内容和"最好知道"的内容。如果时间很短，就只提供"必须知道"的内容，以免一次提供的信息超过了受训者的接受能力，对培训造成不利的影响。对课程内容在顺序上的安排要做慎重考虑，先介绍哪些内容，哪些内容做详细讲解，哪些内容用于实践活动，哪些用于最后总结。通常安排顺序的原则是由熟悉的到不熟悉的，由简单到复杂，从某项技能的第一步到最后一步，使受训者通过按照合乎逻辑的步骤不断取得学习上的进步。当然，为了激发受训者的兴趣和学习动力，在课程开始时，也可以安排稍微有些难度的内容和活动，以使培训更有挑战性，使大家更有积极。

(3) 教材。教材要以精心选择或组织的有机方式将学习的内容呈现给受训者，可以是印刷材料，也可以是投影、幻灯片、录像、电影等。不论何种形式的教材，都必须是事先精心准备的、切合受训者实际需要的并能反映该领域最新信息的材料。

(4) 课程的实施模式。课程的实施模式主要指的是培训活动的安排和培训方法的选择。这些安排和选择要与课程的目标和方向直接相关。培训活动的安排和教学方法的选择，旨在促进受训者的认知发展和行为变化。好的实施模式，应当能较好地激发受训者的学习动机，使他们在学习过程中将注意力集中在所希望的方向上。为增加课程的趣味性，使受训者更积极地参与到培训中来，可以使用多种不同的培训方法。

(5) 培训策略。培训策略常常是培训活动的一个内在部分，如培训程序的选择、教学资源的利用等应该灵活多样。

(6) 课程评价。课程评价是对课程目标与实施效果的评价，用来确定受训者在多大范围内和程度上掌握了学习内容、在什么程度上达到了课程的行为目标。

(7) 培训的组织形式既可以是集体授课，也可以是小组讨论、情景模拟等，根据培训的目标组织形式可以具有高度的灵活性。

(8) 时间。时间是不可再生的有限资源，课程设计者要巧妙地配置有限的课程时间。例如，有些管理培训的课程，采用小组学习法，发动学员参与，用几个管理游戏贯穿了一上午的课程，课堂气氛轻松活跃，课下学员们仍然感到有许多需要回味、深思的问题，学员自发地展开了讨论，课下的休息时间不由自主地变成了思考学习的时间，这样，有效利用的时间就得到了大大的拓展。

（9）空间。空间是指培训场地，它可以超越教室的空间概念，把课堂设计到现场、设计到室外、设计到一切所能利用的社会环境中，如一些拓展训练项目就是在野外进行的。以上这些要素在课程设计中要有内在的一致性，要系统综合地运用和配置这些要素。

3. 培训课程设计注意事项

在培训课程的设计中，除了考虑以上九个方面的因素以外，还要特别注意以下几点：

（1）培训课程的效益和回报。培训是需要进行投资的，企业的培训经费是要计入成本的。企业把培训作为生产与经营活动中的一个必要环节进行投资，使培训活动具有了生产性和经营性。生产和经营肯定是要讲求经济效益的。在各个生产要素中，劳动力是第一要素，劳动力资源是可增值的、可再生的基本资源，对这个资源投入必要的成本，开发它的潜能，使之增值，不断地投入、不断地开发，同时不断地使用，使之不断地发展，形成良性循环，这将是企业最有效的投资。如果不讲效益，投资没有回报，成本不产生利润，培训也就失去了进行劳动力生产和再生产的功能。企业不可能投资开发一个没有回报的培训项目。因此，最有效的培训课程应始终把受训者当成资本的一种形式来看待，把培训作为使这种资本保值和增值的一个环节。这就要求培训课程必须针对企业的需求进行设计，对企业的需求变化要能及时了解、适时调整、同步适应，培训内容的安排一定要强调其有用性，以培养员工的能力、转变他们的观念为培训的重点，使员工在培训中学到的东西能很快转移到工作中去，产生效益。这也就是说员工培训的根本目的，是提高受训者履行岗位职责的能力。衡量培训效果的标尺，不是检查学了多少，而是要看其是否会用、用了多少。

（2）培训对象的特点。员工培训的对象是成人。每个成年人都是身心基本成熟的个体，比起儿童和青年学生，他们有自身突出的特点，当成人组成一个学习群体进行共同学习时，就会形成他们独特的优势。培训课程的设计要符合成人受训者的认知规律，以充分利用他们的优势。教学内容的编排、教学模式与方法的选择、教师的配备、教材的准备，都要遵从这一原则。

首先，与青少年不同，成人都有一定的社会阅历和工作经验，并且都负有一定的社会责任。在这一前提下，成年人既是课程的接受者，也是课程资源的携带者。特别是在一些岗位培训和专业培训的项目中，受训者都具有丰富的工作经验，在课程策略上就应该采取使学习者经验共享的办法，营造一个氛围，让大家积极参与而不是被动听讲，让不同的经验得到交流，使所有的学习者充分分享来源丰富的各种信息。集体的智慧可以使不同背景的参训者在主动参与学习的过程中各有所获。

其次，成年人在学习中，具有自我整合的能力，可以把看到的、听到的、遇到的、学到的一些看起来是点滴、零碎的东西，凭借自己的认识与经验，自我整合起来，这种自我整合的能力使自我学习成为成人学习的最好方式。课程设计时，必须把学习者作为一个真正的学习主体去考虑，并把他们放到学习主导的位置上，这时培训师就不是传统意义上的传授知识的教师，而是学习活动的组织者和主持人、学习资源的提供者，是领导者和教练，是一个使学习真正发生的人，也是学习的参与者。他应该能够调动起每一位学员积极参与、自主学习的主动性和能力，变“一言堂”为“群言堂”，使个体的学习行为变为群体的学习行为。因此，选择合适的培训师也是保证培训成功的一个重要因素。

（3）培训课程的岗位相关性。企业中参加培训的员工，都有自己的工作岗位，他们学习的目的性很强，学习就是为了运用，为了胜任工作岗位的要求或即将从事的新工作的要求。一般说来，参加同一个培训项目的学习者，有着大致相同的工作背景与目标。所以，在课程设计时要把这种共同背景考虑进去，课程内容的选择要切实针对岗位的标准和工作的要求，教学方法必须要有利于在同一工作领域的学员相互交流和学习。

（4）最新科学技术手段的运用。教学媒体的先进性与多样性，是现代培训课程设计的一个很重要的特色。根据心理学家的研究，人在接受外界信息时可以是“多通道”的。在传统的教学中，我们重视的是利用人的听觉，大量的课程设计是使学员听着学。相关的研究表明，唯有把学习者的听觉、视觉、触觉等等器官功能综合利用，才可能得到最好的学习效果。课程设计者的任务就是设法利用一切有利于学习者吸收和理解的手段与媒体，充分发挥和调动学习者的各个器官通道的功能，从而使课程效果达到最优。

总之，培训课程的设计，必须根据培训的不同目的或作用，选择相适应的方案。最重要的是，随着知识、社会、员工的变化，必须不断改进旧的课程设计，开发新的课程类型。课程设计不可能是固定不变的，创新性和适应性必须成为课程设计的本质特点。

四、培训效果评估

培训效果是指在培训过程中受训者所获得的知识、技能应用于工作的程度。只有当培训的效果得到评估后，整个培训过程才算结束。在对培训效果进行评估时，需要研究以下问题：培训后员工的工作行为是否发生了变化？这些变化是不是培训引起的？这些变化是否有助于实现企业的目标？下一批受训者在完成相同的培训后是否会发生相同的行为变化？只有当企业能在培训和工作绩效之间建立联系时，才能确保培训是成功的。对培训的效果可以通过以下几个指标进行评估。

1. 反应

即测定受训者对培训项目的反应，主要了解培训对象对整个培训项目和项目的某些方面的意见和看法，包括培训项目是否反映了培训需求，项目所含各项内容是否合理和适用等。这可以通过面谈、问卷调查的方法搜集评价意见。但应该注意，这种意见可能带有主观性和片面性，即使这些意见是客观的，也仅仅是看法而不是事实，不足以说明培训的实际效果和效益。可以将这些信息作为改进培训内容、培训方式、教学进度等方面的建议，或综合评估的参考，但不能作为评估的结果。

2. 学习

即测试受训者对所学的原理、技能、态度的理解和掌握程度。这项指标可以用培训后的考试、实际操作测试来考察。如果在培训前和培训后对培训对象都进行过同样的测试，通过两次测试结果的比较，更容易了解培训的效果。如果受训者没有掌握应该掌握的东西，说明培训是失败的。如果受训者只是在书面上掌握了所学的知识和技能，但不能把所学的东西运用到实际工作中，培训仍然不能算成功。

3. 行为

即测定受训者经过培训后在实际岗位工作中行为的改变，以判断所学知识、技能对实际工作的影响。这是考察培训效果的最重要的指标。但由于这种行为的变化受多种因素的影响，如工作经验的逐步丰富、有效的激励、严格的监督等，都可能对员工的行为产生影响，因此可采用控制实验法进行测量，即将员工分为实验组和控制组。实验组为受训员工，控制组为不参加培训的员工，同时对这两组人员进行事先测试和事后测试，将两组人员的测试结果进行交叉比较，以此对培训效果做出评估。

4. 成果

即测定培训对企业经营成果有何种具体而直接的贡献，如生产率的提高、质量的改进、离职率的下降、事故的减少以及有多少是由培训引起等。这可以用统计方法、成本效益分析法来测量。

要准确地评估培训的效果是一项很困难的工作，有些准确率较高的评估方法从设计到实施操作成本高又很复杂。美国人力资源管理专家洛丝特对评估培训效果提供了一些简单而适用的建议，我们不妨采纳：

（1）请学员在培训课程结束时填写评估表。

（2）培训开始让学员谈谈他们希望学到什么。培训结束时，让他们回顾自己提出的学习目标，并讨论究竟学到了什么。

（3）提出问题，让学员阐述他们是如何理解概念的，并如何在工作中运用它们。

（4）就一个新技能或新概念进行小测验，确保每个学员都掌握了这部分内容。

（5）回顾学习结果，让学员证明自己取得的学习成果。

（6）结束后，让学员花 5～10 分钟时间写一写他们如何运用学习成果以及什么时候用。

（7）培训可以带来的一些可测量的变化因素，如销售额、客户抱怨次数、生产率等，把培训前后的情形比较一下，看看这些因素是否发生了变化。

(8) 员工的工作情况以及对新技能或新知识的使用情况。

(9) 比较培训前后员工的表现。

(10) 让学员写下培训中哪些内容对他们的工作最有用，哪些内容最没用。

另外，完成一项工作任务，要求他们使用学到的新技能和新知识。完成任务后，与每位员工交谈他们的工作，指出他们的不足，并加强学习。

第三节 培训方法

有效的培训方法是保证培训效果的重要手段。在培训过程中一定要注意选择恰当的培训方法。下面介绍几种常用的培训方法。

一、讲授法

培训中最普遍、最常见的方法就是讲授法，即采取集中办班的形式，在固定的场所通过专家系统地向受训者讲解某些概念、知识、方法及原理，使受训者逐步理解消化和吸收，从而将它们运用到工作中去。讲授法包括讲解法、讲述法和演讲法。

1. 讲解法

讲解法是教师运用阐述、说明、分析、论证和概括等手段讲授知识内容的培训方法。它要求教师的讲解要符合科学性、思想性的原则，避免出现知识性和观点性的错误。讲解的步骤、安排要合理，应该有较强的逻辑性和系统性，切忌思路混乱，使受训者不得要领。教师的讲解，应力求做到要言不烦，富有启发性，不能信口开河。

2. 讲述法

讲述法是教师用生动形象的语言，叙述、描绘和概括所要讲的知识内容。例如，用形象具体的语言描述事态情景；有声有色地讲述人、物、事、理；在培训教学中穿插使用某些政、文、史、音、美等知识；恰当使用比喻、成语、名言警句等。讲述法能够增强讲授的吸引力和说服力，唤起受训者的激情和想象，使学到的知识印象深刻，经久不忘。

讲解法和讲述法是两种互补互利的讲授法。前者能唤起受训者的有意注意，激发理智信念；后者能牵动受训者的无意注意，增添融洽愉悦的上课气氛。在培训中交替使用讲解法和讲述法会使受训者减少疲劳感。

3. 演讲法

演讲法是教师借助口头语言和态势语言，面对学习者发表意见、抒发感情，达到感召学习者目的的一种方法。

讲授方法的最大长处，是在相对较短的时间内能向一大批人提供大量的信息，在人、财、物、力和时间方面都很经济，适合于系统地进行知识的更新和传授。缺点是方法单调，受训者处于被动地位，参与程度低。尤其是参加企业外部的培训机构或大中专院校的课程学习更存在这一问题，而且所学课程与受训者的工作实际结合不紧，针对性不强。

二、案例分析法

案例分析法是哈佛大学首创的一种教学和培训方法。它是把实际中的真实情景加以典型化处理，编写成供学员思考和决断的案例，通过独立研究和相互讨论的方式，来提高学员分析问题和解决问题能力的一种方法。

案例一般是对企业内部的个体、群体或组织中的一个或几个乃至更多的变量之间相互关系的一种描述和说明。它以企业现实问题为对象，以事实和数据为依据，是实际工作的仿真和缩影。某个案例可能是带有普遍意义的事件和情景，也可能是特殊的，既可能提供成功的经验也可能记载失败的教训，更多的可能只是截取实际工作中的某一片段，平铺直叙一种实际工作的场景，将问题活生生地摆在学员的面前。它要求学员运用相关的知识和过去的经验，进行分析和研究，通过明确问题、探讨成因、提出多种可供选择的方案、找出最佳方案这样几个步骤，达到训练学员解决企业实际问题能力的目的。在案例教学中，学员也可以扮演案例中的角色，全体学员面对同一个案例，在教师的指导下，各抒己见，以引起争论。经过充分的讨论，取得可行的最佳方案。由于管理的权变性，别人的经验并不能照搬，更不存在唯一的最佳方法。所以，案例教学不是为了了解一项独特的经验，而是在于在自己探索和相互切磋怎样解决问题的过程中，总结出一套适合自己的思考与分析问题的逻辑和方法，学会如何独立解决问题，做出决策。

要成功地运用案例分析法，教师和学员事先都必须进行认真准备。在案例教学中，教师扮演着至关重要的角色。教师不应该是解释教科书原理的讲师或说教者，而应是催化剂和教练员。同时，还应是有效的信息源，在课堂上提出探讨性的问题以引发学员之间进行热烈的辩论，尽量让每个参加者陈述他们的看法，征求他人的意见，做出自己的决策。通过对学员的有效引导，使学员对教师的依赖程度降到最低。学员应事先阅读案例材料，查阅指定的资料和读物，搜集必要的信息，并积极地思索，初步形成关于案例中问题的原因分析和解决方案。在课堂上进行案例分析，可先分小组进行讨论。教师根据学员的年龄、学历、工作经历、职位等因素，将学员划分为一个个由 3～7 人组成的小组。小组讨论的目的是为每一个成员提供表达和听取意见的机会，以加深理解，并适当地修改自己的观点。各个小组的活动场所彼此分开，教师不进行干涉。然后，由各组推举代表在全班发言，交换各组的意见。最后，由教师引导全体学员进行总结。总结的内容应集中于我从中学到了什么，它可以是规律和经验，也可以是获得知识和经验的方法。如果有可能的话，教师还可以让学员以书面的形式做出总结，以加深印象。

在培训中采用案例分析法，对案例的编写有很高的要求。

第一，案例要真实可信。案例是为培训目标服务的，它应该具有典型性，应该与所对应的理论知识有直接的相关性。但它必须是经过深入调查研究，来源于实践的具有真实性的案例，而不是主观臆测，虚构而作。案例一定要注意真实的细节，让学员犹如进入企业，有身临其境之感。这样学员才能认真地对待案例中的人和事，认真地分析各种数据和错综复杂的案情，才有可能搜寻知识、启迪智慧、训练能力。为此，案例的编写者一定要亲身经历，深入实践，采集真实的案例。

第二，案例要客观生动。真实并不是一堆事例、数据的罗列。案例的编写一定要摆脱乏味的教科书的方式，尽可能采用一些文学手法，如场景描写、情节叙述、心理刻画、人物对白等，甚至可以边议边叙，加重气氛，提示细节。但这些议论不能暴露案例编写者的意图，更不能由议论而产生引导结论的效果。案例可随带附件，诸如该企业的有关规章制度、文件决议、合同摘要等，有关报表、台账、照片、曲线、图纸、当事人档案等一些与案例分析有关的图文资料。

第三，案例应无答案。案例应该只有情境没有结果，有激烈的矛盾和冲突，没有处理的办法和结论。对问题的解决，应该由学员自己去决策、去处理，而且不同的办法会产生不同的结果。如果一眼便可望穿，或只有一好一坏两种结局，这样的案例就不会引起争论，学员就会失去兴趣。从这个意义上说，案例的结果越复杂越多样越有价值。

案例分析是一种调动学员广泛参与，变单向信息传递为双向交流、变被动学习为主动学习、变注重知识为注重能力的培训方式。这种方式生动具体、直观易学，能够集思广益并实现教学相长，很受学员和教师的欢迎，容易收到良好的效果。但这种方法较为费时费力，对教师和学员的要求也比较高。

三、角色扮演法

所谓角色扮演法，就是为受训者提供一种真实的情景，要求一些学员扮演某些特定的角色并出场表演。其他学员观看表演，注意与培训目标相关的行为。表演结束后，其他学员对角色扮演者完成任务的情况进行评价，表演者也可以联系表演时的情感体验来讨论表现出的行为。运用这种方法，可以帮助学习者处在他人的位置上思考问题，可以体验各类人物的心理感受，训练学习者自我控制能力和随机应变能力，从而提高管理人员处理各类问题的能力。

角色扮演还可以先设置某管理情境让受训者易地而处，如临时调换工作岗位，真正体验所扮演的角色的感受和行为，理解不同角色所负担的任务和困难，从而改变自己原先的态度和行为。这种方法多用于改善人际关系和处理冲突事件的训练。如生产部门和销售部门的经理经常因为业务性质不同不能理解对方的处境和责权而产生冲突。销售部门指责生产部门的产品不符合要求，不能如期完成生产任务，而生产部门也常怪罪销售部门所接的订单分布不均，有时订单太多超出现有设备的负荷。这些往往是由于双方的立场和角度不同所造成的。用角色互调的方法，彼此易地而处，则能亲身体会对方的处境，有助于减少彼此的误解。

四、研讨法

研讨法是一种先由教师综合介绍一些基本概念与原理，然后围绕某一专题进行讨论的培训方式。这是一种仅次于讲授法而广泛使用的方法，在培训中起着重要的作用。运用研讨法时应注意下列几点：

第一，要确定研讨会的主题。这是研讨会获得成功的关键，围绕主题展开讨论，才能加深对所学知识的印象，真正达到预期的目的。

第二，要确定研讨会的主持人。主持人既可以由教师担任，也可以由学员担任。主持人一定要善于引导参与者围绕主题展开讨论。否则，会出现发言漫无边际、文不对题的局面。

第三，确定研讨形式。研讨会的形式可以多种多样，如班级研讨、小组研讨，还可以是主讲人讲授之后组织研讨等。小组研讨是指把学员分成小组，通常每组有6～8人，让每一个学员都有发言的机会，创造一个畅所欲言的氛围。分组讨论之后，各组推出一名代表在班上汇报发言，展开全班范围的讨论。这时教师以参与者的身份与大家一起讨论并根据讨论进程加以适当引导，使讨论更顺利有效地进行。

第四，重视会前准备。举办研讨会之前，及时把参加的人数、形式、时间、地点确定下来，把各项要做的准备工作做好，如是否需要录音、录像设备，谁来做记录员，需要什么材料、茶点等。

研讨会不是指定或硬性要求参与者按事先提供的意图发言，而是强调参与者在学习研究的基础上提出自己的观点和看法，比较适用于概念性或原理性知识的把握和学习，通过研究讨论，加强学习者的理解能力，其效果要优于讲授法。

除以上这些培训方法外，还有实习、观摩、游戏、模拟训练等。模拟训练主要是为受训者提供类似真实设备工具的模型以助训练学习之用。例如，模拟室内驾驶训练。这种方法既有在职训练之优点，又可以避免在工作场所中学习而影响生产的缺点，还可以减少学习过程中发生意外和产生危险，同时也可避免设备遭到损坏。运用这种方法要求模拟的操作必须与真实情况相符合，如此才能在结业后迅速掌握真实设备工具的操作。

近年来，视听技术、多媒体技术在培训中的作用日益显著，如远程电话会议、远程可视会议等。远程电话会议的特点是教学双方无法看到对方，但可以通过声音进行交流。而远程可视会议的特点是受训者和教师配备电视和话筒，学员可以和远方的教师进行交流，不仅能听到对方的声音，还可以看到对方的表情和演示。通过电影、闭路电视和录像等方式进行远程培训适用于以下情况：培训中需要示范各个步骤的衔接；用讲解的方法无法说清的时候，如医院外科手术的培训；公司业务分布广，让受训者实地受训成本过高。利用多媒体进行培训，有许多传统方式所不具备的优势，其中最突出的一点就是它可以根据受训者的不同要求对培训内容进行剪裁，实现个性化的培训。利用多媒体技术开发的个人学习系统，可以实现同一个班在同一个时间、地点上同一门课程，但每个学员有自己的学习进度，根据自己不同的理解与接受程度去学习。

培训的方法多种多样。每一种方法都有它的长处与短处，有一定的适用领域。再好的方法也不是万能的。在实施培训时，应根据培训的目标、受训者的特点和培训的资源等因素来选择培训方法。

【基本概念】

培训　学习　社会学习理论　员工培训的基本程序　任务分析　绩效分析　案例分析法　角色扮演法

【本章小结】

1. 培训就是向新员工或现有员工传授其完成本职工作所必需的相关知识、技能、价值观念、行为规范的过程，是由企业安排的对本企业员工所进行的有计划、有步骤的培养和训练。员工培训的内容主要有两个方面：职业技能和职业品质。职业技能方面主要包括基本知识技能和专业知识技能。职业品质方面主要包括职业态度、责任感、职业道德、职业行为习惯等。员工培训可分为岗前培训、在岗培训、离岗培训、员工业余自学四种类型。

2. 员工接受培训是一种学习的过程，要注意学习理论在培训过程中的运用，如提供充分的实践机会，树立学习的榜样，及时进行行为反馈和强化。

3. 为使员工培训更具科学性和有效性，培训工作的开展应遵循其基本程序：第一，培训需求分析，确定企业绩效方面的偏差是否可以通过培训得以矫正。第二，培训计划制订。第三，培训课程设计。第四，培训效果评估。

4. 培训并不是万能的。工作中的许多问题是培训所不能解决的。通过培训需求的分析可以确定哪些问题是培训可以解决的，培训的真正需求在哪里。培训需求分析的方法主要有任务分析、绩效分析和前瞻性培训需求分析三种。

5. 一份完整的培训计划应包括培训对象、培训目标、培训时间、培训实施机构、培训方法、课程、教材、培训设施等内容。企业培训管理部门应当按照企业运营周期，制定年度员工培训计划和分项目培训计划，以便将员工培训纳入企业年度预算和工作计划，还可以根据企业需求变化随时制定特殊单项计划。

6. 现代培训课程设计的基本程序是：在需求调查与分析的基础上，明确课程的具体目标，根据目标的要求，安排课程内容，确定教学模式，组织课程执行者，准备培训教材，选择课程策略，制定课程评价标准，分配时间，安排场地。在培训课程设计时，要特别注意培训课程的效益和回报、成年人学习和认知的规律、培训课程的岗位相关性、最新科学技术手段的运用等问题。

7. 培训效果评估是一项很重要也很难做的工作。可以通过对反应、学习、行为、成果四个指标的评估来衡量培训效果。不同的企业也可以根据自己的特点，寻找一些简便可行的评估方法。

8. 有效的培训方法是保证培训效果的重要手段。培训的方法多种多样，如讲授法、案例分析法、角色扮演法、研讨法等。每一种方法都有它的长处与短处，有一定的适用领域。再好的方法也不是万能的。在实施培训时，应根据培训的目标、受训者的特点和培训的资源等因素来选择培训方法。

【复习思考题】

1. 培训的基本内容有哪些？为什么要在这些方面对员工进行培训？
2. 如何进行培训需求分析？
3. 培训计划都包括哪些内容？
4. 在培训课程设计时，要特别注意的四个问题是什么？
5. 怎样运用案例分析法进行培训？

【推荐阅读】

1. 孙健敏．欧洲各国人力资源经理的培养与教育及对我国的启示．南开管理评论，2000，(2)：35－41.

2. 罗伯特·L·马西斯，约翰·H·杰克逊．人力资源管理．北京：北京大学出版社，2006.

3. Schuler R S，Jackson S F. Linking competitive strategies with human resource management practices. Academy of Management Executive，1987，1 (3)：207－219.

4. Mello J A. Strategic human resource management. Stamford：Cengage Learning，2014.

5. Arthur Jr W，Bennett Jr W，Edens P S，et al. Effectiveness of training in organizations：a meta-analysis of design and evaluation features. Journal of Applied Psychology，2003，88 (2)：234－245.

6. Kleiman L S，Human resource management：a managerial tool for competitive

advantage. Cincinnati：South-Western College Publishing，1999.

7. 赖尔·约克斯. 战略人力资源开发. 大连：东北财经大学出版社，2007.

8. 迈克尔·希特，杜尔·爱尔兰，罗伯特·霍斯基森. 战略管理. 北京：机械工业出版社，2012.

9. 罗伯特·格雷戈里. 心理测量：历史、概述与应用. 北京：北京大学出版社，2005.

第八章 薪酬管理

【学习目标】

学完本章后，你应该能够：

1. 了解薪酬的概念和意义。
2. 了解薪酬的组成、作用和影响因素。
3. 了解薪酬管理的原则和薪酬模式。
4. 掌握薪酬管理体系的设计。

| 章节导引 |

如何调整健尔益薪酬体系

2009年元旦过后，北京气温骤降，大雪纷飞，听着呼啸的北风，健尔益公司总裁戴海清的心里也沉甸甸的。马上就要过春节了，正是销售旺季，在这个节骨眼上，上海分公司销售部的顶梁柱一个接一个地提出了辞职。华北分公司也报告说，新招进来的销售人员大多在试用期未满之前就会走人。

所谓不患寡而患不均，这是一个历史遗留问题。健尔益公司成立于2002年，是菲菲集团为了整合营销渠道而新设立的公司，80%的员工属于销售人员，他们来自菲菲集团原有的4个分公司。因此，基本上还拿着原来公司的工资。由于当初北方两家分公司效益比南方两家好很多，于是北方的销售人员一直拿着比业内平均水平高得多的薪水。而南方的销售人员则相反，到手的薪水比起同地区、同行业的销售人员要少30%左右。干着同样的活儿，别人拿的薪水却超出自己好大一截，谁会乐意?

其实，针对这些问题，公司也在想办法。2008年6月，健尔益公司发布了新的薪酬体系方案，出台了"老人老办法，新人新办法"，公司指望通过逐步到位的薪酬调整，慢慢解决这个问题，实现薪酬调整的"软着陆"。

这次薪酬改革，主要是针对销售部和市场部。

首先，公司将销售部和市场部的总体薪酬水平调高了10%左右。与此同时，销售人员的固定工资由原来的占比80%下调到了70%，市场部人员的固定工资也由原来的占比90%下调到了80%。对于这个变化，两个部门的人都很不服气。因为浮动工资的发放取决于销售指标的达成，而销售指标是年初就定下来的，定得相当高。到了年中，突然告诉他们固定工资比例下降、浮动工资比例上涨，当然没人乐意了。况且原来工资水平有落差的问题在这次方案中也没有得到解决，大家的怨气就更重了。

其次，公司在绩效考核体系中设置了一些关键指标，并给各个指标设定了相应的权重。比如，对销售人员销售额中品类结构配比的考核权重由原来的5%提高到了10%。但是看起来，这个调整似乎还是提不起销售人员对于销售"新品"的兴趣，经过仔细核算公司的考核指标，他们自己设计了"抓大放小"的对策。这可苦了市场部推广新品的品牌经理，因为依据公司的考核体系，他们也需要对自己负责的新品销售额负责。于是乎，市场部人员对公司考核体系更是牢骚满腹。

除了销售部和市场部问题重重以外，这次薪酬调整没有涉及的职能部门也是怨声载道。由于健尔益公司是一个销售主导型的公司，原本这些职能部门的员工就觉得低人一等。现在倒好，薪酬调整又没自己的份儿，你说失落不失落。如今，财务部和人力资源部的很多员工都打起了"出走"的算盘。

面对如此多的问题，健尔益公司的总裁戴海清感到有点无所适从。到底是这次薪酬体系的调整有问题，还是执行过程中有什么偏差?要不要继续把新的薪酬体系推行下去呢?

资料来源：www.doc88.com/p-4973077680186.html.

第一节
薪酬的基本概念

一、什么是薪酬

薪酬是组织依据员工的贡献做出的一种回报。这些贡献包括他们实现的绩效，付出的努力、时间、学识、技能和经验与创造。

薪酬实质上是组织和员工之间的一种交易。员工为组织付出自己的劳动，组织为员工提供货币或非货币报酬。

二、薪酬的作用

吸纳、维系和激励优秀员工是现代薪酬制度设计的战略性目标。在所有的现代化激励手段中，薪酬是最重要的激励因素。因此，薪酬制度是否合理对员工的工作积极性具有重要影响。组织实施薪酬管理的目的就是协调组织与员工个人的发展目标。

具体地说，公平合理的薪酬体系的作用主要体现在下列四个方面。

1. 补偿劳动消耗

员工在劳动过程中要消耗体力和脑力，如果不对之进行相应的补偿，劳动能力就得不到恢复，员工就无法继续进行劳动。而员工通过劳动得到了薪酬，就可以用来购买物质生活所需要的必需品，恢复脑力和体力，从而保证劳动力的生产和再生产。同时，员工还可以将部分薪酬用于学习和锻炼，增强劳动能力，从而实现劳动力的增值和再生产，这是基于经济学视角对薪酬最本质功能的解释。

2. 吸引和留住人才

管理者通过具有竞争力的薪酬制度，吸引劳动力市场上那些为组织发展所必需的各方面人才，同时留住组织内优秀人才，为实现组织目标贡献力量。

3. 保持员工良好的工作情绪

薪酬是满足员工生理、安全、社交、自尊和自我实现需要的经济基础。公平合理的薪酬管理能够降低员工对于工作的不满意情绪，端正员工的工作态度，使员工安心工作并保持较高的业绩水平。

4. 合理配置人力资本

管理者通过薪酬变动调节组织生产经营中各个环节的人力资本，实现组织内部各种资源的有效配置。

三、薪酬管理的原则

薪酬管理是组织内部管理的关键，薪酬管理必须体现组织文化和价值观的本质内涵，因此，薪酬管理应该遵循以下几个原则。

1. 公平性原则

薪酬的公平性原则包括外部公平、内部公平和员工公平。

外部公平是指同一行业或同一地区或同等规模的不同组织中类似职位的薪酬水平基本相同；内部公平是指同一组织不同职位所获薪酬与职位贡献成正比；员工公平是指同一组织中相同职位的人所得薪酬的可比性。

例如，一个文书会将自己的薪酬与办公室秘书、劳资管理员等同一组织中的其他工作岗位人员的薪酬进行比较。如果其认为相对于组织中的其他工作人员，自己获得了公平的薪酬（即对组织越重要的工作获得的报酬也越多，组织需要越少、越不重要的工作获得的报酬也越少)，就感到了内部公平。他也可能将自己的薪酬与其他组织中的文书相比较。如果他认为相对于其他组织中的类似工作而言，自己的薪酬也是公平的话，她就感到了外部公平性。他还有可能将自己的薪酬与同一组织中的其他文书进行比较。如果她认为相对于组织中的其他文书，自己的薪酬也是合理的，她就感到了员工公平。

2. 竞争性原则

组织提供的薪酬水平在人才市场上有吸引力，能够招聘到所需人才。

要满足薪酬的竞争性，一般而言，组织需要对所需要吸纳的人员提供不低于市场平均水平的薪酬。如果一个组织中所需要吸纳人才的薪酬水平低于市场平均水平，人才市场中真正有能力的人往往就不会选择这个组织。同时，该组织往往也无法留住组织中已有的该类人才。

3. 激励性原则

薪酬不能搞平均主义，应该适当地拉大差距，强调职位重要者、多劳者和业绩水平高者多得，刺激员工具备更多、更高的劳动技能，从而获得更多的劳动报酬和更好的工作岗位，真正体现按贡献分配。

中国先后有八级技能工资制度、岗位技能工资制度等，事实上现有的制度类工资的差别很小，不能体现职位的价值和工作绩效的差别，这一现实情况造成了薪酬没有很好地发挥应有的作用。

4. 从实际出发的原则

薪酬的制订要从实际出发，考虑各种限制因素，如经济发展水平和劳动生产率、劳动力市场的供求状况、政府的政策调节、居民生活费用和物价变动、当地通行的收入水平、组织支付能力、工作本身的差别、员工自身的差别、组织文化及薪酬分配形式等。薪酬管理一定要具有组织特色，适应组织发展的需要。

四、薪酬的组成部分

薪酬在不同时期有不同的含义。从薪酬管理的历史上看，最初的薪酬中基本工资所占比例很大，福利只占了其中极少的部分。发展到现在，从社会总体上看，基本工资所占比例下降，奖金比例上升，福利部分的比例已经超过了基本工资和奖金的比例。

现在的薪酬一般包括基本工资、绩效工资、激励工资、福利四个组成部分。

(1) 基本工资是指报酬中相对不变的部分，是组织为员工工作支付的基本薪酬，反映的是员工所在岗位或所具备技能的价值中较为固定的价值。比如招聘一个机械维修工每月的基本工资为 1 600 元，可能组织会因为此人丰富的经验和优秀的业绩为其支付更多的报酬，但基本工资这部分就是 1 600 元。

(2) 绩效工资是报酬中的变动部分，它是随着员工工作绩效的变化而变化的，是基本工资之外的增加部分，反映不同员工或不同群体之间的绩效水平差异。比如组织因为一个机械维修工的突出业绩表现，给他每个月 20%的绩效工资，那么这个机械维修工除基本工资 1 600 元以外，因为自身绩效良好多得的 320 元就是绩效工资部分。

(3) 激励工资是与员工将来的业绩挂钩的部分，在实际业绩达到之前就已经确定，通过支付工资达到影响员工将来行为的作用。如对于超额完成工作部分设立的悬赏、对高层管理人员或者高级技术人员分发的股份或红利等等。激励工资和绩效工资都对员工的业绩有影响，两者不同之处在于激励工资影响的是员工将来的行为，而绩效工资侧重于对过去突出业绩的认可。例如高层管理人员获得股份或红利，他们就会把精力更多地投入组织的投资回报率、市场占有率、资产净收益等组织目标上去。

(4) 福利是一种固定的劳动成本，又叫做间接薪酬。福利包括国家法定福利和组织自愿福利两部分。国家法定福利是国家强制性要求组织必须为员工提供的各种保障（养老保险、失业保险、工伤保险、医疗保险、住房公积金和法定节假日休假等）；组织自愿福利是组织自主为员工提供的服务和额外津贴（法律咨询、心理咨询、员工服务、教育补助等等）。福利通常不考虑员工的实际绩效和技能水平如何，许多普遍性的福利措施是组织的所有成员都可以享受到的，当然这也取决于组织对福利的控制，如果组织将福利的部分组成用来奖励绩效，那么福利措施的设计也可以成为激励的一部分，比如为绩效优秀者提供更多的带薪休假、免费参加培训的机会等。

五、薪酬体系的影响因素

建构薪酬体系是组织的一项重要而复杂的任务，薪酬体系不仅要和组织内部的具体情况相吻合，还要适应组织外部环境的要求。而且，薪酬体系不是一成不变的，尽管它在一段时间内具有相对稳定性，但是随着时间的推移和客观环境的变化，薪酬体系也应该做出相应的调整和改进。影响一个组织薪酬体系设计的因素很多，大体上可以分为战略、职位、资质、绩效、市场五种因素。

1. 战略

战略直接决定薪酬支付的总体水平、结构和方式。首先，只有联系组织战略的薪酬水平才能吸引到适合组织发展的人才；其次，只有符合组织战略发展的薪酬政策才能促使组织达成生产经营目标；最后，基于战略的薪酬政策可以帮助组织赢得竞争优势。

（1）组织发展阶段与薪酬体系。组织发展的不同阶段拥有不同的组织战略，组织需要依据所处的不同的发展阶段以及该阶段的竞争战略，采用适合本阶段发展并能够有效支撑其竞争战略的薪酬体系。见表 8.1。

表 8.1　　企业不同发展阶段的薪酬体系

企业发展阶段		初创阶段	快速成长阶段	成熟稳定阶段	衰退阶段	再造阶段
薪酬竞争性		强	较强	一般	较强	较强
薪酬刚性		小	较大	大	较大	小
薪酬构成	基本工资	低	较高	高	较高	较低
	绩效奖金	较高	高	较高	低	较高
	福利	低	较高	高	高	低
	长期薪酬	高	较高	高	低	较高

从上表中我们可以看到，在组织发展的不同时期，组织战略不同，所对应的薪酬体系也不同。

初创阶段。初创阶段组织的产品和服务质量一般不稳定，生产成本较高，品牌效应低，市场份额低。这一时期，组织需要优秀的管理、生产和销售人才，而组织本身的吸引力较低，只有依靠具有竞争性的薪酬去吸纳人才的加入。这一时期，为了减轻组织的财务负担，总体薪酬刚性应当小一些，具体地说就是基本工资和福利所占的比重要小，而绩效工资所占的比重大。而且这段时期由于组织迫切需要优秀的管理、生产和销售人才，为了避免财务上的压力，不得不使用股权、分红等方式，因此激励工资部分所占比重往往也很大。

快速成长阶段。这一阶段，组织的业务迅猛增长，品牌渐渐知名，市场份额开始快速扩张。这一时期，由于组织的快速成长与扩张，组织内部各项管理制度不断完善和走向正轨，需要大量高级管理、技术和销售人才加盟以适应当期的发展。这一时期对于薪酬的内外部竞争力都有较高的要求。

成熟稳定阶段。组织处于该阶段时，其经营战略以维持利润和保护市场占有率为目标，因此薪酬策略旨在鼓励新技术开发和市场开拓，基本薪资处于平均水平，奖金所占比例较高，福利处于中等水平。许多组织能提供较有竞争力的基本工资、激励工资和福利。

衰退阶段。该阶段组织的战略是争取利润并转移目标，转向新的投资点。组织为了加强成本控制，应在较低的基本工资之上，将奖金发放与成本控制相结合，从而获利，转移阵地。

再造阶段。企业管理的重点是进行变革，打破原有的格局，在组织结构、产品结构、市场策略、管理制度、业务流程、技术设备等方面进行重整或再造。这个时候的薪酬制度应该以吸引优秀人员或改变现有人才为目的，因此，必须具有很强的市场竞争性，也就是优于竞争对手，可以加大奖励力度、增加绩效奖金或工资为手段，薪酬制度的刚性可以相对较小，准备做出新的调整，福利可以低一点，但为了激励员工在公司长期服役，可以采用长期薪酬，例如股票期权等，以提高员工队伍的稳定性。

（2）组织战略与薪酬战略选择。优秀人才的优秀绩效是实现组织战略目标的关键。设计良好的薪酬体系能有效地吸引优秀人才和留住骨干员工。组织要根据自己的竞争战略并通过薪酬调查来确定合理的薪酬水平。组织薪酬战略一般有下列三种选择：

市场领先，即组织支付给员工的薪酬高于市场上的大多数竞争者，从而使组织更具有吸引和保留人才的竞争能力，这种薪酬策略有利于促进差别化战略目标的实现。

市场滞后，即组织支付给员工的薪酬低于市场上的大多数竞争者，这种薪酬策略有利于促进低成本战略目标的实现。

市场匹配，即组织紧跟市场薪酬水平。这种薪酬策略可能有利于差别化战略目标的实现，但不利于低成本战略目标的实现。

2. 职位

我们将一组工作职责、任职资格相类似的岗位称为职位，例如会计是一个职位，该职位由组织中的四个人分担，这四个人分别从事成本会计、固定资产、税收核算、应收账款核算工作，即该职位由四个岗位构成。职位以职责为中心，反映对组织的价值贡献。组织中各个职位有各自不同的特征。职位的特征是组织中不同工作之间出现薪酬差异的客观因素，它主要是通过工作要求、工作责任、工作条件和工作类别的差异来体现不同工作的不同特征，这无疑给薪酬体系的设计和薪酬工作的可操作性与公平性带来了便利。一般来说，工作责任越大、工作对技能和任职资格的要求越高、工作条件越差、工作类别造成的工作内容越多，从事该工作的员工对薪酬的要求也越高。常见的一种根据职位状况确定薪酬水平的做法是以职位评价为基础的薪酬确定法。职位主要影响薪酬中的基本工资部分的设计。

3. 资质

资质是驱动员工产生优秀工作绩效的各种个性特征的集合，它反映的是可以通过不同方式表现出来的员工的知识、技能、个性与内驱力等。资质是判断一个人能否胜任某项工作的出发点，是决定并区分绩效差异的个人特征。资质能够带来良好业绩的工作行为表现和工作素质，对员工的绩效，尤其是技术人员的绩效有潜在的影响；所以在绩效薪酬体系中也应该考虑评估员工资质。

资质的构成包括：

（1）知识（知），指个人在某一特定领域拥有的事实型与经验型信息。

（2）能力（能），指个人拥有完成某件事情的实际本领。

（3）态度（愿），指心理或情感的状态。

个人能否胜任工作是与知、能、愿紧密联系的。一个员工仅仅拥有知、能、愿中的一项或两项要素并不能表明他能胜任某项工作。如果我们把篮球比赛中的扣篮作为某项工作任务，一个普通人，即使知道扣篮的各种动作技巧（知），也很愿意完成扣篮（愿），但他没有相应的弹跳能力（能），就不可能在篮球比赛中完成扣篮动作。而如果是篮球明星迈克尔·乔丹在一场比赛中，因为害怕受伤或者太过于疲劳，不愿意扣篮（愿），即使他拥有扣篮的能力（能）和技巧（知），以这场比赛为衡量，他也没有胜任他的工作。

4. 绩效

绩效反映员工对于职位职责的实现程度，是衡量员工对组织做出的贡献的关键因素，绩效高低应该直接反映在薪酬水平上并有明显的差异，从而使绩效低的员工努力改进工作方法，提高效率，更成功地完成工作任务。

对绩效的重视程度是一项重要的薪酬决策，它直接影响着员工的工作态度和工作行为，对绩效的重视主要表现在绩效工资、激励工资方面。

5. 市场

首先，薪酬水平的高低取决于某一地区的劳动力市场供求状况。当劳动力市场中某一类人才供大于求时，会带来他们整体工资的下降；反之，当这类人才供不应求时，说明他们作为一种资源的稀缺性提高，因此，他们有要求获得更高薪酬的资格。组织在制订薪酬策略时，劳动力市场中其他组织为各种类型人才支付的薪酬标准可作为重要参照。如果组织的薪酬水平不具有竞争力，那么他们首先将无法从外部劳动力市场中获取足够数量的符合要求的员工，而且维系现有员工的能力也将下降，就更不用说鼓励他们以高绩效的状态进行工作了。目前，劳动力市场上演的激烈的人才大战，使组织不得不转变传统的人才观念，不能只从成本角度去看待员工，而要把他们视为组织竞争力的最根本来源，因此，薪酬支付实际上也是一种长期人力资本投资行为。

其次，由于对劳动力的需求是对产品需求的一种派生需求，薪酬支付实际上是组织进行生产的成本支出，因此薪酬水平又不可避免地受到组织生产产品的市场价格的影响。如果组织产品供不应求，价格提高，会给组织带来更多的商业利润，提高组织的支付能力，进而对组织愿意支付的薪酬总额产生正向的影响；反之，如果组织产品在市场上缺乏竞争力、供大于求，组织可能会陷入降低成本的困境，可能会降低薪酬水平，甚至会采取裁员、停止雇用等极端的措施。

市场因素还需要考虑地区经济发展水平、行业因素以及政府法规的影响。

六、薪酬调查概念

根据市场状况来决定薪酬，必须依赖薪酬调查的数据。薪酬调查是确定组织薪酬水平的重要技术。所谓薪酬调查，就是某些权威机构通过抽样方法，针对某个地区或行业的薪酬水平进行科学调查，以提供关于某个职位的薪酬数据。西方发达国家具有成熟的薪酬调查技术和可靠的薪酬调查机构。改革开放以来，我国逐渐开始重视薪酬调查，很多不同的机构都在不同范围对某些行业或地区的薪酬水平进行调查，并向公众公布了调查结果。例如原国家劳动部定期公布的薪酬数据。也有专门的咨询机构所做的薪酬调查，这是一种商业行为，其数据必须购买才能获得。必须说明的是：目前国内的薪酬调查，主要是由四类机构完成的，这四类机构分别是政府部分、管理咨询机构、媒体和学术研究机构。中国的薪酬调查刚刚起步，还需要不断完善。

第二节 薪酬体系设计

一、薪酬调查

任何一家组织都是在劳动力市场和产品市场上与其他组织竞争的。产品市场上的竞争为劳动力成本及工资规定了一个上限，否则组织就不会有利润。而劳动力市场上的竞争给组织的工资水平确定了下限，否则组织就会失去竞争力，无法挽留合格的人才，而人却是“知本”时代最有效的资源。所以，组织必须在动态的环境中，不断地关注其竞争对手的薪资情况，从而达到标杆学习的目的，此所谓“知己知彼，百战不殆”。同时，因为绩效、经济发展水平等原因而调整薪酬，为了保持合理的“度”，也必须进行薪资调查。

1. 在调查之前需要先考虑的问题

在调查之前需要先考虑以下问题：

（1）调查何种劳动力市场？通常依据的原则是：相同行业或需要相同技能的行业；居住地区与工作地点的距离，员工是否愿意前往距离较远的地方工作；与其他组织相互争取具有专门技术的人才；在同一商品或劳务市场上竞争的哪些行业薪水比较高。

（2）调查哪些组织？一般来说，应是对本组织构成竞争威胁的以及在行业中领先的组织，或者是准确划分内部岗位，设有福利计划和明确薪酬制度的组织。

（3）调查哪些工作？被调查的工作在层次、职能上都应具有一定代表性，内容有相似性。必须区分关键性工作与非关键性工作。关键性工作有着相对稳定的工作内容，而且在许多组织都普遍存在，能够直接与外部市场的工作进行比较，通过薪资调查可以获得与它们有关的数据；而非关键性工作虽然重要，但属于组织所特有的工作类型，不能通过市场薪资调查来进行价值评判，常常需要区别对待。

（4）调查几次？调查一次是否足以收集到所需的信息？多次调查结果的重要程度如何？应赋予怎样的权重？

考虑以上问题之后就可以开展调查了。调查表见表8.2。需要注意的问题是：收集信息的渠道并非只能是亲自调查，前面提及的开展薪酬调查的四种机构所给出的信息也是可以根据需要直接拿来参考的。在具体“借鉴”外部资料时，应注意考虑调查资料的时效性和明确薪资调查的具体对象。

对于一个规范的薪资市场来说，市场上已经形成了一套标准的职位称谓，与市场充分接轨的组织其职位称谓也基本上是依据市场标准。可采用职位称谓作为薪资市场调查的主要依据。然而对于目前市场化时间较短的中国组织来说，其职位称谓明显缺乏规范性。因此高质量的薪资市场调查一定要对职位的职责及其复杂程度等方面进行确认，在标准统一的基础上再进一步开展调查。

2. 薪资调查的目的

首先，对类似组织中类似职位的报酬情况进行调查，然后根据市场价格直接确定工资；其次，将数据用于基准职位，并根据每个职位在组织中的相对价值确定工资水平；最后，为确定福利方案搜集有关养老金、保险、休假等相关信息。

表8.2　　薪酬调查表

一、职位基本信息

1. 职位名称：　　　　　2. 组织所在城市：

3. 组织所在行业：　　　4. 组织性质：（国有、合资、外商独资、民营等）

5. 该职位在组织中的位置：

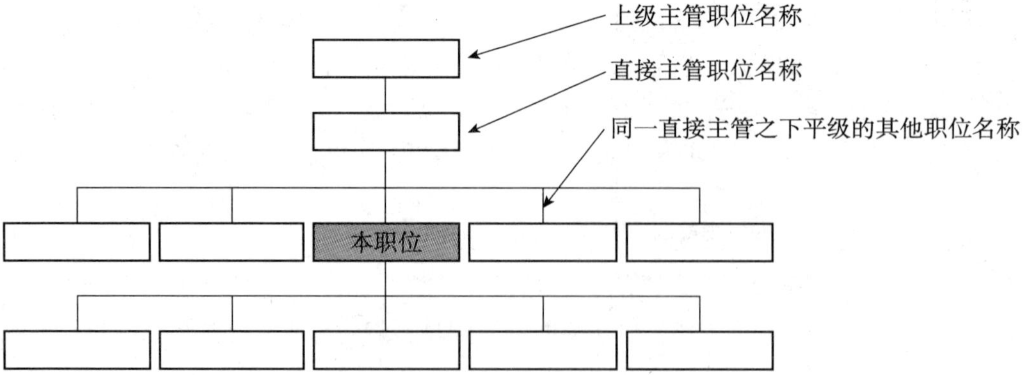

二、该职位任职者的个人信息

1. 性别：男；女
2. 学历：高中及以下（包括中专）；大专毕业；本科毕业；硕士毕业；博士毕业
3. 在本单位的任职年限：1 年以下；1～2 年；2～3 年；3～4 年；4 年以上
4. 从事本职位工作或工作内容和难度相似的工作年限：
   1 年以下；1～3 年；4～6 年；6～8 年；8 年以上
5. 英语水平：基本不具备英语水平；国家四级；国家六级；英语专业
6. 是否具备专业资格证书：不具备；具备，其证书为：

三、职位描述

该职位在组织中要达成的工作目标及主要工作内容：

四、该职位的薪酬状况

1. 基础工资：　　　　　　元/月
2. 奖金：（凡与绩效挂钩部分均为奖金，请在下面填写在绩效水平中等情况下的奖金额度）
月度奖金：　　元/月；季度奖金：　　元/季度；
半年奖金：　　元/半年；年度奖金：　　　元/年度
3. 福利项目：请在该职位任职者能够获得的福利项目前面打钩，并注明其现金额度
（　）(1) 话费补贴　　元/月
（　）(2) 交通补贴　　元/月
（　）(3) 住房补贴　　元/月
（　）(4) 一次性住房补贴　　元/年
（　）(5) 过节费共　　元/年
（　）(6) 免费餐费或餐补　　　元/月
（　）(7) 其他福利　共　　元/年
4. 福利总额：共　　元/年
5. 年度薪酬包总额：共　　　元/年

二、确定每个职位的相对价值

1. 工作评价的方法和技术

员工在实际中不仅会将自己的收入与其他组织中相同职位的人进行比较，而且也会与同组织中的其他人进行比较，从而获得公平与否的认知。衡量工作价值的典型方法是工作评价。工作评价的基本目的在于：消除由于不合理的工资支付结构造成的内部不公平的支付状况。工作评价的基本程序是对每一职位所包含的内容进行相互比较，从而公平地确定组织中所有职位的薪水水平。

工作评价系统一般包括两个内容：一是薪酬要素，二是根据这些薪酬要素对组织的重要性程度确定其权重分配方案。薪酬要素是组织认定的有价值的重要的工作特征，大多数组织都会采用工作所要求的技能、需要承担的责任、工作条件和承担工作需要付出的努力这四个工作特征作为薪酬要素。工作评价的方法有很多种，但常见的

主要有以下几种：

（1）工作重要性排序法。这是在工作评价中最早运用的方法，也是最简单的方法，它是基于各种工作的相对重要性而进行排序的。其中一种最常用的排序方法是让评估者根据工作重要性的顺序，分别做成标明各种工作的义务和责任的卡片。工作重要性排序这一工作可以由一个熟悉全部工作职责的人执行，也可以由管理人员和员工代表组成一个委员会来做。

工作重要性排序的另一种方法是两两对比法。评估者先将所有的工作分别填入表中的行和列，制成两两对比工作排序表，如表 8.3 所示，然后利用这一表格，分别把行中的工作与列中的工作进行比较。如果行中的工作比列中的工作重要，便在此格中标“×”。当所有的工作都已比较完毕，把各行中所有的“×”的个数进行加总，根据加总的结果对工作重要性进行排序。排序的差异可以统一到工作评定中。在工作评估之后，不同工作的工资水平就可以利用上文中所讨论的薪资调查来确定了。

表 8.3　　两两对比工作排序表

	资深行政秘书	数据输入员	数据处理员	档案管理员	系统分析员	程序员	总分
资深行政秘书	—	×		×		×	3
数据输入员		—		×			1
数据处理员	×	×	—	×	×	×	5
档案管理员				—			0
系统分析员	×	×		×	—	×	4
程序员		×		×		—	2

注：如果行中的工作价值高于列中的工作价值，则在单元格内标上“×”。

工作重要性排序法的一个主要缺点是，它不能对每个工作的价值提供精确计量。因为工作比较一般是笼统地将一个工作与另一个工作从整体上进行比较，特定工作的一个或更多的因素可能会使工作重要性排序发生偏离，如果工作比较复杂，这种偏离就会更大。通过在进行排序工作之前让评估者确定一两个重要因素及确定这些因素的权重可以部分地克服这一不足。工作重要性排序方法的另一个不足是，最后的排序结果仅仅解释了工作的相对重要性，而没能显示出不同工作之间的这种重要性的差异。工作重要性排序法的最后一个局限性表现在，它仅仅适用于工作岗位较少的组织，最好不要超过 15 个。然而，正是它的简单性，使它成为小型组织理想的选择。

（2）工作分类法。它是一种根据工作性质和预先设置的等级，把一个组织的工作岗位进行分类和分组的工作价值评定体系。具体做法是依据工作要求的责任、技能、知识、能力或其他一些相关因素将组织内的所有岗位进行分级分类，如一个电器生产组织中可划分为管理类、研发类、业务类、操作类等，其中每个类别的岗位依据对员工的知识技能等要求不同又分为不同的等级。

工作分类法与工作重要性排序法一样，具有简单、易于理解和操作等优点，当组织出现新的工作岗位时，就可以按照固有的格式将它编入对应的类别，当原有的工作要求发生变化时也可以很方便地做出合适的调整。而且由于它是针对工作类别的差异性，而不是对单个工作的差异性进行解释，因此，组织可以根据不同的工作类别而不是具体的工作确定薪酬水平，这样有助于恰当地区分不同类别工作对于组织的重要性程度。但是，这种方法过于简单，远不如要素计点法和要素比较法精确。

（3）要素计点法。这种方法是一个定量的工作评价过程，它通过计算与一项工作有关的各要素总分值来确定该工作的相对价值。建立一套这样的评价系统是一个非常复杂的工作，首先要在比较工作说明书的基础上确定工作的评价要素，再由组织战略决定这些要素的重要性并赋予其适当的权重，最后由一个工作所对应的要素分值总和来得出它相应的职位价值。

表 8.4 是美国工业管理协会给出的一个薪酬要素点数表的范例，表中所列出的每一个要素都被分为五个等级，但是，一个要素所分的等级多少可以根据权重的大小以及定义与区分的难易程度进行增减。

表 8.4　美国工业管理协会的薪酬要素点数表范例

	因素	1 级	2 级	3 级	4 级	5 级
技能	工作知识	14	28	42	56	70
	经验	22	44	66	88	110
	独创性	14	28	42	56	70
努力	健康要求	10	20	30	40	50
	智力和视力	5	10	15	20	25
职责	设备或过程	5	10	15	20	25
	原料或产品	5	10	15	20	25
	他人的安全	5	10	15	20	25
	他人的工作	5	10	15	20	25
工作	工作条件	10	20	30	40	50
	危险性	5	10	15	20	25

要素计点法是现阶段通常使用的工作评价方法，主要原因如下：

通用性好。由于要素计点法采用的是要素分解式的评价方法，因此能够克服不同职位类别间因工作性质不同而难以比较的障碍。对于每个类别都可以寻找出若干“付酬要素”，并分配适当的权重。例如，管理职位和业务职位难以直接比较，但只要对这付酬要素分别进行比较，管理职位和办事职位的点数就具有可比性了。

比较客观。同工作重要性排序法和工作分类法相比，要素计点法以量化的形式进行评判，并且对每类职位都可以设置多项评判要素。由于各项要素的评价误差会相互抵消，因此最终评价结果的主观成分会大幅度下降。而且，由于要素计点法在操作中一般要求选取标准职位进行复检比较，因而更能保证评价方案的合理性和科学性。

稳定性较强。设计和形成一个有效的评价方案，通常需要花费相当的时间和精力。因此一旦方案被确认可行后，往往要求它在一定时期内稳定地发挥作用。要素计点法能够做到这一点是因为抓住了每个职位的付酬要素，即使出现新职位或原有职位重新排列组合，原方案仍然适用，不必进行重新分类比较。

（4）要素比较法。与点数法类似，要素比较法也是在要素相互比较的基础上完成工作评价的过程，但是它与要素计点法的不同之处在于，被评价的工作薪酬要素是与组织中作为评价标准的关键工作薪酬要素进行比较。关键工作可以定义为对薪酬设定非常重要的而且在劳动力市场上广为人知的工作。一般来说，关键工作具有如下特点：对于员工和组织都非常重要；具有稳定的工作内容；被用于薪酬决定中的薪酬调查；在组织中普遍存在。

在选定了关键工作以后，要根据薪酬调查的结果，为关键工作的每个薪酬要素赋予相应的分量薪酬，最后将要评价的工作与关键工作在每一个薪酬要素中进行比较，确定该工作在每个要素中的薪酬水平，并将其加总得到这项工作应得的薪酬水平。

采取这种方法进行工作评价，为了提高整个过程的客观公平性，通常会选出一个评价委员会对不同关键工作的标准进行排序，将货币化薪酬分派给每个关键工作的薪酬要素等等。虽然这种方法看似比较科学，其实它是应用最不普遍的一种，因为它的操作过程过于复杂，给管理工作增添了额外的成本和负担。

2. 工作评价的主要步骤和注意事项

在工作评价之前，组织会决定是自己进行独立完成还是请外部的咨询组织。不管采用哪种方法，组织内部都要组建一个合适的评价委员会来支撑和推进整个工作评价的过程。事实证明，一个好的委员会将帮助降低员工对评价过程的焦虑和怀疑。工作评价一般按照以下几个步骤进行：

（1）收集有关工作信息，其主要信息应来源于工作说明书。

（2）选择工作评价人员，组成工作评价委员会。

（3）使用工作评价系统对工作进行评价。由专家设计并讲解工作评价的原理和方法以及临时工作评价委员会的工作方法，根据专家设计工作评价方案框架，经由临时工作评价委员会讨论确认后执行。

（4）评价结果回顾。当所有工作评价结束后，将结果综合在一起评论，以确保结果的合理性和一致性。

值得注意的一点是，在工作评价之前，应在公开场合与员工进行正式沟通。沟通的根本目的是让员工接受评价过程和最终评价结果，需要公开、诚实和准备足够的信息，让员工理解将要发生什么和将对他们产生怎样的影响。其做法是向员工详细讲解评价过程和每一步的行为方式，这样他们就会开始理解评价过程中所涵盖的内容和步骤，同时还需要建立一个公开和真诚的环境来尽量坦白地回答员工提出的问题。此外，在进行工作评价时，还应该注意以下几点：

首先，工作评价的是工作本身，而不是工作的人。在我们考虑一个职位时，经常不自觉地联系到工作的“那个人”，但我们知道不同的人员承担相同的工作，所做出的表现是不同的，评价“人”会使评价过程偏离评价系统所关注的焦点。

其次，理解评价工作。在评价之前，委员会的人员应充分理解所评价工作的信息。

最后，各工作的评价结果应进行比较。在评价初期，先进行标杆工作评价，即在不同的管理层级各选择一个职位先进行评价，然后以此为标准进行评价。

三、将类似职位归入同一个工资等级

如果组织规模较大，拥有成百上千的职位，就应该按照工作评价所评定的结果（比如工作评价的分数），按照困难程度、重要性、责任及性质等条件，把相似的工作归入各个工资等级。决定薪酬等级时，要考虑两个因素：首先，组织规模越大，等级越多；其次，每一工作群所含的工作种类越多，范围越广，所需等级越少。

四、确定每一个工资级别表示的工资水平——工资曲线

工资曲线反映每个点集中各职位的当前工资率同各职位的点值或序列等级之间的关系，是工作评价点值与工资之间关系的线性表达，即将工资与工作评价的点数直接挂钩。市场工资线描述了竞争者为类似工作支付的典型工资的多少，并且还可以推断在工资调查中没有涵盖到的工作。

在使用工资线来对工资结构做出决策之前要注意几个问题：

必须根据数据日期之后的工资变化和生活成本的提高对调查数据做出相应调整，因为数据反映的是过去一段时间的情况。

薪酬设计者必须根据数据信息做出判断，来预测将来薪酬体系实施时可能发生的工资水平和生活成本的变化。

可以针对竞争对手的特点，将组织的竞争方式，比如是匹配型或领先型或滞后型，反映在工资曲线上。

在薪酬设计时，针对薪酬曲线有个专用术语叫 25 分位、50 分位、75 分位，意思是说，假如有 100 家组织（或职位）参与薪酬调查的话，薪酬水平按照由低到高排名，它们分别代表着第 25 位排名（低位值）、第 50 位排名（中位值）、第 75 位排名（高位值），如图 8.1 所示。一个采用 75 分位策略的组织，需要雄厚的财力、完善的管理、过硬的产品相支撑。因为薪酬是刚性的，降薪几乎不可能，一旦组织的市场前景不妙，将会使组织的留人措施变得困难。

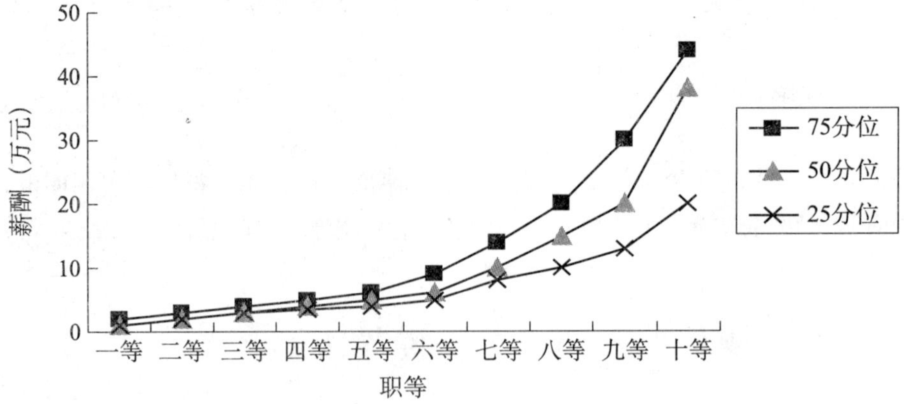

图 8.1　某行业市场工资曲线

五、确定薪酬浮动幅度

这一步就是要确定出处于同一薪酬等级的不同员工的薪酬可能的浮动范围，如图 8.2 所示，301～650 对应的薪酬等级的最高工资水平为 21 000 元，最低工资水平为 16 500元，也就是说，处于这个薪酬等级的员工实际拿到的薪酬在 16 500～21 000 元之间不等。薪酬浮动幅度的中点一般与市场工资持平，各组织根据自身情况在市场工资线上下制定合适的最高和最低工资，因此这一点也通常被称为控制点。薪酬浮动幅度的设计要根据员工的职位特点和职位等级而定，一般来说，职位对员工要求越灵活、职位等级越高，薪酬浮动的范围也越大，因为这样可以让员工看到，即使由于高层职位稀缺而不能提升职位，也能够得到相应的薪酬增长余地。见图 8.2。

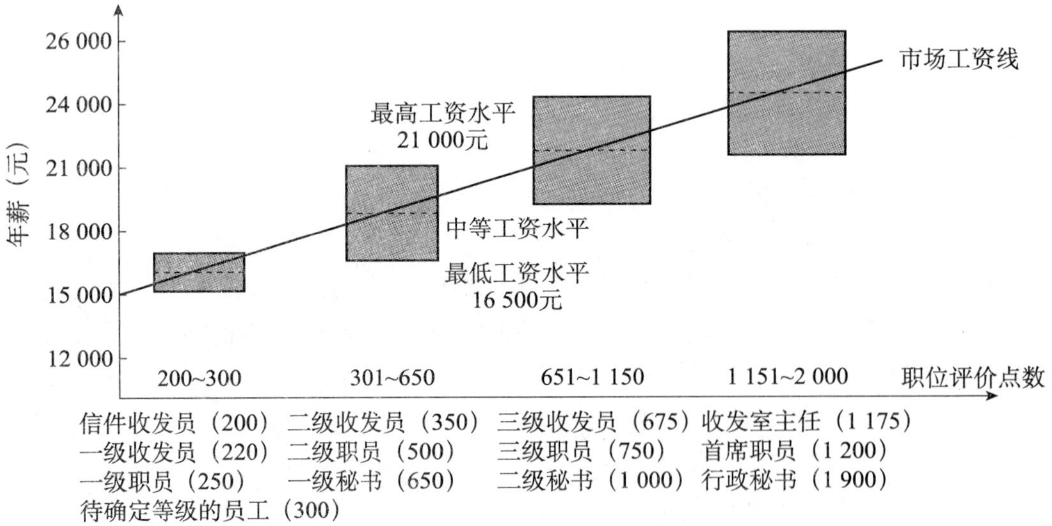

图 8.2　确定薪酬浮动幅度

六、设计等级重叠

重叠是指一个薪酬等级的最低工资水平比与之相邻的低一级薪酬等级的最高工资水平要低的情况。在制订薪酬结构时，并非一定要设计薪酬等级间的相互重叠与交叉，有很多组织也设计各相邻的薪酬等级间首尾相连的连续性结构。但是，设计等级重叠的做法使低等级的员工由于业绩或资历的优越而获得与更高等级的员工同样的薪酬水平，从而实现与划定薪酬浮动幅度相类似的激励作用。同时，即便是处于高一层的薪酬等级，也可能得到比较低的薪酬，这样就可以弥补由于提升失误造成的成本增加的损失。

目前，很多组织在设计薪酬结构时采取了一种新做法，就是将多个薪酬等级合并成几个跨度更大的范围，有人将其形象地称为"宽带工资制"。这种做法适应了知识经济时代组织扁平化、工作灵活性等特点，是一种比较宽松灵活的管理制度创新，有助于员工的跨职能流动和全面职业发展。这种新方法虽然并不适用于每个组织，但它将作为现有薪酬结构设计方法的有益补充不断发展完善，有些组织可以考虑在某类员工（比如从事研发、管理等注重知识和能力的员工）中采取这样的措施以更好地开发其潜能。

七、管理薪酬体系

在以上步骤都完成、薪酬体系初步建立之后，还需要继续进行监督、评价、修正和控制，从而保证系统无故障运行。对于违反薪酬政策的行为，必须采取惩戒措施。

内部公平性、外部公平性和员工公平性这些概念是理解薪酬体系控制和评价背后逻辑性的基础。因为建立薪酬体系的目的是吸引和保留员工，激励员工按照组织所期望的行为方式工作，所以收集表明组织能否达到这些目标的数据是十分有意义的。很多组织评价员工对于薪酬和其他组织因素的态度是通过计算流动率和其他离退职的统计数据，获取离职面谈的信息等多种方法来衡量的。所有这些手段都能够提供信息，来验证组织的薪酬体系是否达到了它的目标。但是应该看到薪酬不是影响组织吸引、保留和激励员工能力的唯一因素。因此，对评价方法必须谨慎考虑，明确评价的目的。

总之，必须预见问题，解决问题，明确政策，减少不公平现象发生。

第三节 薪酬模式

概括地说，薪酬有五种常见模式，分别是：职位工资制、技能工资制、绩效工资制和主要针对操作性工人所实施的计时工资制、计件工资制。

一、职位工资制

目前，从世界范围来看，使用最多的是职位工资制，我们前面讲到的薪酬设计方法多用于设计这种薪酬模式。表 8.5 为一个典型的职位工资制的例子。

表 8.5　　一个典型的职位工资制例子

工资级别	岗位列举	薪酬水平（元）
……	……	……
14	制造部部长	3 000
13	技术部部长	2 800
12	人力资源部部长	2 600
11	生产部会计	2 200
10	生产部主管	2 000
9	会计	1 600
……	……	……

当然在实际中很少有组织完全依照上表设计薪酬体系，都会或多或少地加上其他薪酬单元，如绩效奖金、工龄工资或者技能工资等。

此种薪酬模式，主要依据职位在组织内的相对价值为员工付酬。不同职位对知识、技能有不同的要求，承担职责的大小不一样，所以不同职位对于组织的贡献程度是不同的。在每个职位的员工对组织的贡献和重要程度也不同，所以他们应根据所在的职位领取报酬。在这种薪酬模式下，员工工资的增长主要依靠职位的晋升。因此，其导向的行为是：遵从等级秩序和严格的规章制度，努力获得晋升机会，注重人际关系网络的建设，为获得职位晋升采取政治性行为。

这种薪酬模式适应了科层制组织的需要，在这种组织中，多数工作是程式化的，职责和任务是固定的，部门之间、不同层次之间的关系是明确的，通常有明确的工作说明或工作目标。同时，这种评价方式具有比较全面的信息基础和某种程度的客观性，有助于实现内部薪酬支付的公平性。对于组织内部的不同职位类别来说，职位工资制比较适合职能管理类岗位。对这些职位上的任职者要求有效地履行其职能职责是最重要的，职位的价值才能得以真正体现。

职位工资制有两个优点：一是和传统按资历和行政级别付酬模式相比，采取同岗同酬的方式，内部公平性比较强；二是职位晋升，薪级也晋升，调动了员工努力工作以争取晋升机会的积极性。结合中国组织，包括事业改制单位的实际情况，目前还有很大一部分单位需要尽快转为以职位为主的工资制度，不能再延续传统的、没有激励作用的薪酬制度。因此，进行工作分析，规范职位管理体系，进行职位评价，加大职位分配的比例，适当拉开纵向和横向差距，是这些单位当前必须要做的基础工作和改革工作。

职位工资制面临的挑战有：一是如果一个员工长期得不到晋升，尽管工作越来越出色，但其收入水平很难有较大的提高，也就影响了其工作的积极性。这种情况非常普遍，一个员工的直接上级才 30 来岁，组织的业务比较稳定，短期内没有提升的空缺职位，那么他的职业发展就缺乏前景和希望。二是组织中人才的作用增大，不同的人会使职位表现出不同的价值，关键人才成为组织生存发展的重要资源。组织必须根据不同的人采取具有竞争性、灵活性的薪酬政策，以保留和吸引人才。

二、技能工资制

技能工资制是另一种重要的薪酬模式，这种模式将人的资质作为确定工资等级结构的主要依据，不同的资质决定了报酬的高低。

以技能为主的薪酬模式早就存在，比如中国技术工人的八级技能工资制度、与职称挂钩的工资制度等。中国传统的技能工资制导向了资历、学历，而和员工真正具备的技能关联不大，影响了它在组织中使用的效果。

现在我们谈到技能工资制这种薪酬模式时，不应该将思路局限于中国传统的技能工资、职称工资中。那种传统的方式往往过分偏重于学历、资历，使能力评价与实际能力相差甚远，反而压制了人才的创造性和积极性。

资质，又称“能力”、“素质”、“才干”等，是驱动员工产生优秀工作绩效的各种个性特征的集合，它反映的是可以通过不同方式表现出来的员工的知识、技能、个性与内驱力等。

根据能力支付薪酬，首先需要区分能力的差异，建立一套对能力进行分层分类的体系，如任职资格体系，以员工在工作中所需要的知识（知）、能力（能）、态度（愿）为标准。

这种薪酬模式，适合于知识型、技能型员工组织。这种模式在一定程度上可以避免所有员工走“管理独木桥”，从而避免组织出现“多了一个平庸的管理者，少了一名优秀的技术人员”的现象。

技能工资制的优点在于：一是员工注重自身资质的提升，员工资质的不断提升，使组织能够适应环境的多变，组织的灵活性增强；二是不愿意在行政管理岗位上发展的员工可以在专业领域深入下去，同样获得好的待遇，对组织来说留住了专业技术人才。

技能工资制的不足有两个方面：一是界定和评价资质不是一件容易做到的事情，管理成本高；二是对已达技能顶端的人才如何进一步激励。

三、绩效工资制

绩效工资制在确定薪酬时，主要是依据绩效结果。绩效可以直接反映人的能力和行为态度，同时也能实现职位设置的真正目的，因此，它可以引导员工行为与组织目标相统一，具有很强的公平性、灵活性、激励性。根据美国薪资协会的一项调查，52%的被调查者说他们制定了业绩导向的、具有激励性的薪酬计划。但是，绩效工资制也存在问题，主要表现在：

（1）对于员工而言，绩效工资制存在风险，会导致收入的不稳定。

（2）绩效并不等于能力和态度。短期业绩有时并不符合组织战略的需要。绩效工资制的关键是设置合理的业绩衡量指标，这些指标必须符合组织战略，将团队绩效与个体绩效结合起来。

（3）绩效产生的原因是多方面的，有时与个人关系并不那么直接，市场、环境、组织系统、工具设备、同事合作等都是影响绩效的重要因素。因此全面质量管理运动的倡导者爱德华兹·戴明甚至声称：“人与人之间所存在的显在绩效差异几乎全都是由他们身处其中的那些工作系统本身制造出来的，而不是由人们自己制造出来的。”

（4）很多常规工作、基础工作并不直接与绩效相联系，因此很难用绩效来衡量。

（5）导致机会主义和实用主义，追求短期的绩效，不利于组织的长远发展。

四、计时工资制

计时工资制是指根据员工的工作时间付给报酬的工资制度。

这种工资制在对操作性工作人员付酬时使用的比较多，如清洁工、门卫等。在使用时常常用小时工资或日工资来表示。

这类工资制度的优点在于：一是直接以劳动时间计量报酬，方法简单；二是考核和计量容易实行，具有适应性和及时性。

它的缺点也很明显，不能直接反映劳动强度和劳动效果。

五、计件工资制

计件工资制是把员工的报酬同其产量（或件数）直接挂钩，以劳动定额为标准，预先规定计件单价来计算劳动报酬的工资制度。

这种工资制度直接以劳动者完成的合格产品或工作量及计价单位为依据计发工资。

计件工资制通常也是针对操作性工人而使用，如生产工人按照产量获得工资。另外，营销人员根据销售额获得工资也是计件工资的一种形式。

1. 计件工资制的优点

（1）将劳动报酬与劳动成果直接联系起来，使不同劳动者以及同一劳动者在不同时间上的劳动差别在劳动报酬上得到简单直接的反映。

（2）计件工资的计算与分配的实现都有详细、明确的规定，在工资分配上有很高的透明度，使得员工对自己付出的劳动和能够获得的报酬心中有数。

（3）工资收入直接取决于员工在单位时间内的合格产品数量，因此可以刺激劳动者从物质利益上关心自己的劳动成果，努力提高劳动技能，提高生产率。

2. 计件工资制的缺点

（1）劳动者的很多劳动成果无法直接体现在产品或销售额上，如大部分管理人员的工作就是这种情况。

（2）员工往往追求产量而忽视质量、品种、消耗、利润等指标。

（3）在单位处于盈亏分界点或利润为负时，产品生产越多亏损越大，计件工资难以为继。

（4）容易出现对工作的技术复杂、熟练、精确及繁重等不同方面的要求，造成老员工和经验丰富者积极性降低。

（5）由于单位的经济效益下降，造成计件单价下降，从而直接影响工人生产积极性，甚至使得生产陷入恶性循环等。

除了上面五种常见薪酬模式以外，还有诸如基于组织利润的浮动工资制、日本企业常常使用的年功工资制等。

正如我们所分析的，没有一种薪酬模式是完美无缺的，同样，也没有一个薪酬模式是毫无价值的。不同的组织、不同的人员、不同的工作将适用不同的薪酬模式。在20世纪90年代，尽管世界500强组织70%主要采用职位工资制，但也有50%的组织至少在部分人员中实行了基于能力素质的技能工资制，还有14.6%的组织实行了以业绩为中心的绩效工资制。

在现实中，一个组织往往并不是仅仅选择一种模式来设计该组织不同的职系、不同层次的人员薪酬。是具体采取某一种薪酬模式，还是综合考虑职位、能力和绩效等因素的薪酬模式，要根据组织的实际情况，从影响薪酬的战略、职位、资质、绩效、市场五个方面进行科学分析。

第四节 整体薪酬激励计划

整体薪酬激励计划可以促进团体内各成员间的合作精神，同时也可以增加团队压力，防止或减少个别员工工作标准不一致的情况。集体统一计算奖励还可以节省行政费用和时间。

整体薪酬激励计划主要有两种方式：一是以节约成本为基础；二是以分享利润为基础。

一、斯坎伦计划

这是组织对员工在成本降低方面做出贡献进行奖励的激励计划，它是由约瑟夫·斯坎伦在 1937 年首先提出的。斯坎伦计划与其他激励计划的最大不同之处在于它强调员工的权利，组织更乐于将员工看成是合伙人而不仅仅是完成组织交付任务的劳动工具。这是一种新的经营哲学理念，也是更为人性化和有重大现实意义的管理模式。它消除了管理人员和员工之间的严格差异，而代之以合作与信任、认可与鼓励，大家都是在为同一个组织服务，为共同的目标奋斗。当员工的工作角色发生转变以后，他们的工作不仅更快更努力，而且有更多的机会参与组织决策，更积极地用所掌握的知识寻找改善组织的方法。斯坎伦计划就为这些有用的、收到实际效果的员工的建议和想法进行一定形式的奖励。

斯坎伦计划是通过劳动成本的节约情况对员工进行奖励的，当劳动成本占到该成本所产生的销售额的比率低于某一特定标准时，组织和员工就可以共同分享节约所得。假如每月的劳动成本是销售总额的 40%，那么这意味着当销售额是 20 万元时组织要承担 8 万元的成本，假设实施某个员工或集体的建议后，当销售额为 25 万元时，劳动的成本却降低到 7 万元，按照原有标准比率，劳动成本支出应为 10 万元，那么这项建议就为组织节省了 3 万元。这 3 万元就作为奖励，当然要拿出一部分建立保留基金以备在劳动成本超出正常标准时能够填补赤字空缺。通常的做法是减去保留份额后，25%归组织，75%在员工中分配。

斯坎伦计划实现了组织和员工的知识共享，员工参与组织管理决策的热情高涨，而且也不太会抵制新的工作方式和工作方法，他们更乐于接受新的技能训练以提高工作能力和工作水平。为了保持这样的局面，斯坎伦计划需要更有效的管理和严格的设计安排，它有以下四项最基本的原则。

1. 一致性

这意味着组织要将目标或任务明确地阐述给员工，使员工的参与和组织的目标紧密联系起来。

2. 能力

组织实施斯坎伦计划是对员工的能力有较高层次的期望，他们认为员工在计划的驱使下会产生变革的需要，并具备改善工作过程的愿望和基本能力。

3. 参与制

为让员工更好地了解建议的流程，组织要设立专门的建议委员会，员工提出改进的建议上交到这些建议委员会中，再由委员会挑选合适的内容提交给管理高层决策，其功能主要是把握建议计划的实际运行和评估活动。

4. 公平性

组织的成功并不是某一个人或某一个群体的功劳，而是建立在员工、客户和投资者三方共同努力的基础上，他们会共同分享这一计划的成果。

在这项计划问世的50年里，人们放弃它的次数与采用它的次数几乎一样。问题是由于所生产的产品结构、价格及工人工资对成本节约额有很大影响，因而工人很可能付出了很大努力，但结果还是不理想，影响奖金的数额。付出和收入的联系可能很微弱，影响员工的积极性。同时，由于奖励是以工资的一定比例来计算的，所以可能会扩大员工之间的收入差距，增加不公平的感觉。

所以该奖励计划适用于组织规模较小而产品线及成本较为稳定的组织。员工参与计划的程度、管理班子的积极态度、组织采用斯坎伦计划的时间长短、员工们积极而现实的态度，以及高层管理人员的关心程度都与斯坎伦计划的成败密切相关。要想成功实施，必须在事前做好周密的计划。同时，配合良好的管理制度和劳资关系，将使方案更加顺利地实施。

二、拉克计划

该计划在原理上与斯坎伦计划类似，但更加复杂。它的基本假设是：工人的工资总额保持在工业生产总值的一个固定水平上。拉克主张研究组织过去几年的记录，以其中工资总额占生产价值（或净产值）的比例作为标准比例，以确定奖金的数目。

三、收益分享计划

该计划鼓励多数或全体员工共同努力以达到组织的生产率目标，同时在员工和组织之间分享成本削减带来的额外收益。这部分额外收益可以是额外的利润，也可以是额外的产出。

收益分享部分的分发可以按月份、季度、半年或年度进行，具体情况取决于管理理论和对工作业绩的衡量方式。额外收益的分配越频繁，员工对奖励的感受度越高。

在运作中要注意的问题是：成功与否很大程度上取决于员工的参与程度，同时也要有高层的承诺和支持。只有员工对之信赖，勇于提出意见，积极合作才能更好地得到收益。

斯坎伦计划是收益分享计划的早期形式。与利润分享计划相同，收益分享计划也鼓励员工在以个人绩效为导向的报酬计划下，去追求更大范围的目标，但是，收益分享计划更多的是像个人奖励计划那样对员工进行激励。

四、利润分享计划

根据这个计划，如果组织利润超过某个最低水平，员工就可以获得奖金。奖金数量是超额利润的百分比。

这种制度是以组织利润作为调节员工薪酬的杠杆，也就是在组织利润的基础上为员工支付一定数量的即期或延期薪酬的计划活动。这意味着组织的赢利水平决定着员工的薪酬水平，组织的利润越高，员工获得的额外收益也就越多，相反利润越低，员工的收益就越少，而且利润并不会成为员工基本薪资的组成部分，也就是说员工基本薪资的构成和总体水平不会因组织的利润水平而受到影响。所以，不管是在赢利还是亏损阶段，员工都可以获得既定数量的基本薪资以维持自身生存和发展的需要。

利润分享计划的目的是通过将代表组织绩效的利润指标用一定的方式在员工中分配，为员工提供享受组织收益的机会，更为重要的是它鼓励员工更多地从组织的角度去思考问题，将对自己利益的关注转移到对组织利益的关注。组织希望利润分享计划能够避免个人激励计划中员工狭隘自私的行为和短浅的目光，培养员工主人翁意识和合作意识，提高员工的义务感和责任感，塑造团队精神。

在实施利润分享计划时，组织必须考虑三个方面的问题：员工分享利润的比例、分配方式和支付形式。一般组织在制订利润分享计划时会明确具体的利润分配总额，员工可以分享利润的5%～50%不等。接下来，组织会决定如何在员工中实现公平分配，通常的做法是平均发放（每位员工的利润份额相同）或者依据员工的基本薪资以一定的比例进行发放。

从这种分配方式中可以看出利润分享计划与员工的个人绩效和个人贡献并没有多大联系。所以，在增加员工绩效方面，这个计划的作用是很小的。它关注的主要是对员工合作成果的认同和团队工作方式的肯定。

利润分享计划可以采取现金现付制、递延制或两者相结合的方式。分享的利润可以在财政年度里直接付给员工，即现金计划，也可以延期支付，比如把钱纳入退休或死亡或养老基金中。这样可以积累到较高的数额，使员工增添保障。在某些国家，员工离开组织时若尚未退休，则这笔奖金不会发给员工，这对员工的跳槽形成了约束。

利润分享计划的优点主要包括两个方面：促使员工更加关心组织，激励员工以实现组织目标为己任，减少浪费，更努力地工作；组织可以在不增加固定成本的情况下，为员工提供养老金和其他福利，因为这些费用只发生在获利的当年，经营困难时期，劳动力成本就会自然降低。

利润分享计划的缺点主要包括下列几个方面：很多时候，组织的利润影响因素有许多是员工无法控制的，因此可能未必有意料中的激励作用；付出努力与获得奖励之间的时间差太大，所以支付利润的周期长短对员工的士气而言也很重要；很多员工不了解利润是怎样计算出来的；很多员工认为延期利润分成计划会使他们的福利和养老金失去保障。

针对利润分享计划的不足，有些组织将利润分享计划设计成只有工资上升而没有下降的机制，于是员工的风险降低，但这样又无法达到降低劳动力成本的目的。

收益分享计划和利润分享计划的区别在于：收益分享计划是按照组织收入制度的某一公式来分配报酬；使用某一群体或工厂的绩效衡量因素。利润分享计划是根据组织利润制定的某一公式来分配报酬，可以用现金支付，也可用股权代替现金；使用组织层面上的绩效衡量因素。

五、员工持股计划

员工持股计划是美国律师路易斯·凯尔萨在20世纪50年代提出理念并实施的计划，员工持股计划在国外获得了引人注目的发展，被称为是“静悄悄的革命”，对国外组织特别是高科技组织产生了革命性的影响。美国的实证调查表明，实行员工持股计划的组织与同类组织相比，劳动生产率高1/3，平均利润率高50%，平均工资高25%～60%。员工持股计划与风险资本被认为是带动硅谷高速成长的两部发动机。

员工持股计划是向员工提供组织股票所有权的计划。选择这种计划的组织一般是上市组织，也包括内部发行股票的组织，这是目前在激励员工方面应用比较普遍的员工所有权形式，是一种新型财产组织形式。通过员工持股，组织试图建立一种所有权的组织文化，让员工掌控象征组织财富的股票，真正承担合伙人的义务，股票拥有者在参与维护股东权益的决策中从心理上更能感受到他在组织中的所有者身份，股票能够实现员工地位和角色的彻底转变。此外，员工还能因为持有股票获得财务和税收上的优惠，股票的升值能够增加员工的收益，实现物质上的激励。员工持股已经成为组织融资结构中不可或缺的一部分，甚至组织会用它来应对股票市场的风险和恶意收购等等。

在美国，员工持股计划的形式是组织建立一个专门的员工持股计划信托基金委员会，每年会依据一定的比例给予员工一定的股权，信托委员会把股票存入员工的个人账户，在员工离开组织或退休时，他们可以将股票出售给组织。如果组织是上市公司，他们还可以在公开市场上出售。依据美国的相关法律，这种形式的员工持股可以获得税收方面的优惠，所以，员工持股计划类似于员工退休福利。国内长期以来并没有明确的法律法规对员工持股的管理和运作进行指导和规范，国内组织的员工持股计划还停留在摸索和尝试阶段，没有形成普遍适用的形式。

员工持股计划是蕴含于组织内部的利益调整机制，即在组织资本所有者和劳动者之间建立起一种新型的利益关系。在共同利益的基础上，所产生的激励和对组织经营发展的共同关注，有学者称前者为“经济的力量”，后者为“民主的力量”。可以讲，员工持股计划本身就是现代组织制度的重要组成部分，而不能独立于许多组织制度之外。实施员工持股计划的目的在于为组织引入一种新的动力机制，而不仅仅是一种利益分配机制。

实行员工持股计划的目的，在于在组织内部引入一种新的力量、新的机制和新的动力，是组织在新形势下的一种制度创新。可以将其目的概括为：让员工分担组织的风险；让员工分享组织的成功；奖励为组织持续贡献的员工，激励员工不断地为股东创造更多的价值；不断吸纳人才，留住人才，合理使用人才，提升组织核心竞争力。

员工持股计划必须有配套的约束机制。其中的激励具有很大的约束，是基于责任的激励，必须在持股对象、持股额、持股权利、持股责任等方面设置控制点，通过“金饭碗”来吸引和激励优秀人才，通过“金手铐”来留住人才。归纳起来讲，员工持股计划的机制是让员工关注组织的持续发展，关注自身业绩和能力的不断提高，使员工以业绩换持股，有制约地使员工持股成为一种投资行为，而不是投机行为。

员工持股的激励力度大于其他报酬形式的原因有：一是回报的长期性，二是回报的不确定性，三是有足够大的倾斜力度。关键是应该组合使用多种员工持股形式，拉开持股差距，向那些为组织创造价值的部门和员工倾斜。此外，员工持股一定要有预留机制，以保持对新员工和老员工不断创新与创业的牵引和激励。

六、股票期权计划

股票期权是指组织的所有者在组织经营者的经营业绩达到一定的要求时，对其在一定时期内可购得或奖励适当数量公司股份的一种长期奖励方式。如果股票价格上涨，股票期权的持有人将行使权利，以约定的价格购入股票，从而获利；如果价格下跌，股票期权的持有人将放弃购买股票。它可以分为非激励型股票期权和激励型股票期权两种。

员工持股面向组织全体员工，而股票期权所激励的只是组织的少数高层经营者。根据麦肯锡公司的一项调查，对于中层管理人员而言，股票期权是个简单的权宜之计，对高层管理人员而言，却是最简单明智的长期激励计划。调查发现，成功的股票期权计划具备下列特征：绩效衡量标准与持股人的财富增长而不是同股息增长带来的收入有关；建立明确的目标水平体系，并向计划参与者详细阐明；根据环境状况，对目标进行调整，即如果市场需要，绩效标准也随之改变。

七、其他

1. 风险工资计划

其主要含义是每个员工都领取风险工资，使得工资与组织经济目标的完成情况挂钩。但员工薪资中只有一部分有风险，具体比例视组织的具体激励计划不同。

2. 平衡计分卡

由于每种工资方案都会在一定程度上强调绩效和激励，因此会导致个人主义和竞争性行为的出现，所以，将各种方案结合起来可以有效克服这些弊端，发挥各种方案的长处，平衡计分卡就是这样一种方法。通过平衡计分卡可以知道组织针对什么样的指标进行奖励，从而监督组织在培育未来发展所需的能力以及在无形资产方面取得的进展。尤其是在设计高层管理人员的激励计划时，平衡计分卡更加有效，将与股东、客户和员工相关的目标进行平衡，可以引导高层管理人员的行为，为全体员工做好示范作用。

有学者认为，将绩效和激励联系起来也有风险。例如，组织平衡计分卡中的测评指标是否正确？对于挑选出的测评指标，组织是否拥有有效和可靠的数据？在实现为测评指标设定的目标时，是否会出现意外的结果？这些都是组织应该提出的问题。当然，平衡计分卡在确定鼓励性报酬时可以发挥作用，这是不容置疑的。

【基本概念】

薪酬　福利　要素计点法　关键工作　薪酬的常见模式　计件工资制　收益分享计划　股票期权

【本章小结】

1. 薪酬是组织对自己的员工为组织所做出贡献的一种回报。薪酬在补偿劳动消耗、吸引和留住人才、保持员工良好的工作情绪和合理配置人力资本这四方面发挥作用。薪酬的管理应该满足公平性原则、竞争性原则、激励性原则和从实际出发的原则。总体薪酬包括基本工资、绩效工资、激励工资、福利四个组成部分。影响一个组织薪酬体系设计的因素很多，大体上可以分为战略、职位、资质、绩效、市场五种因素。

2. 薪酬体系设计包括薪酬调查，确定每个职位的相对价值，将类似职位归入同一工资等级，确定每一工资级别表示的工资水平，确定薪酬浮动幅度，设计等级重叠，管理薪酬体系几个步骤。

3. 工作评价系统一般包括两个内容：一是薪酬要素，二是根据这些薪酬要素对组织的重要性程度确定其权重分配方案。但常见的主要有工作重要性排序法、工作分类法、要素计点法和要素比较法。现在使用最多的是要素计点法。

4. 薪酬有五种常见的模式，分别是：职位工资制、技能工资制、绩效工资制和计时工资制、计件工资制。

5. 除了上面五种常见的薪酬模式以外，还有诸如浮动工资制、年功工资制等。

6. 我们可以看到：没有一种薪酬模式是完美无缺的，同样，也没有一个薪酬模式是毫无价值的。具体采取哪种薪酬模式要根据组织的实际情况确定。

7. 在本章的最后，还介绍了斯坎伦计划、拉克计划、收益分享计划、利润分享计划、员工持股计划、股票期权计划等几种整体薪酬激励计划。

【复习思考题】

1. 什么是薪酬？一般来说，薪酬包含哪些内容？公平合理的薪酬体系对组织有哪些作用？

2. 进行工作评价的方法主要有哪些？请详细描述这些方法的实施要点。

3. 设计薪酬体系的步骤和要点有哪些？

4. 常见的薪酬模式有哪几种？分别有什么优缺点？

5. 比较收益分享计划和利润分享计划的异同。

【推荐阅读】

1. Sarros J C, Cooper B K, Santora J C. Building a climate for innovation through transformational leadership and culture. Journal of Leadership and Organizational Studies, 2008, 15 (2): 145 - 158.

2. Therrien P, Léonard A. Empowering employees: a route to innovation. Ottawa: Statistics Canada, 2003.

3. Brooks R M, May D O, Mishra C S. The performance of firms before and after they adopt accounting-based performance plans. The Quarterly Review of Economics and Finance, 2001, 41 (2): 205 - 222.

4. Panuwatwanich K, Stewart R A, Mohamed, S. The role of climate for inno-

vation in enhancing business performance：the case of design firms. Engineering Construction and Architectural Management，2008，15（5）：407－422.

5. 乔治·米尔科维奇，杰里·纽曼．薪酬管理．北京：中国人民大学出版社，2008.

6. 加里·德斯勒．人力资源管理．北京：中国人民大学出版社，2012.

7. 赵曙明．薪酬管理：理论、方法、工具、实务．北京：人民邮电出版社，2014.

8. 曾湘泉．薪酬管理．北京：中国人民大学出版社，2014.

第九章 员工福利

【学习目标】

学完本章后，你应该能够：

1. 了解福利的概念和意义。
2. 理解福利计划与管理的功能。
3. 了解福利的类型和内容。
4. 了解弹性福利计划。

| 章节导引 |

弹性福利设计

北京LT通信的总裁马勇信奉一句经典名言：善待客户，首先要善待员工。他深知公司的服务必须通过员工来体现，员工不满意，最后就有可能影响到对客户的服务。

他一直以LT通信的人性化管理为自豪！但最近的一系列状况打破了马总的自恋情结。那天，马总意气风发地对大家说："最近拿下了几个大单，下半年业务量至少要增加一倍以上，各位的工作计划必须提前，工作量必须加大。"

他的话音刚落，各部主管就炸开了锅，有些部门频繁抱怨人手不够，流失严重，很难完成计划任务，更别说增加任务了。

放在以前，马总还不是很在意，毕竟通信行业的人员流失率一直居高不下，业内尽知，不是LT独有的。但是在这节骨眼上，他就不得不过问了，于是专门向人力资源总监李宾了解情况："最近公司不是新招了400多人吗？怎么还是缺人？"

李宾最近也忙得焦头烂额，这边新招的400多人还没上手，那边工作两年以上的老员工却又流走了近百人，现在马总追问了，他也不得不把这种情况据实说了："现在老员工的流失非常严重，去年以来员工平均流失率达到25%，今年二三月份一度超过30%。"

马总心里咯噔了一下，如此高的流失率确实出乎他的意料。本来，针对去年公司人员流失率高涨的情况，他会同人力资源部已经专门研究过，并且也提出了解决方案。当时的解决方案是增加员工福利投入，提高员工工作保障。一般来说，高工资、低福利是高速发展的通信行业内大多数企业的必然选择，也是吸引、挽留和激励人才的重要手段。然而，工资总额高了，个人调节税和法定保险的缴费基数也会增加，高工资所带来的高成本不仅会让公司不堪重负，能到员工手中的税后工资增长幅度也不会太大，测算后并不划算，还不如把每年工资预算增加的部分拿出来以福利补贴的形式为员工缴纳保险、出去旅游。

想到这里，他不由站起来，一边踱步一边说："去年流失率高，我们今年不是追加了500多万元的福利费用了吗？总福利已经超出2 000万元了，怎么没见任何起色？"

"据我所知，很多员工对福利补贴好像没有多少感觉。"市场部王经理插话道。

"没感觉？福利补贴不也是钱？翅膀硬了就飞了，等我把他们培养成熟练员工，他们就跑了，这算哪门子事？总不能把他们个个都提拔上来当经理吧！"马总不由得满肚子火。但他也知道，就算是将福利补贴以现金的形式发放到个人手中，也解决不了问题。因为撒胡椒面般把那点钱分到2 000多人头上，确实看不到什么大的变化。

发火归发火，员工流失的问题还必须解决，马总向李宾布置了一个任务："加工资是不现实的，加一点点起不到什么作用！加多了，成本又会提高太大，还是从福利入手。你立即对员工进行一个福利满意度调查，看问题出在什么地方，总不能让这些钱打水漂了！"

2 000多万元的福利花在什么地方了呢？李宾查看了一下去年的福利支出，他发现公司花在每位员工上的福利费用约占整体薪酬的15%～20%，是一项可观的支出。公司每年为全体员工购买了法定的保险，如养老保险、医疗保险、工伤保险等，另外，还在去年增加了补充住房公积金，而且还有不定期的外出旅游、内部培训、健康检查、节日补助、年休假、住宿津贴、实物补贴等，经过核算，平均到每位员工身上，一年的福利支出约为10 000元。

现在的福利怎样分配的呢？他发现目前公司的福利基本上是平均主义制，比如休假，是工作1年以上员工都有的；补充住房公积金、节日补助、住宿津贴、内部培训都如此。

员工的使用情况如何呢？员工对发放现金的比较积极，其他的往往是被动参与，有的则根本使用不到，比如家住公司附近的，一般享受不到交通津贴和住房津贴；有了房子的，补充公积金就跟养老金差不多，短期激励不足，而且公司里的很多年轻人都不在乎实物补贴，对于参加集体旅游也很勉强。

为了更真实反映员工的情况，他安排人员首先对员工进行了一个普查，主要是了解员工对公司的福利认知度，他用问卷的形式提出了几个问题：

你对公司提供的福利关心吗？

你了解公司提供哪几种福利？

你认为最需要的核心福利是哪些？

你对目前哪些福利比较满意？

你觉得目前福利中还需要增加哪些？

你是否满意目前的福利制度？

你认为目前福利制度最需要改革的是哪些？

个人资料（性别、年龄、教育程度、婚姻状况、需抚养的子女人口数、年资、职位级别）。

从最后问卷的反馈结果看，进一步证实了李宾的猜测：

第一，90%的员工对福利并不了解。他们认为公司提供的福利就是国家法定的基本保险、补充住房公积金，知道多一点的是交通补贴、通信补贴、住宿津贴、节日补助等，而对于外出旅游、内部培训、健康检查、年休假、实物补贴等，认为这是福利的只有10%不到，而这些实际上在整个福利中所占比重高达60%。

第二，在需要增加的福利项目中，填写者五花八门，包括进修补助、教育训练、子女教育补助、托儿补助、伙食津贴、购房贷款、交通补助、购车利息补助、旅游补助、团体保险等40多种。这说明员工对福利的需求更加多元化。

第三，75%的员工对目前的福利制度不满意，最不满意的群体是两年以上的基层和中层员工，新员工和高层都不是太在意。这说明为什么两年以上的员工流失率偏高。

第四，从对福利的偏爱上看，不同的员工差异明显。刚进入公司的员工更多地偏重教育补助，年龄比较大的员工比较看重年休假和旅游，有家庭的员工希望提供一些家庭方面的补助等。

资料来源：http：//www.hrsalon.org/bowen/viewbowen4b5099059e0e2.html.

第一节 员工福利概述

一、员工福利概述

1. 员工福利的定义

员工福利（Employee Benefits）一般被看成是全部报酬的一部分，可以从广义和狭义两个层次进行定义。

广义的员工福利包含三个方面：第一，是指企业员工作为国家的合法公民，而享受政府的公共福利和公共服务；第二，作为企业成员，享受企业的集体福利；第三，除工资外，企业为员工及其家庭提供的各种实物和服务形式的福利。

狭义的员工福利，是指企业为满足劳动者的生活需要，在工资收入以外，向企业员工及其家庭成员所提供的待遇，包括物质福利、健康保险、带薪休假、退休金、专项服务等。狭义的员工福利又被称为劳动福利或者职业福利。

2. 员工福利的形成与发展

在国际上，员工福利的发展经历了三个阶段：早期发展阶段（企业自我管理时期）、成熟发展阶段（市场经营管理时期）和综合发展阶段（政府介入后与社会保障协调发展时期）。

（1）早期发展阶段：19 世纪后半期，产业工人和资本家之间的矛盾日益加深。工厂里的暴力事件层出不穷，工人罢工事件常常发生。自从 19 世纪 80 年代中期以来，改革雇佣关系的呼声越来越高，一些思想开明的企业家自觉采用了一些员工福利措施，如在公司设置洗澡堂和餐厅，提供公司自己的医疗保健服务，甚至派公司的福利代表到员工家中嘘寒问暖，提供营养和卫生方面的咨询。

（2）成熟发展阶段：20 世纪 30 年代以来，西方国家的员工福利事业得到了迅速的发展。以美国为例，二战期间，美国对工资实行了冻结政策，企业为了争夺稀缺的劳动力，纷纷对员工提供优厚的福利待遇，作为一种回避战时工资冻结的手段。与此同时，负责工资和物价管理的政府部门对这种变相的工资增长，也采取了比较宽容的态度。因此，在这一时期员工福利事业发展很快。从 1929 年至 1975 年，美国企业的福利支出占劳动成本的比重从3%上升到了30%。

（3）综合发展阶段：进入20世纪后期，政府的态度开始影响企业员工福利计划的建立和管理。可以说现代的员工福利计划体现了个人、企业和政府三者的利益的结合。

在我国，早在新中国成立初期，我国的大中型企业、事业单位和政府机关就普遍为职工建立了福利制度，发放形式主要表现为住房分配、副食补助、洗理费补贴、为职工子女提供教育便利等等，发放的形式和数量由政府决定，具有很强的平均主义的色彩。随着市场经济体制的确立和国有企业改革的力度不断加大，现代企业的福利制度被赋予了更加丰富的内涵。企业设计了更多的福利品种供员工选择，福利在员工总体薪酬中的比重逐渐增大（很多企业的福利支出已经占到了总薪酬的40%以上）。

3. 员工福利的特点

员工福利作为企业报酬的一种重要形式，主要有以下特点：

（1）集体性。绝大部分的员工福利是由企业员工集体消费的，除去少部分福利形式针对于某个特定的群体以外，员工福利的主要形式是举办集体福利事业（如员工食堂、俱乐部等），员工主要是通过集体消费或共同利用公共设施的方式分享员工福利。

（2）均等性。员工福利是企业支付给员工的外在性间接报酬，员工在履行了劳动义务之后，都有享有企业各种福利的平等权利。换句话说，员工福利的享受与员工个人的工作绩效不直接挂钩或关联不大，员工是作为企业的某种组织成员的身份而享受有关福利待遇的，具有一定的机会均等和利益均沾的特点。

（3）补充性。员工福利是对按劳分配的补充。在按劳分配制度下，员工个人劳动能力、个人贡献以及家庭负担的差异不可避免地造成部分员工生活困难，个人消费品的需要难以满足的现象。员工福利可以在一定程度上缓解员工生活富裕程度的差别，作为工资的补充解决员工的生活困难。

（4）有限性。员工福利仅仅是对员工生活有限的、特定的需求的满足，不能像工资一样满足员工的基本需求。

（5）补偿性。员工福利是对员工所提供的劳动的一种物质补偿，是对员工资收入的一种补充形式，当然，享受这一权利的前提是履行了劳动义务。

（6）差别性。在不同的企业之间，由于经济条件的限制，各个企业向员工提供的福利待遇会有些差别；即便是在同一企业之中，在某些福利项目上，也因员工个人的劳动贡献不同而有所不同。

二、员工福利的类型

按照不同的依据可以将员工福利划分为多种类型。根据给付方式可将其划分为货币型、实物型及服务型；根据员工福利发挥的功能，可划分为劳动条件型、生活条件型和人际关系型。根据福利的来源，可以分为法定福利和企业福利，而企业福利又可以细分为全员性福利、特殊群体福利等。

表 9.1 提供了美国企业福利类型总表以供参考。

表 9.1 **按类别划分的各种福利**

（黑体标注为强制性福利）

保险	医疗保健	退休
工伤补偿	**统一综合财务条件法案有关条款的各项有关规定**	**社会保障**
失业补偿	医疗保健	提前退休
社会保障（退休人员、老年人、幸存者和残疾人保险）	牙齿保健	退休前咨询服务
企业与员工告别费	医疗保健	残疾人退休福利
补充失业保险	处方用药	退休人员保健计划
家庭事务：儿童护理、老年照料	心理咨询	退休金计划
财政帮助、保险及其他人寿保险	保健计划	个人退休金账户、401K 储蓄计划、基奥退休储蓄计划
法律诉讼保险	健康保护组织或最佳供应者组织的医疗保健计划	**家庭事假与病假**
残疾保险	社会娱乐活动	**兵役服务员**
员工持股计划	网球场	**选举日和参加陪审团假**
财务咨询	保龄球队	午餐和工间休息
信用合作	公益服务奖励	节假日和休假
企业提供的轿车和支出账户	提供资助的活动（体育性的或社会性的活动）	丧礼和丧亲假
教育辅助	自助餐	
工作调动和搬迁辅助	娱乐项目	

我们按照福利制度是否具有强制性而将其划分为强制性福利和自愿性福利。

1. 强制性福利

强制性福利又称为法定福利，是国家通过立法强制实施的员工福利政策，主要有两大类：社会保险和休假制度。

（1）社会保险。社会保险就是指以国家为主体，保障劳动者在遭遇年老、失业、疾病、伤残、生育以及死亡等风险和事故，暂时或永久丧失劳动能力，或者有劳动能力无劳动机会进而丧失生活来源的情况下，通过国家立法手段，运用社会力量，保障劳动者能够享受国家或社会给予的物质帮助，维持其基本生活水平的一种制度。

从社会保险的定义我们不难看出，社会保险主要包括养老保险、失业保险、医疗保险、工伤保险和生育保险几大类。

养老保险是国家为劳动者建立的老年收入保障机制，是员工在达到退休年龄、退出劳动领域或者丧失劳动能力等情况下应该享有的权利，包括经济、医疗以及社会服务等方面的措施。我国现阶段采取的是社会统筹和个人账户相结合的养老保险制度，劳动者在退休以后按月领取一定数额的养老保险金。

我国现阶段老年社会保障制度的主要内容包括退休条件和退休待遇两个方面。

我国对退休条件方面主要有下列规定：

男工人和男干部年满 60 周岁、女工人年满 50 周岁、女干部年满 55 周岁，连续工龄满 10 年的，即可享受退休待遇。

特殊行业的从业者因其岗位不同又有所区别，如井下矿工、固定在华氏 32 度以下的低温场所或者华氏 100 度以上的高温工作场所的工作者，男工人和男职员年满 55 周岁、女工人与女职员年满 45 周岁，均可退休养老，其工龄计算，每在这些岗位上工作一年，均按一年零三个月计算。

直接从事对身体健康有害的工作，如提炼或制造铅、汞、磷、酸等工作，男工人与男职员年满 55 周岁、女工人与女职员年满 45 周岁，均可退休养老，其工龄计算，每从事此岗位工作一年，按一年零六个月计算。

中央、国家机关的部长，省、自治区、直辖市的党委书记、省长、主席、市长和相当职务的干部，退（离）休的年龄可以延长至 65 周岁；教授、研究员以及相当职称的高级专家，经报请相关部门批准，可延长退（离）休年龄，但最长不超过 70 周岁。

关于退休待遇，我国目前主要区分为退休和离休两种：

工人与干部退休待遇，按其工龄长短，按月领取退休金，其标准一般为本人工资的 60%～75%，领取至死亡时为止。

离休是指 1949 年 10 月 1 日中华人民共和国成立以前，参加革命工作、享受供给制待遇的干部和在国民党统治区从事地下工作或参加民主党派的人员，以及 1948 年底以前在解放区工作、享受政府薪金待遇的干部，男年满 60 周岁，女年满 55 周岁，离开工作岗位后享受离休待遇。根据国家规定，离休干部的养老金，由本人原标准工资和生活补贴两部分构成，生活补贴的额度按离休干部参加革命工作的实践而有所区别：1937 年 7 月 6 日抗日战争以前参加革命工作的干部，每年加发本人标准工资两个月的津贴；1937 年 7 月 7 日至 1942 年 12 月 31 日期间参加革命工作的干部，每年加发本人标准工资一个半月的津贴；1943 年 1 月 1 日至 1945 年 9 月 2 日参加革命工作的干部，每年加发本人标准工资一个月的津贴。

我国离休干部的特殊待遇是在特殊历史时期的特殊政策，将来必然要纳入统一的管理体系当中。

失业保险是指员工在非自愿性失业——由非本人原因引起的失业——情况下，在失业后的一段时间内能够获得一定数额的津贴或者补助。国际劳工组织第 44 号公约规定，无论是津贴还是补助，支付期应为每年至少 156 个工作日，在任何情况下也不能少于 78 个工作日。失业保险福利是一种经济性补偿，用以弥补非自愿性失业的员工在失业期间所损失的部分收入，目的是使非自愿性的暂时失去工作的劳动者，通过基本生活保障，为其尽快重新就业创造条件。其基本待遇是失业保险金及失业医疗救助金等。

我国现行的失业保险制度是按照国务院 1999 年 1 月 22 日发布的《失业保险条例》执行的，具体规定主要涉及失业保险覆盖范围、失业保险基金来源、开支范围、领取条件、保险金标准、给付期限和管理机构等几个方面。

覆盖范围：包括城镇的企业和事业单位，其中城镇企业包括国有企业、城镇集体企业、外商投资企业、城镇私营企业以及其他城镇企业。

基金来源：企、事业单位按照本单位工资总额的 2%缴纳的失业保险费、职工按照本人工资的 1%缴纳的失业保险费、政府提供的财政补贴、失业保险基金的利息，以及依法纳入失业保险基金的其他资金。

开支范围：失业保险金以及领取失业保险金期间的其他相关费用，主要包括医疗保险金、丧葬补助金、抚恤金、职业培训补贴和职业介绍补贴，以及国务院规定或批准的其他相关费用。

领取条件：享受失业保险待遇须同时具备三个条件，而所在单位和本人按规定履行及缴费义务满 1 年，非本人意愿失业，办理失业登记并有求职要求。

保险金标准：在低于当地最低工资标准的同时又高于城镇居民最低生活保障水平的范围内，由省、自治区、直辖市政府自行规定。

给付期限：最长 24 个月，最短 12 个月，视缴费年限确定。累计缴费满 1 年但不足 5 年的，最长给付 12 个月；累计缴费满 5 年但不足 10 年，最长给付 18 个月；累计缴费满 10 年以上的，最长给付 24 个月。对于连续工作满 1 年的农民合同工，根据工作时间的长短支付一次性生活补助。

管理机构：国务院劳动保障行政部门是全国失业保险工作的主管机构，县级以上地方政府劳动保障行政部门主管本行政区域内的失业保险工作。

在建立失业保险制度的同时，我国也在积极探索建立失业预防和失业补救制度，初步建立了就业培训网络，开展了劳动就业服务工作。

医疗保险是指按照强制性社会保险的原则，通过国家立法，由国家、企业和个人共同集资建立医疗保险基金，当个人接受医疗服务时，由社会医疗保险机构提供医疗费用补偿的一种社会保险制度。

1998 年，国务院颁布了《关于建立城镇职工基本医疗保险制度的决定》，形成了现阶段我国职工医疗保险制度的基本框架，确定了基本医疗保险的基本原则、覆盖范围、统筹层次和缴费比例，明确了基本医疗保险实行社会统筹和个人相结合以及相应的基金来源和使用范围。

基本原则和覆盖范围：坚持"低水平、广覆盖"的原则，"低水平"是指从国情和国家财政、企业承受能力出发，确定合理的基本医疗保障水平；"广覆盖"是指所有城镇用人单位以及职工，企业（国有企业、集体企业、外商投资企业、私营企业等）、机关、事业单位、社会团体、民办非企业单位及其职工，都要参加基本医疗保险，实行统一的医疗保险制度。

筹资机制：基本医疗保险费由单位和个人共同负担，用人单位和职工个人按工资收入的一定比例共同缴纳，企业缴费率占职工工资总额 6%左右的比例，个人缴纳额为其工资收入的 2%左右。

支付范围：统筹基金和个人账户的支付范围分别核算，个人账户主要支付门诊或小病医疗费，统筹基金支付住院或大病医疗费。统筹基金起付标准原则上控制在当地职工年平均工资的10%，最高支付限额原则上控制在当地职工年平均工资的4倍左右。

统筹范围：统筹范围原则上为地市级，确有困难可以以县为统筹单位，直辖市实行全市统筹。

医疗保险制度的建立和推行，保障了现阶段处于企业改革和结构调整中的员工的利益。

工伤保险又称职业伤害保险，是对在工作中受伤致残或因从事有损健康的工作患职业病而丧失劳动能力的劳动者，以及对因工伤死亡的员工的遗属（通常是无生活来源的）提供的物质帮助。工伤保险实行“无过失补偿”原则，即意外事故的发生，无论劳动者是否存在粗心大意或者操作上的失误，均可获得收入补偿。此外，工伤保险费只由企业或者雇主缴纳，员工个人不承担费用。工伤保险的范围包括工伤事故和职业病。

1996年，原国家劳动部发布了《企业职工工伤保险试行办法》，将工伤保险作为一种相对独立的制度加以体系化和规范化，内容涉及工伤鉴定和评残标准、工伤保险基金、工伤认定和工伤保险待遇等几个方面，标志着我国工伤保险制度建设已进入了一个崭新的阶段。该《办法》从2004年1月1日起被《工伤保险条例》替代，而2010年12月8日国务院第136次常务会议通过《国务院关于修改〈工伤保险条例〉的决定》（中华人民共和国国务院令第586号）取代原《工伤保险条例》，并于2011年1月1日起施行。

生育保险是指通过国家立法，筹集基金，对因处于生育子女期间而暂时性丧失劳动能力的妇女给予一定补偿的社会保险制度，主要包括经济补偿、医疗服务和生育休假福利等。一般而言，生育保险的内容包括：

产假。给予生育女职工不在工作岗位的时间期限，具体时间根据各国法律有所不同。我国的规定是女职工产假90天，其中产前休假15天，难产的增加产假15天，多胞胎生育的，每多生育一个婴儿，增加产假15天。

生育津贴。在产假期间，对于生育女职工的工资收入给予一定数额的经济补偿。

医疗服务。女职工从怀孕后享受的一系列医疗保健和治疗服务的费用由生育保险承担。

（2）休假制度。主要涉及休假和节假日薪资、病假工资两部分。

休假和节假日薪资。这是指企业向其员工在国家法定假日和组织自定的休假日支付的报酬。我国规定的节假日包括元旦、春节、劳动节、国庆节以及周末双休日等，在以上法定假日因工作需要必须安排员工加班，在员工同意的基础上应该按规定支付员工加班工资，其中法定节日加班工资不低于300%的劳动报酬。还有一种情况是在法定假日以外，企业可以根据员工的服务期限、资历等条件给予不同的时间和费用进行休假，探亲假就属于此种类型。

病假工资。这是指员工因为疾病而不能工作时，所享受的带薪病假福利。大多数病假制度是员工可以在规定的病假期内（期限由不同组织根据自身情况自行决定）享受正常的工资待遇，全年的病假日通常是按固定的比例累积的，员工可自行决定休假的时间。有的企业要求员工请病假时出具医院证明。

2. 自愿性福利

自愿性福利又称为企业福利，是指由企业自主建立的、为满足职工的生活和工作需要，向员工及其家属提供的一系列的福利项目。企业福利计划比法定福利计划种类更多，选择更加灵活，在这里我们只简要地介绍以下几种。

（1）企业年金。又称企业补充养老保险，是指在缴纳基本养老保险费以外，企业在国家政策的指导下，根据自身的经济实力和经济状况而建立的旨在为本企业职工提供一定程度退休收入保障的制度。它是现代多层次养老保险制度的一项重要的子制度，是对社会福利的重要补充。社会基本养老保险用于保障员工的基本生活，其替代率在58%左右，企业年金作为社会基本养老保险的必要补充，属于员工个人所有，用于保障职工在退休后仍然能够维持原有的生活水平。对于员工而言，企业年金是一种延期收入。

根据《国务院关于印发完善城镇社会保险体系试点方案的通知》（国发［2000］42号）的相关规定，我国的企业年金具有以下特点。

双方缴纳、完全积累：由企业和员工双方共同缴费，实行完全积累。

个人账户：为受益人建立企业年金个人账户，账户积累由企业和职工缴费及投资运营的收益构成。

成本列支：企业缴费在工资总额4%的部分，可在企业成本中列支。

市场化管理和运作：企业年金的经办机构、投资机构和托管机构均为银行及非银行金融机构，并受政府监督，完全按照市场规律进行市场化运作。

（2）人寿保险。多数人寿保险以团体人寿保险的形式出现，这对于企业和员工都有好处：企业可以享受法律上的税收优惠政策，而员工作为一个群体可以以较低的保险费率购买相同的人寿保险。多数情况下，组织会支付全部的基本保险费用（在美国约占到雇主的79%），附加人寿保险的费用则由雇员自己承担。

（3）住院、医疗和伤残保险。这是指企业向员工提供某种稳定的住院、医疗和伤残保障，目的是为了减少员工由于生病或意外事故造成的医疗费用支付损失，进而保障员工基本生活，这种福利形式和人寿保险一起构成了几乎所有的福利方案的基础。这种保险属于商业保险的范畴，一般采取团体购买的形式，而且该保险适用于全体员工，不考虑员工之间工龄和健康状况的差异。

（4）教育资助。通过一定的教育或培训手段提高员工素质和能力的福利计划，通常体现为对企业的员工提供教育资金援助，这也是很多企业的一项福利措施。

教育资助分为两种：一种是对那些自觉地参加专业培训课程或学位班的员工，在其保证一定工作时间及获得较为优秀的学习成绩的情况下，酌情根据其学业的完成情况为其提供部分学费或全部学费的报销。一般来说，如果员工通过自费培训拿到学历，就可以得到培训费用的全额报销。通过这种方式，企业既可以鼓励员工提高学习和自我开发的积极性，又能够切实提高他们为企业服务的本领和技能。另一种则是在企业内部进行培训。许多企业会举办面对全体员工的讲座和研讨会，帮助员工提高包括专业技能、与人沟通合作的技能、创新与应变能力等在内的多种能力，以确保整个企业的人力资本增值。

（5）生活福利。为了适应员工紧张工作和生活的需要，越来越多的企业开始提供一些方便员工生活的福利，如照顾儿童和老人、提供免费午餐、提供班车服务等等。

三、员工福利的作用

工资和福利是现代企业薪酬的两个主要构成部分，在很多方面，员工福利发挥着工资难以达到的作用，具体来讲有下列几个方面。

1. 增加企业招募的优势，吸引企业外部优秀人才

求职者在决定是否加入一家企业时，其考虑的因素多半是公司的知名度、工作本身是否有挑战性与薪资福利等等。2003年的一项网上调查显示，对于初创业的员工，高薪是吸引人才的重要砝码，而对于已经有一定经济基础的员工，高薪的作用并没有想象中大。由此观之，求职者在找寻工作时，不见得都是向钱看齐，因此只要企业妥善做好福利规划，不仅可以避免外部恶性挖墙脚，而且可以将人事预算做最有效率的运用。

2. 减轻员工税赋的负担，增加员工实际收入

每年公司员工的调薪幅度总是众所瞩目的焦点，然而加薪是否真的会增加员工的年度净所得？加薪代表的是员工所得的增加，然而加薪难免会有预算上的限制，而且员工可能因为加薪造成年度所得税率向上调整，反而增加赋税的负担，造成了实际收入的下降。企业若是可以从员工赋税的减少来着手规划员工福利，也就是所谓的薪资福利化，可以切实提高员工的收入水平，充分切入员工所需。

3. 加强核心员工的留任意愿

在企业逐渐将不具有核心竞争优势的业务转型为外包之际，组织内部人员的精简是可以被预期的，此时存在于组织内部的核心人员便是未来企业创造价值的精英分子，他们可以增强企业的核心竞争力，进而创造更高的附加价值。根据二八定律，企业20%的核心员工创造了企业80%的利润，组织内部资源分配应该向这部分核心员工倾斜。建立一套符合企业特性又有所侧重的福利规划，不仅可以适度地提升员工的士气，还可以留住核心员工为公司共同打拼。

4. 树立良好企业形象，传递企业文化和价值观

现代企业已经不再是单纯的商业组织，企业的任务不再是单纯地向社会提供产品

或服务，实现利润。它还需要履行诸多的社会责任，员工福利就是其中很重要的一项。员工福利可以体现企业的管理特色，传递企业对员工的关怀，创造大家庭式的工作氛围和组织环境，获得较高的员工认同度；也会在社会大众中树立良好的形象，对公司的长远发展很有利。

第二节 员工福利计划与管理

一、员工福利计划的设计

员工福利计划（Employees Benefits Plan，EBP），是指企业对所实施的员工福利进行的规划和安排，也就是对员工福利各个模块的设计。企业在设计员工福利计划的时候，要考虑企业的外部和内部因素。外部因素主要包括国家的法律法规和相关政策、社会的物价水平、劳动力市场的状况以及竞争对手的福利状况；企业内部因素则包括了企业的发展阶段、企业的经济实力以及员工的需求、绩效和工作年限等员工个人因素。综合考虑上述内外部因素之后，企业需要明确一些基本问题，这些问题也就构成了员工福利计划的基本内容。

1. 企业向员工提供福利的目的

不同的目的决定了员工福利计划的内容和形式。一般而言，如果为了保障和提高员工的生活水平，那么福利的内容倾向于实物和服务，可以参考当地的生活水平确定；但是如果目的是建立有竞争力的薪酬体系，那么福利水平就需要参考整个行业的市场水平，而不是仅仅局限于本地区而确定。

2. 福利的具体内容

福利的具体内容决定了员工的满意度，因此，企业在圈定福利内容的时候一定要充分考虑到本企业职工的需求情况，避免出现“出力不讨好”的局面。企业向员工提供哪些福利是由多种因素决定的。

首先，企业在提供福利时要清楚自己的经济实力及雇用需要，既结合本企业的实际情况，又能够体现福利的导向性。不顾自己的经济实力而盲目扩大员工福利范围，只会使企业背上沉重的成本负担。与此同时，由于员工群体的差别，他们希望享受的福利待遇有所不同，企业要根据自己现有的员工队伍状况和希望吸引的员工类型合理设置员工福利项目，这样做不但会提高员工的满意度，也有利于控制成本。

其次，企业要对社会现实，尤其是竞争对手的福利状况有清楚的了解。在了解社会现实的基础上，企业需要对本企业的福利计划的竞争力做出判断，进而提出改善的措施。

最后，还要对将来有良好预期。由于员工福利的刚性，企业在设立新的福利项目时要尤为谨慎。要充分考虑这些福利项目是否具有长期存在的必要和企业的承受能力，一方面可以避免不必要的成本增加，另一方面也可以增强企业福利的竞争性和持续性。

传统上，企业向员工提供福利大都是固定的，也就是向所有的员工提供相同内容的福利，这种做法操作简单，管理成本较低。但由于不同的员工有不同的需要，简单划一地向所有员工提供一样的福利显然不能适应所有员工的需要，不仅会引起员工的不满，也可能会造成企业成本的不必要增长。随着企业对福利管理认识的深入，越来越多的企业开始放弃传统的福利管理办法，转而采取相对灵活的管理方案，允许员工在福利内容和数量上有较大的选择余地。近年来，一种“弹性福利计划”引起了学术界和企业管理界的关注，这种计划在福利内容和数量的灵活性方面有很多可取之处。

3. 确定提供福利的水平

企业整体福利水平是高于、等于还是低于市场平均水平？这里面需要决定两个层次的内容，一是确定企业整体的福利水平，二是确定员工个人的福利水平。

员工福利的水平设计与企业的战略和经济实力高度相关，高水平的福利有助于提升企业薪酬的竞争力，吸引优秀人才，提高员工满意度，降低离职率，但是这种福利水平的成本相比其他竞争对手较高，会给企业的经营和管理造成一定的压力，因此高水平的福利是以企业良好的财务状况为基础的。

与市场水平大致相等的福利，简化了福利的决策过程，市场水平是多少，企业的福利就定为多少，降低了决策的难度，同时较低的福利支出也减轻了企业经营的压力。但是，这种水平福利的市场竞争力不强，而且由于需要监控市场福利水平的变动情况，增加了福利管理的成本。

低于市场水平的福利，其优点是显而易见的，可以降低企业的福利成本，从而降低人力成本。但是这种水平福利的缺点同样明显，由于不具有竞争力，很难吸引到优秀的人才，同时自身的员工队伍也很难保持必要的稳定。因此，这种福利水平只在企业陷入困境的情况下才适用，很少有企业主动采用这种福利水平。

4. 提供差异化的福利

虽然福利具有集体性和均等性，但是并不意味着所有的福利措施都是针对于每一名员工的。不同的福利项目有各自的特点，其对象也不尽相同。此外，为了增加福利的激励作用，现在越来越多的企业对员工享受福利的条件做出了限制和规定，开始实行差异化的员工福利。在决定不同员工享受福利的数量方面，有一些比较成形的做法可供企业参考：

（1）以工龄为标准。员工福利待遇与工龄挂钩，随工龄增加。一些福利只有在员工为企业服务年限达到时才能享受。

（2）以员工对企业的重要性、对企业的贡献为标准。对企业贡献大的员工，享受较高的福利待遇。

（3）以是否在职为标准。在职员工享受的福利，退休职工和因经济不景气而临时解雇的员工则不必享受。

（4）以每周工作时间为标准。全日工享有的福利，半日工、临时工则不必全部享受。

5. 员工福利成本的承担

员工福利成本的负担，原则上可以有三种选择：一是完全由企业负担；二是企业和员工共同负担；三是完全由员工负担，但这种方法在实践中很少应用。

企业完全负担福利成本，员工可以享受税收上的好处，管理上也比较简单。但员工可能会因为福利来得容易而不去珍惜，造成福利使用的浪费；同时，由于企业成本较大，甚至可能会影响正常的生产，所以完全由企业负担福利成本，在长期内，可能会使员工利益受损。

企业和员工共同负担福利成本，员工可以更好地理解和认识企业为自己福利所做的贡献，会提高对企业的忠诚度和认同感，也更加注意福利的使用，节约开支。但由于员工自己支付了部分福利费用，却没有税收方面的好处，总体福利成本因而上升。

另外，还有一些福利，由于使用的人较少，费用昂贵，不宜由企业负担。企业本着为员工服务的原则，采取了员工交纳费用，企业代为购买的做法。这种做法使员工有了“家”的感觉，但同时也增加了福利管理的难度。

二、员工福利管理

1. 员工福利管理的定义

员工福利管理是指为了保证员工福利能够在既定的轨道上良性发展、实现福利计划的预期效果，采取各种措施和手段对员工福利的实施和发展进行控制和调整。员工福利管理是企业各项管理活动中必不可少的一部分，为企业实现福利计划预期目标和结果提供制度保障和人员保障，是企业的各种管理手段在员工福利系统的综合运用。

2. 员工福利管理的基本目标

从员工福利管理的定义我们就可以归纳出员工福利管理的基本目标，即通过控制和调整员工福利的发展过程，保证员工福利能够按部就班地发展，实现各个阶段的目标。

3. 员工福利管理的原则

从管理角度看，为提高资源的使用效益，更好地为人力资源管理目标服务，对员工福利的管理必须充分重视以下原则：

（1）合理和必要的原则。在我国，公司一般都没有为建立员工生活福利设施而提取或筹集的员工福利基金，所以，成本上限也就成了员工福利计划当中不可回避的问题。员工福利设施的建立和服务的提供只能在规定的成本范围内得以解决。因此，福利费用的管理务求以最小的费用达到最大的效用。为了达到这一目的，必须废除一些没有实际效果的设施和制度，按照经济高效的要求建立设施和制度。在合理性之外，还要考虑必要性的问题，应当对员工的需要有充分的了解，并采取相应的措施。福利的提供要适度：福利过少，无法满足员工的需要，会引起员工的不满；滥发没有必要的福利，就会在福利设置上显出“恩赐”色彩，也会导致员工的反感，同时也会增加企业的经营成本，对企业造成压力。

（2）量力而行的原则。企业首先是作为一个经济产物而存在的，其首要目标是经济利润的实现。利润无法实现，履行社会责任就会有心无力，员工福利根本无从保证。因此，企业在设置福利项目时，必须结合自身的经济实力，并要在增加福利支出以增加长期产出和降低成本以增加短期利润之间做出合理的选择。如果不顾短期利益而使企业陷入困境，企业的长期利润就无法实现，优厚的员工福利只能是一种短期现象，经不起时间的考验。

（3）统筹规划的原则。福利设施和大型福利活动常常需要大量的资金，而且员工福利同工资一样，具有可升不可降的“刚性”，一旦形成并被员工接受，就难以简单地缩小和废除。所以要充分考虑各种条件，建立长远的观点，有计划、有组织地开展活动和开发设施，将短期和长期合理有效地结合起来。

建立员工福利的时候要统筹考虑员工福利同社会保障等其他社会福利活动的关系。中国很多企业通常有“企业办社会”的倾向，建立了员工生活所需的各种设施，使企业成为独立于社会环境之外的一个“小社会”。这个“小社会”形成的同时，企业也承担了巨大的经济负担。这种倾向是不可取的，合理的做法是谋求与社会福利的共同发展：一方面在保障成本对自己有利的情况下充分利用社会已有资源；另一方面，企业还可以将自己的福利设施向社会开放，既树立了企业良好形象，也可以在一定程度上收回福利成本。

（4）公平的群众性原则。公平的群众性原则是指福利应以全体员工为对象，体现公平精神。员工只要符合企业的相关规定条件，就有权享有其合理合法的福利。如果缺乏这种公平性，员工福利将会引起群众的质疑和不满，甚至影响其对企业的忠诚。

4. 员工福利计划的实施

员工福利计划的实施，主要需要做好三个方面的工作：首先，要做好福利政策和计划方案的宣传沟通工作。其次，应按照既定的福利政策和计划，审查员工资格，向不符合条件的申请者做出解释；对审查合格的申请者，应为其或协助其办理相关手续，帮助员工获得自己应享有的福利待遇。最后，注意节约开支，降低福利成本。

（1）员工福利计划的宣传及沟通。向职工介绍和宣传福利政策和内容时，可以通过印发福利手册的方式，详细讲述本企业福利的基本内容、享受福利待遇的条件和费用承担等问题。应有专门的机构（可以是常设的，也可以是临时的）定期开展讨论会，收集员工中对福利管理的不解之处，并及时给予解答，避免由于沟通不畅导致的矛盾。同时，要注意收集同行业其他企业的福利制度，完善本企业的福利计划，结合其他企业的现实向员工介绍本企业的福利制度，扩大关于企业薪酬竞争力的讨论范围。要充分利用企业可用资源，如通过企业网等及时了解员工的看法、意见，并给予合理的答复，帮助员工理解福利安排和选择的细节等问题。

（2）审查和帮助员工获得福利待遇。在申请福利待遇的人中，可能有一部分是在作假，想骗取福利待遇的好处。但是，也必须承认，由于福利政策和内容的复杂性，以及有些地方固有的模糊性，即使专业人员，对福利政策的理解也可能出现偏差。无论是哪种情况，员工申请享受规定的福利待遇时，福利管理者都应该首先审查申请者是否符合享受福利待遇的条件。向不符合条件的申请者做出解释，为什么不能享受该项福利待遇，避免由于沟通不当而造成的误会。对经过审查确实合格的申请者，管理者应为其或协助其办理手续，使其能充分享受规定的福利待遇。

（3）节约开支，降低福利成本。随着福利的增长，如何降低福利成本已成为每个企业不可回避的一个重大问题。为了提高福利服务效率，减少浪费，许多企业也进行了一些改革，采取的手段主要有：由员工自己承担一个规定数额的费用，只有员工的支出超过这个规定数额时才开始享受福利；由员工承担部分购买福利的费用；规定员工个人享用福利的上限；对不同的员工区别对待；认真审查员工申请享受福利的条件，严格控制福利享用的条件；实行员工福利成本控制政策，即将企业福利成本控制在一个合理的范围内，并根据这一成本预算提供福利项目；与福利的提供者进行认真的谈判和协调，降低购买福利的成本，审查医院或其他服务单位收费的合理性，或将计划实施方案进行竞争性投标。

5. 员工福利管理中存在的问题及试行解决办法

上文对员工福利管理的一些基本原则及办法进行了简单的论述，但这些论述和现实中的情况并不完全符合。现实中的员工福利管理仍然存在着这样或那样的问题，综合起来主要有以下几类。

（1）企业和员工对福利认识上的混乱。企业对于应该给予何种福利，员工对于应该享受何种福利，双方的认识都很模糊。企业竞争日趋激烈时，这种困惑尤为突出。企业员工福利能否满足员工？企业对此不能确定。如何保持政策的连贯性？企业究竟为员工提供何种福利？怎样分配其中的比例？以及如何具体实施？在这些具体问题上，无论企业规模的大小，企业、员工和人力资源专业人员之间都存在着很大的认识分歧。

这一认识分歧，造成了企业很难确定它们所应该承担的成本以及为什么承担。大多数情况下，企业在制订福利方案时扮演的是被动角色。对员工来说，他们所缺少的不仅仅是该方面的基础理论。在福利的具体实施中，一般只有当员工遇到困难时，福利才显出作用，而实际操作也很复杂。所以，大部分员工对他们所享受的福利的种类、期限以及适用的范围模棱两可，一知半解。

要想解决这一问题，企业应当明确，员工福利计划是企业借助福利形式，缓解外部压力，借以获得竞争优势，并争取到相应的税收政策优惠。企业应以此为出发点制定福利计划，避免出现借助福利名义降低员工工资等压榨行为。一旦福利政策明确了以后，企业必须立即拟定一个与员工交流的计划。要加强宣传的力度，单一的交流方式不能对全体人员产生作用。所以，企业可将个别交谈、文本印刷、电子通信（电话及内部网）等方式结合起来，并且时常进行个别强化。通过与员工的交流，企业可以更好地评估现行的福利方案。

（2）福利成本和效用配比不当。福利成本对于任何一个企业来讲都是一笔巨大的支出，但这笔巨大的支出作用究竟怎样呢？在理论上仍然存在争议，实际操作结果也不乐观。某种福利的实施之初，企业和员工都觉得很划算，但是，随着时间的推移原来的福利成本可能会急剧增长，这样，企业福利成本负担沉重。而从员工的角度来看，大家普遍认为福利是应得的一种权利，而福利待遇又一直没有改变，所以他们就不会心存感激。显然，企业的付出没有得到应有的回报。

企业应该在适当的时间对福利的成本进行一次全面的测试分析。只有在对总成本做出估算之后，企业才能着眼于如何在提高个人福利收入的同时激发员工更高的工作热情。改变高成本的一种方式，就是将固定的福利方案转变为固定的投入方案，然后再根据投入设计方案。

在对福利的实际成本做出估算以后，企业可以考虑如何让这笔支出起到最大的调节作用。企业可以通过增强宣传力度、重新策划项目、加强与其他公司的合作（目的在于降低成本）及与供应商的联系等方式，争取达到预期的价值目标。有些企业会在年底时向员工列出一张清单，仔细说明各项福利待遇的价值，这些做法都会使员工感觉到企业对员工的重视，从而增加其忠诚感和工作满意度，会使企业的福利成本不至于“付诸东流”。

（3）行政管理上的复杂性。由于企业及员工对福利机制都很陌生，加上福利管理本身的复杂性，所以在具体执行时，存在着管理不力，或是管理过头的倾向。当具体问题没有出现时，企业和员工都不清楚这项福利方案应该如何执行；一旦出现了，又会出现无先例可循、手忙脚乱的现象。

在制订福利方案时，要本着越简单越好的原则，以尽可能简单的方案包含所有可能出现的问题。企业要在福利方案确定之后，充分考虑管理中可能出现的问题。在遇到具体的福利问题时，首先考虑事先确定的基本原则和解决办法，然后根据现实情况进行合理修正。在问题解决之后，要将解决办法用制度的形式确定下来，为以后处理类似问题提供参考依据。同时，定期对福利方案进行检测，及时修正不合理的方案，并剔除没有必要的方案。

（4）缺乏针对性和灵活性。传统的福利制度诞生于一个传统的年代，无论是其对象还是福利的具体内容，都已经形成了一种固定化的模式。但是随着社会条件的变化，这种福利模式显然已不再适应现代社会。传统的福利制度十分僵化，一项福利项目一旦制定，就自动适用于所有人，对所有人都支付相同数量的福利金额。这样的制度不但不受员工的欢迎，也给企业带来巨大的成本压力。

造成政策和实践严重脱节的原因是僵化的体制和人员的流动。虽然企业力争满足员工的不同需要，但在一个僵化的体制下，它也只能凭借一些特殊的处理方式来解决员工的需求问题，结果导致很多不规范的行为。企业只有依赖政策的灵活性，才能从根本上解决这一问题，这就要求助于弹性福利计划的实施。

第三节 弹性福利计划

一、弹性福利计划的含义

弹性福利计划又称为自助食堂计划、自助餐式福利等等，即每个员工在企业设定的年度福利总额范围内，自行选择福利项目的福利计划形式。因此，弹性福利计划并非一项福利内容，而是一种福利方案。在实际操作过程中，员工在规定的时间和现金范围内，有权按照自己的意愿，从企业提供的福利项目（“菜单”）中选择并组合适合于自己的福利“套餐”，他们享受的福利待遇将随着他们生活的改变而改变。例如，宝洁公司有一套系统的弹性工作模型，结合员工的个人选择、个人能力、个人精力管理与公司的要求，来帮助员工合理机动地安排工作。比如，在宝洁，只要保证早上10点和下午4点之间的核心工作时间，其他时间员工可以弹性安排活动。美国惠普对员工的上班时间实行弹性管理，如果员工有私事，一般可以优先处理。员工可以因为家中暖气试水为理由请假晚到半天，甚至一天不上班。如果加班乘出租车回家，费用由公司报销，还可以享用免费晚餐。

弹性福利计划起源于20世纪70年代美国一些企业的“咖啡馆计划”，该计划允许员工在他们的健康和其他福利之间做出某种选择。20世纪90年代，弹性福利计划开始在全球范围内兴起。

这种福利制度强调员工福利的个性化和选择灵活性。同时，这种制度非常强调员工参与的过程。例如，美国桂格燕麦公司在1992年成立的福利小组包括15名成员，除了两位是福利部门的代表外，其他 13 人都是来自不同部门、自愿参加的成员。当然，这种选择性也不是毫无限制的，通常限制来自两个方面：企业设定的总成本约束线和一些必选的福利项目，如社会保障和失业保险。

二、弹性福利类型

1. 附加型弹性福利

附加型弹性福利就是指在现有的福利项目之外，再提供一些福利措施或提高原有福利的标准，供员工自己选择。例如，原来的福利项目包括住房资助计划、带薪休假、交通福利等。企业在实行弹性福利计划时，将会在执行上述原有福利的基础上，额外提供附加福利，如人寿保险、培训、法律咨询等。

2. 核心加选择型弹性福利

在采取核心加选择型弹性福利计划时，员工的福利由两部分构成：核心福利和弹性选择福利。核心福利是所有员工都享有的基本福利，这部分福利不属于可选择的范畴；弹性选择福利包括所有可以自由选择的福利项目，并附有购买价格。

3. 弹性支用账户

弹性支用账户是指员工可以从其税前收入中拨出一部分款项作为自己的“支用账户”，并以此账户去选购各种福利措施。拨入该账户的金额不必交个人所得税，因此对员工极具吸引力，但是手续比较繁琐。为了保证“专款专用”，账户中的金额如果在本年度没有用完，余额归公司所有，既不能来年使用，也不能以现金的形式返还员工。而且，已经确定的认购福利款项不得挪作他用。

4. 福利“套餐”

这种类型的弹性福利是由企业同时推出不同的、固定的福利组合，每一种组合所包含的福利项目和优惠的水准都不一样，员工只能自由选择某种福利组合，而不能选择每种组合所包含的内容。企业一般根据本企业员工的背景情况（如年龄结构、婚姻状况、住房需求等）规划此种弹性福利制度。

除了上述四种主要的弹性福利制度的类型以外，还有一种被称为“选择型弹性福利”的类型，这种类型的福利计划是在原有固定福利的基础上，提供几种项目不等、程度不同的福利组合。这些福利组合有的价值要高于原有的固定福利，有的则低于原有的固定福利。如果员工选择了较高价值的福利组合，就要扣除一部分直接薪酬作为补偿；如果员工选择了较低价值的福利组合，则可以得到其中的差额部分，但是员工必须对所得差额纳税。

三、弹性福利计划的优缺点

1. 弹性福利计划的优点

弹性福利计划从本质上改变了传统福利体制，从一个固定的福利方案转变为固定的资金投入方案。这一变化对于企业意味着，它们将不再被福利（固定的福利）套牢，而且企业能够根据自身情况控制福利成本的支出情况（固定的资金投入），同时，企业可以将节省下来的一部分钱作为业绩奖励回报员工。此外，每一种福利都标注了金额，可以使员工了解福利的价值与成本之间的关系，便于进行成本管理。而员工的自主选择也减轻了福利策划人员的工作负担。

员工之所以喜欢弹性福利计划，其原因就在于该方案富有灵活性和自由选择性，使员工拥有了权利和有价值的感觉，注重员工参与也激起了员工采用弹性福利计划的兴趣。

2. 弹性福利计划的缺点

虽然弹性福利计划有很多优点，但它也存在着许多局限性，具体体现在下列几点：

（1）管理起来比较复杂。由于员工自主选择，每个人的信息可能差别很大，管理和核算的工作量和难度都加大了，福利的管理成本会上升，如果处理不慎，甚至可能会引起员工的抵制。

（2）员工缺乏专业知识。作为消费者，其选择有时不尽合理，可能会因为只注重眼前利益或未经仔细考虑，选择了不实用的福利项目，影响了员工的长期利益。

（3）存在“逆向选择”的问题。所谓“逆向选择”就是指理性的“经济人”没有做出利润最大化的选择，而是选择了非利润最大化的情况。在弹性福利计划中，员工很可能为了享受福利金额的最大化而选择了并非自己最需要的福利内容。这样的结果是企业的福利成本可能并没有节约多少。

（4）很难形成规模效益。由于员工是各取所需，其选择难免分散，但是有一些员工福利是需要规模才能够得以实现的，如员工食堂、集体旅游等等，这些福利在弹性福利计划下就不容易得到实现。

【基本概念】

强制性福利　社会保险　失业保险　医疗保险　企业年金　自愿性福利
生活福利　员工福利计划　员工福利管理　弹性福利计划

【本章小结】

1. 广义的员工福利是指员工作为国家的合法公民，而享受政府的公共福利和公共服务；作为企业成员，享受企业的集体福利和企业为员工及其家庭提供的各种实物和服务形式的福利。狭义的员工福利，是指企业为满足劳动者的生活需要，在工资收入以外，向企业员工及其家庭成员所提供的待遇，包括物质福利、带薪休假、专项服务等。狭义的员工福利又被称为劳动福利或者职业福利。

2. 在国际上，员工福利的发展经历了三个发展阶段：早期发展阶段（企业自我管理时期）、成熟发展阶段（市场经营管理时期）和综合发展阶段（政府介入后与社会保障协调发展时期）。

3. 员工福利的基本特点有：集体性、均等性、补充性、有限性、补偿性和差别性。

4. 按照福利制度是否具有强制性可以划分为强制性福利和自愿性福利。强制性福利主要包括社会保险和休假制度。其中，社会保险主要包括养老保险、失业保险、医疗保险、工伤保险和生育保险，自愿性福利主要包括企业年金，人寿保险，住院、医疗和伤残保险，教育资助和生活福利。

5. 员工福利的作用主要有：增加企业招募的优势，吸引企业外部优秀人才；减轻员工税赋的负担，增加员工实际收入；加强核心员工的留任意愿；树立良好企业形象，传递企业文化和价值观。

6. 员工福利计划是指企业对所实施的员工福利进行的规划和安排，也就是对员工福利各个模块的设计。企业在设计员工福利计划的时候，要考虑企业的外部和内部因素。

7. 员工福利管理是指为了保证员工福利能够在既定的轨道上良性发展、实现福利计划的预期效果，采取各种措施和手段对员工福利的实施和发展进行控制和调整。其基本目标是通过控制和调整员工福利的发展过程，保证员工福利能够按部就班地发展，实现各个阶段的目标。员工福利管理必须遵循合理和必要的原则、量力而行的原则、统筹规划的原则、公平的群众性原则。

8. 员工福利计划的实施，主要需要做好三个方面的工作：首先，要做好福利政策和计划方案的宣传沟通工作。其次，应按照既定的福利政策和计划，审查员工资格，向不符合条件的申请者做出解释；对审查合格的申请者，应为其或协助其办理相关手续，帮助员工获得自己应享有的福利待遇。最后，注意节约开支，降低福利成本。

9. 弹性福利计划就是每个员工的在企业设定的年度福利总额范围内，自行选择福利项目的福利计划形式。主要包括附加型弹性福利、核心加选择型弹性福利、弹性支用账户、福利“套餐”，以及“选择型弹性福利”。

【复习思考题】

1. 员工福利的定义是什么？根据是否具有强制性，员工福利可以分为哪几种？

2. 什么是员工福利计划？主要内容是什么？

3. 什么是员工福利管理？其基本原则有哪些？

4. 什么是弹性福利计划？弹性福利计划的基本类型有哪些？弹性福利计划的优缺点有哪些？

【推荐阅读】

1. 劳伦斯·S·克雷曼. 人力资源管理：获取竞争优势的工具. 北京：机械工业出版社，2009.

2. 李原，孙健敏. 组织中心理契约的变化：当代人力资源管理面临的挑战. 经济与管理研究，2009，(4)：94-100.

3. 林肇宏. 员工福利与企业绩效的关系. 北京：经济科学出版社，2012.

4. 杰尔·S·罗森布鲁姆. 员工福利手册. 北京：清华大学出版社，2007.

5. 仇雨临. 员工福利管理. 上海：复旦大学出版社，2010.

6. 赵慧萍. 员工福利. 北京：北京大学出版社，2011.

第十章 劳动关系

【学习目标】

学完本章后，你应该能够：

1. 了解劳动关系的概念和特点。
2. 理解劳动关系的内涵。
3. 了解劳动合同、集体谈判等概念。
4. 了解现阶段劳动关系的发展及面临的挑战。

| 章节导引 |

这家公司的做法合法吗?

小王是一家民营企业的研发部经理，与公司签订的劳动合同约定工作期限是2009年1月1日至2013年12月31日，为期5年，月薪10 000元。2012年6月21日，小王突然接到公司人力资源部的通知，要求其7月1日离职，并在此之前办妥全部移交手续。小王接此通知后马上向人力资源部提出质疑，要求人力资源部做出解释，但是得到的答复是：双方签订的劳动合同中有一条约定，合同双方任何一方均可提前30天通知对方解除合同，至于解约的理由，是公司怀疑小王与另一家竞争对手公司接触频繁，但是公司拒绝对此原因给出书面说明。同时还表示，由于小王在公司已经工作三年半的时间，给予小王三个半月的工资作为补偿。这家公司的做法合法吗？小王应该怎么办？

资料来源：根据有关资料改编。

第一节 劳动关系概述

一、劳动关系的概念

不同学者对劳动关系有不同的定义。王全兴（2008）认为：“作为劳动法调整对象的劳动关系，就是指劳动力所有者（劳动者）与劳动力使用者（用人单位）之间，为实现劳动过程发生的一方有偿提供劳动力，由另一方用于同其生产资料相结合的社会关系。”林嘉（2009）认为：“作为劳动法调整对象的劳动关系，是指劳动力所有者（劳动者）与劳动力使用者（用人单位）之间，在劳动过程中发生的一方提供劳动力，另一方提供劳动报酬的社会关系。”董保华（1999）认为：“劳动法所调整的劳动关系，可以概括为劳动者与用人单位之间为实现劳动过程而发生的劳动力与生产资料相结合的社会关系。”史尚宽（1978）认为：“劳动关系谓以劳动给付为目的之受雇人与雇佣人间之关系。”

虽然不同学者对劳动关系的具体表述不同，但其定义中均包含两个要素：第一，劳动关系是用人单位和劳动者之间的关系；第二，劳动关系是通过劳动将生产力和生产资料进行结合的过程。劳动者利用用人单位提供的物质条件（生产资料），通过体力劳动或者脑力劳动完成一项任务。劳动成果属于用人单位，用人单位向劳动者支付报酬。同时，在劳动过程中，实现了劳动者的生产力和用人单位的生产资料的结合。

二、劳动关系的主体

狭义的劳动关系主体包括劳方和资方。其中，劳方是指劳动者或者工会，资方是指企业所有者或者经营管理者。广义的劳动关系主体除了劳方和资方外，还包括政府。政府通过立法对劳动关系进行介入和影响。

1. 劳动者

劳动者是指在法定年龄内，具有劳动能力，并且按照法律或者合同规定，在某个用人单位通过体力劳动或者脑力劳动获取报酬作为主要生活来源的自然人。

劳动者具有三个属性。

一是自然属性。劳动者处于法定年龄（16 周岁后，享有养老保险之前），且具有民事权利能力以及民事行为能力。

二是社会属性。劳动者为用人单位工作，服从用人单位的管理，用人单位付给劳动者劳动报酬。劳动者与用人单位是一个整体。

三是法律属性。劳动者和用人单位出于对合法的利益的追求，建立劳动关系。该劳动关系的建立不会对他人合法权益造成侵害。

但是，以下人员不属于劳动关系主体中的劳动者：自然人的雇工、家庭保姆、现役军人、农村劳动者、实行聘用制的事业单位工作人员、参照《中华人民共和国公务员法》管理的社会团体工作人员和事业单位工作人员和国家公务员。

2. 工会

工会是指工人为了维护和改善自身的工作条件而组成的连续性组织。工会最主要的目的是在工人就工作的条件、劳动的报酬以及其他的待遇方面要求改善而与用人单位进行谈判时，可以通过集体的方式进行，从而增强工人的力量。

按照结构分类，工会有职业工会、行业工会和总工会三种。

工会的职能很多，基本职能为以下四点：

一是组织职能。工人必须通过组织才能发挥自己的力量。工会是工人最能接受的组织形式。在资本主义条件下，工人通过组织来反抗资产阶级专制统治，在社会主义条件下，工人通过组织来抵制官僚主义，维护自身利益。

二是维护职能。在资本主义阶级斗争条件下，为了维护工人阶级的利益，工会应运而生。在社会主义条件下，工会不再需要进行阶级斗争，但是其作为工人代表，需要维护工人阶级的经济利益。

三是教育职能。工会将工人阶级中从先进到后进的部分都联系在一起。工会需要开展多种活动，通过活动，对工人进行思想教育、理想教育和科学教育，使得工人的思想素质和科学素质得以提高。

四是参与职能。工会代表工人阶级参与社会政治经济生活。当制订和实施与工人相关的措施时，工会需要从工人角度出发，提出建议和意见。工会要积极宣传，提高工人参与社会政治经济事务管理的积极性。

“韦布五分法”将工会的行为方式分为五种：互保互助、集体谈判、劳动立法、直接行动和政治行为。

互保互助是指工人要缴纳会费，建立基金。从基金中提取费用来支付成员的住房、医疗等各种福利。

集体谈判是指工会代表全体工人与用人单位就薪酬等与劳动相关的问题进行协定和交涉，为工人争取最大的经济利益。

劳动立法是指在制订相关法律法规时，工会代表工人提出建议和意见，在相关法律法规执行的过程中，工会监督其执行。

直接行动是指在互助互保式的集体谈判无法发挥作用的时候，工会会直接采用罢工等方式抗议。

政治行为是指工会向政府施压，使其以法律法规形式保护工人权益。

3. 用人单位

用人单位是指具有用人权利和行为能力，且组织劳动者从事生产劳动并向其支付报酬的单位。《中华人民共和国劳动合同法》中第二条明确规定：“中华人民共和国境内的企业、个体经济组织、民办非企业单位等组织（以下称用人单位）与劳动者建立劳动关系，订立、履行、变更、解除或者终止劳动合同，适用本法。国家机关、事业单位、社会团体和与其建立劳动关系的劳动者，订立、履行、变更、解除或者终止劳动合同，依照本法执行。”也就是说，企业、个体经济组织、民办非企业单位、国家机关、事业单位、社会团体等组织都属于用人单位。

4. 政府

现代社会，政府行为对社会政治经济生活均产生着重要的影响。对于劳动关系也不例外。政府在劳动关系中的作用主要包括以下几个方面：

第一，支持工会的建立。工会是工人自己的力量，其可以对用人单位和政府的行为进行监督和制约，使得政府执法公正严明。

第二，加快劳动关系法制建设。政府要加强劳动关系方面的立法，使得劳动者和用人单位都有法可依。

第三，对劳动关系进行宏观调控。政府可以通过调节劳动力市场和实施劳动福利政策两种方式调控劳动关系。调节劳动力市场时，既可以调节市场供需，也可以调节市场运行。推行福利政策时，既可以建立福利补贴、社会救助和社会保障，也可以调节有关收入的税收政策。

第四，劳动争议发生时，支持和鼓励劳动关系双方通过调节、仲裁和诉讼方式解决问题。裁决时要公正严明。对弱势群体从财力上给予救助。

第五，加大执法力度和监督力度。定期检查和监督企业安全生产、社会保险和劳动合同等各方面的情况。建立健全劳动保障监察机构。尽快制定劳动保障监察相关法律法规，使得有法可依。

三、劳动关系的性质

劳动关系的性质主要体现在从属性、社会性、人身性和财产性四个方面。

1. 从属性

从属性是劳动关系最本质的属性。在劳动者和用人单位没有确立劳动关系时，两者地位平等。劳动者可以自主择业，用人单位可以自主用人。当劳动关系确立后，两者之间形成管理和被管理的关系。劳动者要遵守用人单位的规章制度，服从其管理，完成合同规定的工作任务。如果劳动者违反了规章制度，就会被用人单位处罚。

2. 社会性

人跟动物最根本的区别就在于人可以制造和使用工具。类人猿在劳动的过程中学会制造工具，并且利用工具进行劳动生产，才得以脱离动物界。如果没有劳动，就没有人，也没有人类社会。人类必须通过劳动获取生活的必需物质资料。同时，劳动也是社会发展的基础。

在劳动的过程当中，人们之间必然发生联系。只有在特定的社会关系当中，劳动才可以进行。因此，劳动关系具有社会性。

3. 人身性

通过劳动合同规定的工作需要由劳动者本人亲自完成，而不能委托他人代替劳动者完成合同义务。

4. 财产性

劳动者付出体力劳动或者脑力劳动，用人单位付出生产资料，劳动者获取报酬，用人单位获取利润。因此，劳动关系具有财产关系的属性。

四、改善劳动关系的原则

劳动关系的改善是各种组织需要长期坚持的一项重要活动，必须适应内外部环境的变化，不断对劳动关系进行调整。但是，劳动关系的改善需要遵循下列原则。

1. 依据相关法律法规

劳动关系的建立必须以劳动合同的签订为前提。《中华人民共和国劳动法》（以下简称《劳动法》）和《中华人民共和国劳动合同法》（以下简称《劳动合同法》）是对劳动合同进行管理的两个主要法律法规。在签订劳动合同时，要认真贯彻执行这两个法律的规定。

2. 兼顾劳动者和用人单位的利益

如果立法时不能准确把握立法内容和程度，就会影响经济的发展，损害劳动者和用人单位的利益。以德国为例，德国法律在解雇员工方面做了非常严格的限制，以至于用人单位基本不可能解雇员工。该举措不但没有起到保护劳动者的作用，反而导致用人单位尽量少地雇用员工，大量本国资本外流，找不到工作的本国人离开德国谋工作，同时损害了劳动者和用人单位的利益。美国的劳动立法则仅仅搭建了一个劳动者和用人单位谈判的平台，具体合同内容由双方共同决定。这种谈判机制使得双方利益得到兼顾，否则合同无法达成。由此可见，立法时，必须兼顾劳动者和用人单位的利益，不能过度强调某一方的权利，而应当促使双方更好地对话、交流与合作。

3. 预防为主，尽量避免劳动冲突

劳动保障部门在各个环节均需加强其对劳动合同的监督和管理。另外，相关监察机构应当定期或者不定期地对用人单位进行检查，成功经验要弘扬，存在的问题要及时纠正，促使用人单位的劳动合同更加法律化、规范化和程序化。

4. 解决劳动争议，协商为主

《中华人民共和国工会法》第三十四条规定："各级人民政府劳动行政部门应当会同同级工会和企业方面代表，建立劳动关系三方协商机制，共同研究解决劳动关系方面的重大问题。"三方是指政府、劳动者和用人单位。三方协商是平衡和维护各方利益、使得政府决策更加科学合理、劳动关系更加稳定的有效途径。

对于三方协商中的对象来说，代表劳动者的工会责任尤其重大。因为劳动者在劳动关系主体中处于弱势地位，绝大多数被侵权的对象是劳动者。工会承担着维权职责。因此，工会必须积极参与相关劳动法规的制定、劳动争议的协商和处理，反映劳动者要求和意愿，维护好劳动者的合法权益。

五、改善劳动关系的途径

1. 完善相关法律法规

劳动关系的各个对象都希望自身利益最大化，这样势必造成相互对立的局面。通过完善相关法律法规，将各个对象的权利、责任和利益明确下来，可以避免很多矛盾的发生。以德国为例，德国通过法律规定用人单位要成立监事会，监事会由职工代表组成，监事会参与用人单位的决策，缓解了劳资矛盾。

2. 发挥工会的作用

工会对劳动者和用人单位的作用都很重要。对于劳动者来说，工会可以帮助他们获得更高的报酬和保障。对于用人单位来说，工会影响到其对人力资源的管理，该影响包括正反两方面。工会使得用人单位对人员管理的灵活性降低、控制性降低、工作效率降低、工作结构的刚性降低，也使得用人单位在决策时需要充分考虑劳动者利益。从积极方面看，工会可以使得用人单位更加具有挑战性和赢利性，可以帮助用人单位度过困难时期，还可以帮助用人单位发现劳动者工作中的危险因素，改善劳动者工作质量。

3. 对主管人员进行培训

劳动关系紧张大部分是由于劳动者的报酬不合理、处罚或者解职不正当、自尊或者隐私被侵犯、评价和提升不公正、工作环境不安全等因素造成的。这些都与主管人员的法律意识、业务知识、思想作风等有关。因此，培训主管人员可以增强其改善劳动关系的意识，提高其处理相关问题的原则和技巧。

4. 提高劳动者的工作和生活质量

这是改善劳动关系的根本途径。提高劳动者工作和生活质量的途径有很多：对职务合理规划，使得劳动者的工作更加有意义；对员工进行定期的培训；满足劳动者特殊需求，如咨询服务、社交和文体活动等等；管理者和劳动者加强沟通和交流；当劳动者遇到困难的时候，对其进行援助；成立员工和管理人员委员会，磋商双方关心的问题，互相合作。

5. 民主管理

当用人单位需要决策时，特别是涉及劳动者利益的决策时，劳动者可以参与其中，实现民主管理和民主决策，这样可以使得用人单位的决策充分考虑到劳动者利益。

第二节 劳动合同

《劳动法》对劳动合同进行了定义：“劳动合同是劳动者与用人单位确立劳动关系、明确双方权利和义务的协议。”劳动合同可以保障双方的合法权益。处理劳动争议时，劳动合同是依据。调整和规范双方的劳动关系时，劳动合同是手段。

一、劳动合同的订立

《劳动法》规定："建立劳动关系应当订立书面劳动合同。"《劳动法》还规定："订立劳动合同，应当遵循平等自愿、协商一致、诚实信用的原则，不得违反法律、行政法规的规定。"平等是指劳动者和用人单位的法律地位平等。双方谋求自身合法利益的权利平等，均受法律保护。这样，双方才能充分协商。自愿是指劳动者和用人单位在表达双方真实意愿基础之上签订劳动合同。合同内容与双方真实意愿相符，而不能使用乘人之危、威胁和欺诈等非法手段把自身意愿强加给另一方。协商一致是指劳动者和用人单位对劳动合同的条款进行了充分的协商，达成一致意见之后，才可以签订劳动合同。另外，订立劳动合同必须遵守相关法律和行政法规的规定。如：订立劳动合同时要符合相关程序。《劳动法》规定，劳动合同应当具备以下条款：

（1）用人单位的名称、住所和法定代表人或者主要负责人。

（2）劳动者的姓名、住址和居民身份证或者其他有效身份证件号码。

（3）劳动合同期限。

（4）工作内容和工作地点。

（5）工作时间和休息休假。

（6）劳动报酬。

（7）社会保险。

（8）劳动保护、劳动条件和职业危害防护。

（9）法律、法规规定应当纳入劳动合同的其他事项。

《劳动合同法》规定，订立劳动合同时，应注意下列问题：

（1）双方均具有知情权。"用人单位招用劳动者时，应当如实告知劳动者工作内容、工作条件、工作地点、职业危害、安全生产状况、劳动报酬，以及劳动者要求了解的其他情况；用人单位有权了解劳动者与劳动合同直接相关的基本情况，劳动者应当如实说明。"

（2）"劳动合同文本由用人单位和劳动者各执一份。"

（3）"用人单位招用劳动者，不得扣押劳动者的居民身份证和其他证件，不得要求劳动者提供担保或者以其他名义向劳动者收取财物。"

二、劳动合同的履行

劳动合同的履行是指订立劳动合同的双方依据合同规定，承担义务并且享有权利的行为。

履行劳动合同时应当遵守下列原则：

（1）亲自履行。劳动合同是劳动者和用人单位订立的，必须由合同规定的当事人履行，这也是当事人的义务。不能由当事人之外的人替代履行。

（2）全面履行。劳动合同作为一个整体出现，其中的条款存在内在联系，不可以随意分割，需要全面履行。因此，合同生效后，劳动者和用人单位必须按照合同规定的期限、规定的职务或者岗位、规定的数量和质量要求全部履行合同义务。

（3）实际履行。合同订立后，劳动者和用人单位应当积极将合同中规定的义务完成，以保证生产的正常进行。不可以用其他的标的来代替合同约定好的标的。当一方违约时，另一方可以要求法院强制履行，而不可以通过违约金或者赔偿损失作为履行合同的替代。

（4）协商履行。劳动者和用人单位在合同履行过程中要互相帮助、互相支持、互相协作、共同完成。合同双方权利的实现依赖于对方义务的履行。同时，合同的履行是一个过程，合同双方需要相互支持、及时协商、一起克服困难；在劳动争议发生时，双方也应当协商解决。劳动合同的履行对用人单位经营生产和劳动者的生活都会产生直接影响。而且，从宏观角度分析，劳动合同的履行对国家和集体利益都会产生影响。合同双方应当齐心协力，为了共同利益的实现，严格、自觉地履行合同。

三、劳动合同的变更

劳动合同的变更是指由于劳动合同在订立时依据的情况发生了变化，导致劳动合同部分条款不能履行，劳动者和用人单位经过协商一致，修改或者增减部分合同条款。原合同没有变更的部分仍然有效。合同变更的时间需在合同有效期内。

当以下情况发生时，可以对劳动合同进行变更：

（1）劳动者和用人单位协商一致后同意变更合同。

（2）订立原合同时依据的法律法规被修改或者已经废止，导致原合同不能全面履行。

（3）用人单位的生产和经营发生了重大变化。

（4）用人单位亏损严重，无法履行合同。

（5）劳动者由于身体或者技能上的原因无法履行原合同。

劳动合同变更的程序如下：

（1）要求变更合同的一方及时地向另一方提出合同变更要求，并且说明要求变更合同的理由、条件和内容等。

（2）另一方知晓合同变更要求后，应该按期做出答复，不能置之不理。

（3）双方对合同中需要变更的条款进行协商，达成一致意见后，以书面协议的形式指出变更的条款以及变更后的合同生效时间。

四、劳动合同的解除

劳动合同的解除是指劳动者和用人单位提前终止合同，将双方的权利和义务关系解除。

根据《劳动合同法》规定，解除劳动合同分为以下三种情况。

1. 劳动者和用人单位协商解除

第三十六条规定："用人单位与劳动者协商一致，可以解除劳动合同。"

2. 劳动者解除

第三十七条规定："劳动者提前三十日以书面形式通知用人单位，可以解除劳动合同。劳动者在试用期内提前三日通知用人单位，可以解除劳动合同。"

第三十八条规定："用人单位有下列情形之一的，劳动者可以解除劳动合同：(一) 未按照劳动合同约定提供劳动保护或者劳动条件的；(二) 未及时足额支付劳动报酬的；(三) 未依法为劳动者缴纳社会保险费的；(四) 用人单位的规章制度违反法律、法规的规定，损害劳动者权益的；(五) 因本法第二十六条第一款规定的情形致使劳动合同无效的；(六) 法律、行政法规规定劳动者可以解除劳动合同的其他情形。"

"用人单位以暴力、威胁或者非法限制人身自由的手段强迫劳动者劳动的，或者用人单位违章指挥、强令冒险作业危及劳动者人身安全的，劳动者可以立即解除劳动合同，不需事先告知用人单位。"

3. 企业解除

第三十九条规定："劳动者有下列情形之一的，用人单位可以解除劳动合同：(一) 在试用期间被证明不符合录用条件的；(二) 严重违反用人单位的规章制度的；(三) 严重失职，营私舞弊，给用人单位造成重大损害的；(四) 劳动者同时与其他用人单位建立劳动关系，对完成本单位的工作任务造成严重影响，或者经用人单位提出，拒不改正的；(五) 因本法第二十六条第一款第一项规定的情形致使劳动合同无效的；(六) 被依法追究刑事责任的。"

第四十条规定："有下列情形之一的，用人单位提前三十日以书面形式通知劳动者本人或者额外支付劳动者一个月工资后，可以解除劳动合同：(一) 劳动者患病或者非因工负伤，在规定的医疗期满后不能从事原工作，也不能从事由用人单位另行安排的工作的；(二) 劳动者不能胜任工作，经过培训或者调整工作岗位，仍不能胜任工作的；(三) 劳动合同订立时所依据的客观情况发生重大变化，致使劳动合同无法履行，经用人单位与劳动者协商，未能就变更劳动合同内容达成协议的。"

第四十二条规定，劳动者有下列情形之一的，用人单位不得解除劳动合同：

"(一)从事接触职业病危害作业的劳动者未进行离岗前职业健康检查,或者疑似职业病病人在诊断或者医学观察期间的;(二)在本单位患职业病或者因工负伤并被确认丧失或者部分丧失劳动能力的;(三)患病或者非因工负伤,在规定的医疗期内的;(四)女职工在孕期、产期、哺乳期的;(五)在本单位连续工作满十五年,且距法定退休年龄不足五年的;(六)法律、行政法规规定的其他情形。"

五、劳动合同的终止

劳动合同的终止是指合同届满,劳动者和用人单位的权利和义务都已经履行完毕,合同结束。

《劳动合同法》规定:"有下列情形之一的,劳动合同终止:(一)劳动合同期满的;(二)劳动者开始依法享受基本养老保险待遇的;(三)劳动者死亡,或者被人民法院宣告死亡或者宣告失踪的;(四)用人单位被依法宣告破产的;(五)用人单位被吊销营业执照、责令关闭、撤销或者用人单位决定提前解散的;(六)法律、行政法规规定的其他情形。"

第三节
集体合同与集体谈判

集体合同和集体谈判是两个不同的制度。但是两者之间联系密切。集体谈判是集体合同签订的必要程序。集体合同是集体谈判的结果。

一、集体合同

《集体合同规定》对集体合同进行了定义:"本规定所称集体合同,是指用人单位与本单位职工根据法律、法规、规章的规定,就劳动报酬、工作时间、休息休假、劳动安全卫生、职业培训、保险福利等事项,通过集体协商签订的书面协议。"

1. 集体合同的特征

集体合同具有以下特征:

（1）当事人特定。集体合同的合同双方是劳动者和用人单位。职工代表或者工会代表劳动者签订集体合同，这两者都是作为团体的概念出现。用人单位可以是一个单位或者是由多个单位所组成的组织。

（2）劳动协议。集体合同是一种反映劳动者和用人单位劳动过程中劳动关系的协议。

（3）要式合同。要式合同是指按照法律规定，需要具有特定的形式与手续的合同。集体合同也属于要式合同。其必须以书面形式存在才具有法律上的效力。合同签订之后应报送给劳动行政部门，如果劳动行政部门在收到合同文本 15 日内没有提出任何异议，合同生效。

2. 集体合同的种类

按照不同的标准，可以把集体合同分为不同的类别：

（1）按照合同内容详细与否，分为纲领性的集体合同和特别集体合同。

纲领性的集体合同起到提纲挈领的作用，其合同内容不具体，没有详细规定，需要一定内容来补充，也就是需要补充实施细则。特别集体合同在纲领性的集体合同基础上补充了实施细则。其针对特定的产业范围或者地域，订立了一些使用范围较小、时间性强、详细具体的集体合同。

（2）按照合同内容，分为专门集体合同和一揽子集体合同。

专门集体合同是指针对某一项具体问题订立的集体合同。比如保护老年职工的集体合同。一揽子集体合同是指包括内容较为全面的综合性集体合同。比如包含保险福利、安全卫生、休息休假、工作时间和劳动报酬等的集体合同。

（3）按照合同主体范围，分为行业集体合同、产业集体合同和企业集体合同。

行业集体合同指的是行业的工会联合会和用人单位之间签订的集体合同。产业集体合同指的是产业的工会和用人单位或者产业相关主管部门之间签订的集体合同。企业集体合同指的是企业的劳动力代表或者工会和用人单位之间签订的集体合同。

3. 集体合同与劳动合同的区别

集体合同与劳动合同都属于合同的范畴，但是两者存在着明显的区别：

（1）主体不同。集体合同的主体为全体劳动者与用人单位，劳动合同的主体为某个特定的劳动者与用人单位。

（2）侧重点不同。集体合同调整的是所有劳动者的集体劳动关系，其对所有劳动者进行集体劳动时的劳动报酬、工作时间、休息休假、劳动安全卫生、职业培训、保险福利等事项进行规定。劳动合同调整的是个别劳动者的劳动关系，其对个别劳动者的职务、工种和工作地点等个人的劳动条件进行了规定。

（3）效力的范围不同。集体合同的劳动者一方是劳动者代表或者工会，其代表所有的劳动者签订合同。因此，集体合同对该用人单位的全体劳动者均具有约束力。劳动合同是某个劳动者本人同用人单位签订的合同。因此，劳动合同仅仅对该劳动者本人具有约束力。

（4）法律的效力不同。集体合同在法律上的效力要高于劳动合同。劳动者个人订立劳动合同时，应当以集体合同为主要依据，不能与其相抵触，否则劳动合同是无效的。

4. 集体合同的订立原则

集体合同订立的过程是指集体合同从协商到成立生效所经过的过程。一般而言，订立集体合同时应遵循以下原则：

（1）合法。合法原则包括程序合法与内容合法这两个方面。程序合法指的是合同签订双方在合同的起草、协商、签字和登记等环节均符合相关法律规定。内容合法指的是合同各个条款必须符合相关法律规定。符合法律规定并不是说要照搬相关法律。相反，对于国家法律中已经规定好的内容，在集体合同中就不再赘述。集体合同中的内容合法，是指合同规定的条件应当符合相关法律的原则要求。

（2）协商一致。集体合同是劳动者代表或者工会与用人单位意思一致的表达。因此，双方均充分地表达了自己的意见，协商一致之后达成协议。如果某一方倚仗自己的权势，以胁迫等手段将自己的意志强行加到对方身上订立不平等集体合同，该合同无效。

（3）合同双方地位平等。合同当事人地位平等，不存在隶属关系。双方当事人都应当按照法律规定，充分协商。既要考虑国家利益，又要考虑用人单位和劳动者利益。不能以势压人，签订“霸王合同”。

（4）合同双方义务一致。合同双方义务的根本目的都是为了在使得生产得到发展的基础之上对劳动者的生活条件进行改善。但是，在具体问题方面，合同仍然是对各自不同利益的反映。因此，义务一致也表现为义务对等。也就是说，一方通过另一方对义务的履行得到利益时，也要履行自身义务。

二、集体谈判

集体谈判，又称集体协商，是劳动者代表或者工会与用人单位针对劳动问题进行商谈的行为。

1. 集体谈判的基本条件

（1）合法性。这主要指的是参与集体谈判的双方资格的合法性。首先，劳动者要具有组织工会并且按照自己的意愿加入工会的权利。其次，用人单位也要具有按照法定程序组织与建立相应组织的权利。这是集体谈判很重要的一个条件。因为只有具有法律资格的谈判双方，谈判才可以进行。

（2）信任性。相互之间的信任要以诚挚合作为基础。由于谈判双方存在利益的一致性，这使得谈判的成功成为可能。在谈判的过程中，某一方提出自己的要求或者主张的时候，另一方应当耐心听取，并且认真考虑，做出合理答复。谈判双方要从实际角度出发，力求一次协商即可达成协议。如果双方可以坦诚相待，就可以巩固和维护双方关系。谈判人员需要注意谈判过程中策略和技巧的使用。

2. 集体谈判的内容

（1）工资。工资问题是集体谈判的首要问题。除基本工资外，劳动者还可以享有计件费、红利、奖金、劳动强度津贴、加班费和假期补助等补贴。这些是劳动者十分关心的问题。

（2）工时。工时问题是仅次于工资问题的第二大问题。

（3）休假。谈判双方需要谈判带薪休假的时间、节假日报酬支付问题以及休假期间工作的报酬支付标准。

（4）安全和卫生条件。谈判中，劳动者代表或者工会对此问题较为重视。其通常要求用人单位采取措施防止劳动者在劳动过程中发生意外事故以及防范和抵御职业病。其也会通过谈判向用人单位提出建议，对劳动者进行安全和卫生知识培训。

（5）其他。除上述问题之外，集体谈判的内容还有社会保障、职工福利、女职工特殊权益、继续教育、职业培训、新技术运用和劳动保险等等。

3. 集体谈判的方法

（1）分配谈判。分配谈判属于零和谈判。这就意味着谈判一方的受益恰好是另一方的代价。这一谈判方法的本质是固定利益的分配协商。比如，劳动者和用人单位对于工资进行的谈判。劳动者代表或者工会总希望从用人单位获得更多报酬，而增加报酬意味着提高用人单位的开销。因此，谈判时，双方都将对方视为敌人。谈判中，双方都有自己希望的目标点和抵触点。抵触点是指可以接受的最低水平。谈判双方的抵触点间的区域是可和解范围。只有这一范围存在时，双方愿望才可能都实现。谈判时，要尽可能地说服对方同意自己的目标点或者尽可能地接近自己的目标点。

（2）一体化谈判。一体化谈判属于双赢谈判。谈判一方的所得不代表另一方的所失。谈判双方面临着共同的问题。双方将更多精力集中于如何解决问题，是一种合作氛围。

（3）让步谈判。让步谈判大多发生在用人单位遭遇困境的时候。用人单位要求劳动者代表或者工会同意减少报酬、裁员等等，来帮助其渡过难关。这时候，用人单位往往认为劳动者一方的让步可以挽救企业，不然企业很有可能倒闭。

4. 集体谈判的过程

集体谈判是劳动者和用人单位相互协商、相互交流以解决利益分配以及分歧的一个过程。其分为以下四个阶段：

（1）接触。谈判双方相互接触或者是通过开会的方式表明自己的立场、要求、态度和建议。这一阶段的重点在于确定谈判的项目和范围。当谈判深入后，双方要求可能随之调整。

（2）磋商。谈判双方在谈判桌前进行正式的谈判。对于谈判项目，仔细认真地讨论。这一阶段是集体谈判当中时间最长的阶段。双方都试图通过威逼、利诱、协商、让步等多种技巧和测量来说服对方，从而为获得对于自己有利的协议奠定基础。

（3）敲定。谈判双方对协商时的关键问题、棘手问题、谈判的重点以及难点进行协商，确定一个双方都可以接受的解决方案。当双方达成一致时，通常会签署一个备忘录以记录协议内容的框架和要点。

（4）结尾。谈判双方代表把谈判的协议要点报告给各自的决策主体，决策主体按照程序批准之后，双方签订正式协议。

5. 工资集体谈判

工资集体谈判是指劳动者和用人单位对工资收入水平、工资分配制度和工资分配形式等问题进行集体协商，并签订工资协议。

根据《工资集体协商试行办法》规定，工资集体谈判内容如下：

"（一）工资协议的期限；（二）工资分配制度、工资标准和工资分配形式；（三）职工年度平均工资水平及其调整幅度；（四）奖金、津贴、补贴等分配办法；（五）工资支付办法；（六）变更、解除工资协议的程序；（七）工资协议的终止条件；（八）工资协议的违约责任；（九）双方认为应当协商约定的其他事项。"

工资集体谈判的程序以及审查的程序如图 10.1 所示。

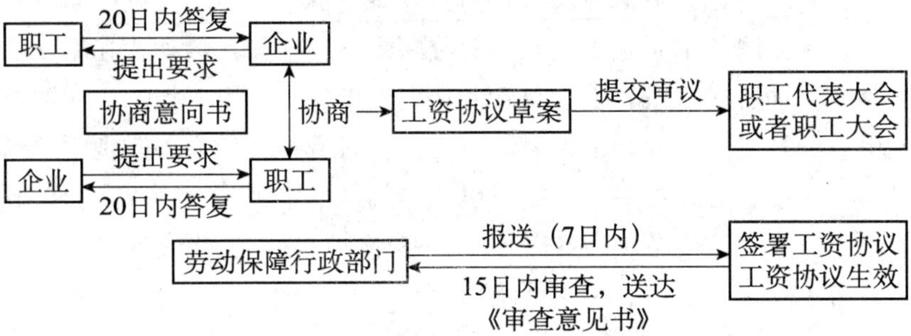

图 10.1　工资集体谈判的程序以及审查的程序

第四节 劳动争议与劳动保护

一、劳动争议

劳动争议，也称劳动纠纷。广义上的劳动争议指的是围绕劳动关系发生的所有争议，其中包含劳动关系纠纷以及与劳动关系相关联的其他纠纷。狭义上的劳动争议指的是劳动关系的当事人或团体之间发生的有关劳动关系权利和义务的纠纷。本书中的劳动争议指的是狭义上的劳动争议。

1. 劳动争议的含义

(1) 劳动争议的主体是劳动关系的双方当事人，即劳动者或者其团体和用人单位或者其团体。如果不是这两者之间的争议，不论其是否为劳动关系相关的争议，都不属于劳动争议的范围。

(2) 劳动争议的内容是劳动争议主体间的权利和义务关系方面的纠纷。

(3) 劳动争议的客体，也就是劳动争议指向的对象，为劳动关系的一方对于另一方行为是不是符合法律规定提出的异议。

2. 劳动争议的特征

劳动争议的主要特征体现在下列四个方面：

(1) 主体特定。主体为存在劳动关系的劳动者或者其团体和用人单位或者其团体。

(2) 主体关系复杂。在实际的生产过程当中，用人单位和劳动者是管理和被管理的关系，但是，在合同执行过程中，两者的地位是平等的。正因为此，这两者之间才会发生争议。

(3) 内容限定。劳动争议的内容限定为劳动关系当中的权利和义务，这些权利和义务都在相关法律法规中有着明确的规定。如果一方不履行自身义务，另一方的权利就会受到侵害。这样劳动争议就产生了。

(4) 影响较大。一旦发生劳动争议，会带来很大损失。比如，工人一旦罢工或者怠工，就会引发社会不稳定、人民不团结、对生产力造成破坏、给生产带来损失。

3. 劳动争议产生的原因

劳动争议产生的原因一般比较复杂，通常情况下，下列三种情况比较普遍：

(1) 劳动关系双方的利益矛盾和法律地位平等性。劳动关系双方存在着利益的矛盾，因此可能会出现利益的冲突，进而可能出现劳动争议。但是如果双方的法律地位不平等，利益的冲突就会通过一方对另一方以强制性解决问题，这时就不会出现劳动争议。法律地位的平等性是劳动争议出现的前提。在此前提之下，双方只能通过协商来解决利益的冲突，当协商不成功的时候，就会出现劳动争议。

(2) 劳动关系变化性。社会生产在不断发展，劳动关系也在不断发展变化。以劳动双方地位平等性为前提，在劳动关系的变化过程中，劳动双方的行为方式以及对变化的适应性应当一致。但是，不一致是常态，这时候就会产生劳动争议。

(3) 劳动双方对法律法规的解释不同。劳动关系的双方立场不同、利益不同，对法律法规的理解和解释可能不同。因此在合同执行中就会产生劳动争议。

4. 劳动争议的处理

劳动争议的处理有调解、仲裁和诉讼三种方式：

（1）调解。基层单位应当建立争议调解委员会。委员会由工会代表、企业代表和劳动者代表组成。当劳动者与用人单位发生争议时，除被开除、辞退和除名的劳动者外，劳动双方都有向争议调解委员会申诉以请求调解的权利。争议调解委员会查清事实后，对双方进行调解，如果双方可以达成协议，写出调解书，双方签字确认后执行，如果双方不能达成协议，也应写出调解意见书，当事人双方各执一份，同时，报送上级主管部门以及当地劳动行政部门和上级工会。

（2）仲裁。劳动行政部门应当建立劳动争议仲裁委员会。委员会由产业工会代表、单位主管部门代表、当地工会代表和当地劳动行政部门代表组成。当劳动者对用人单位辞退、除名或者开除不服，或者对争议调解委员会的调解不满意时，可以向当地的争议仲裁委员会提出申诉。争议仲裁委员会要先调解争议，如果调解不成功，再进行仲裁。仲裁后应写出仲裁决定书，当事人各执一份，同时，报送产业工会、单位主管部门、当地总工会以及当地人民法院备案。争议当事人双方如果逾期不起诉，则仲裁决定书生效，当事人必须执行。

（3）诉讼。争议当事人如果对仲裁决定不服，可以起诉到当地人民法院。也可以不经过调解和仲裁，直接向人民法院起诉。

二、三方协商机制

1. 三方协商机制的定义与含义

三方协商机制指的是政府劳动行政部门、用人单位和劳动者三方的代表，按照相关制度、规则以及程序，为协调劳动关系形成的一种组织体系和运作机制。其包括以下五点含义：

（1）三方协商机制是以协调劳动关系为目的的组织体系和管理体制。各个参与方共同制定协商程序和规则。

（2）三方协商机制的宗旨是通过各参与方之间的合作，制定正确合理的制度和政策，以稳定劳动关系、保障劳动者和用人单位的合法权益、稳定社会、发展经济。

（3）三方协商机制中三个参与方之间地位平等，以互相理解和互相合作为基础，协商、对话及谈判。

（4）三方协商机制的三个参与方代表着不同利益主体，协商过程实际为各个利益主体的协调与平衡。

（5）三方协商机制是劳动关系方面的重大事务和问题。比如，劳动法律法规的制订和实施、劳动争议的处理等。

2. 三方协商机制的特征

三方协商机制的特征主要体现在下列五个方面：

（1）主体独立。各个参与方地位独立，各自代表着不同利益主体。每个参与方都有着自己独立的表决权和发言权，不会受到其他参与方的制约。

（2）权利平等。各个参与方权利平等。没有一方可以凌驾于其他各方之上，对其他参与方发号施令。由于各个参与方所代表的主体利益不同，各参与方的要求以及目的差距很大，如果要得到各个参与方都可以接受的方案，就必须行使各个参与方平等的权利。权利的平等性保护了协商中弱者的利益。

（3）民主协商。协商中需要发扬民主，充分地听取各个参与方的意见，这样才可以形成科学以及可行的意见和方案。

（4）充分合作。协商过程当中各个参与方要充分地合作，友好协商、互相体谅、达成共识，得到各个参与方都可以接受的方案。

（5）定期协商。三方协商机制协商的事务比较重大，并且三方协商机制是一种议事的制度。所以，一般定期协商，比如，每隔半年召开一次会议或者每隔一个季度召开一次会议。

3. 三方协商机制的形式

三方协商机制的形式灵活多样，主要有以下五种：

（1）常设机构。大部分国家的三方协商机制由政府劳动行政部门、用人单位以及劳动者组成，这三方的代表组成一个常设机构，共同商讨社会和经济政策。也有部分国家参与方中的政府部门不是某一个固定的部门，而是需要根据协商内容的不同来确定相关的部门。

（2）劳动大会。大会由政府部门组织召开。每过一段时间就一些全国性劳动问题展开讨论，为法律的颁布做准备，使得劳动者和用人单位达成协议。协议内容包括对劳动关系双方休战的解决方案以及不履行协议时的惩罚办法等。

（3）三方专业委员会。有的国家成立专门的三方协商组织。比如，国家社会保险委员会、国家劳动关系委员会等等。这些专业的委员会专门协商保险、劳动关系等问题。

（4）三方劳动争议处理机构。许多国家在劳动争议处理机构当中设立三方的代表，或者由三方代表组成劳动关系委员会、仲裁委员会等等。

（5）综合性三方联系制度。有些国家设立综合性三方联系制度。比如，马来西亚设立了全国联合咨询委员会，俄罗斯设立了社会与劳动关系三方协调委员会等等。

4. 三方协商机制的内容与原则

三方协商机制的内容主要包括：劳动合同、集体合同、工作时间、休息休假、劳动安全卫生、劳动争议、职业培训、社会保险、劳动报酬、劳动就业。

三方协商机制时应遵循以下五点原则：

(1) 合法。三方协商时不能违反国家相关法律法规的规定。

(2) 平等。三个参与方地位平等。

(3) 合作。通过三方协商机制对有争议的问题形成一致立场和共识。

(4) 利益兼顾。要兼顾三方利益，也要兼顾眼前利益和长远利益。

(5) 维护稳定。三方都不应当有过激行为。

三、劳动保护

劳动保护是指以保障劳动者在劳动过程当中的健康和安全为目的，在法律、组织制度、教育、技术和设备等方面采取的综合措施。

1. 劳动保护的必要性和重要性

(1) 劳动保护是现代化大生产的客观要求。社会生产的两大要素是人和物。其中，人是根本，因为人是生产力各个要素中最为重要和活跃的一个要素。在所有的资源当中，劳动力是最为重要和宝贵的资源。劳动力来源于人类的再生产。因此，对人类再生产不利的环境都是对生产力的破坏，都会对生产的发展产生不良影响。

在生产特别是现代的工业化大生产中，生产工具越来越自动化、大型化，它们不易驯服，人们往往失去对其的控制力，造成伤残局面。而工业大生产造成环境污染，引发人类疾病。特别是一些冶金或者原子能相关部门，一旦发生事故，将会造成巨大的灾难。劳动过程当中的这些不卫生和不安全因素是客观存在的，它们可能引发的灾难性的后果，也是客观存在的。这些客观存在且无法避免的问题，会对人类造成威胁，进而对生产力造成破坏。劳动保护通过对这些客观存在的认识和驾驭，如对职业危害和事故隐患进行防范及解决，起到保护生产的作用，保证生产可以顺利进行，为现代化大生产服务。

(2) 劳动保护是发展生产力的保证。要想发展生产力，首先要保护生产力。首要的生产力就是劳动者。每个人都关心自己的生存环境，希望自己的工作环境是安全、舒适和卫生的，尽可能少地受到有害物质的侵害。劳动者大部分时间都在生产过程当中度过，所以说生产条件其实就是劳动者大部分的生活条件。对劳动者劳动过程当中的健康和安全进行保护，事实上就是对劳动者的劳动能力进行保护，也就是对劳动力进行保护。

另外，劳动保护可以减少事故的发生，从而减少事故引起的生产资料方面的损失，这也有效地对生产力进行了保护。只有保护好生产力，才能更好地发展生产力。

(3) 劳动保护是提高经济效益的前提。经济效益指的是经济活动当中的劳动消耗和成果之间的比率。一旦发生事故，会损坏生产资料、造成劳动力伤亡，这都会造成生产成本的增加。但是商品价格由市场调节和支配。因此，虽然用人单位由于事故的发生而增加了生产的成本，其却不能随意提高产品价格。这样，用人单位的经济效益降低。如果事故造成的损失超过了用人单位的承受能力，用人单位就会减少生产，甚至造成其破产。因此，做好劳动保护，减少事故的发生，就可以降低用人单位成本，提高经济效益。

2. 安全生产

安全生产的目的是保护劳动者，使之不受到生产相关的事故的伤害。通常通过分析事故原因和采取相应预防措施来达到目的。

劳动中事故发生的原因分为以下三类：

（1）偶然事件。比如有人经过的时候，墙体突然倒塌，引起事故。

（2）环境不安全。比如通风不当、照明不当、设备缺陷等。

（3）行为不安全。

针对以上事故发生的原因，总结的预防措施有如下五点：

（1）加强领导。用人单位的领导阶层要对安全生产问题足够重视。可以建立安全组织，设立安全员，安全员要经常对安全生产的文件进行学习、对安全生产的状况进行分析、对安全生产的经验进行总结，从而制订合适的安全生产措施，并对安全状况定期检查。

（2）认真宣传教育。要认真做好安全生产的宣传和教育工作，培养劳动者的安全意识，提高劳动者的安全技术。可以采用幻灯片、电影、上课和板报等多种形式，使得安全工作更加深入人心。同时，可以在安全事故现场进行现场教育。

（3）建立健全安全生产制度。要通过实践总结出安全生产制度，并严格遵守。

（4）加强检查。要定期和经常对安全生产进行检查。

（5）开展安全生产方面的竞赛。对安全生产到位的先进集体和先进个人，给予一定奖励，以推动安全生产。

3. 职业健康

现代社会的劳动保护，不仅指生理保护和安全生产，还包括心理保健和职业健康。如何为员工创建一个健康的工作场所，如何保证员工的生理和心理都健康，已经成为现代人力资源管理面临的重大课题。

职业健康的定义有很多种，最权威的是 1950 年由国际劳工组织和世界卫生组织的联合职业委员会给出的定义：职业健康应以促进并维持各行业职工的生理、心理及社交处在最好状态为目的，防止职工的健康受工作环境影响，保护职工不受健康危害因素伤害，并将职工安排在适合他们的生理和心理的工作环境中。近年来，国内媒体不断报道由工作压力过大导致的工作倦怠、抑郁，乃至自杀和“过劳死”等现象。有关研究也已经证明劳动时间过长、工作压力过大、绩效标准过高等对员工的生理和心理活动会产生的消极影响。因此，职业健康应该成为一个组织人力资源管理的重要任务！从员工健康的角度制订管理制度、设计工作任务、决定绩效标准和薪酬水平，是未来人力资源管理必须面对的挑战。

【基本概念】

工会　劳动立法　劳动合同　集体合同　集体谈判　劳动争议　劳动保护

【本章小结】

1. 劳动关系反映的是用人单位和劳动者之间的关系，是通过劳动将生产力和生产资料进行结合的过程。狭义的劳动关系主体包括劳方和资方。其中，劳方是指劳动者或者工会，资方是指企业所有者或者经营管理者。广义的劳动关系主体除了劳方和资方外，还包括政府。

2. 劳动关系具有从属性、社会性、人身性和财产性四个性质。

3. 改善劳动关系时要遵循以下原则：依据相关法律法规；兼顾劳动者和用人单位的利益；预防为主，尽量避免劳动冲突的发生；解决劳动争议，协商为主。

4. 改善劳动关系的途径包括完善相关法律法规、发挥工会的作用、对主管人员进行培训、提高劳动者的工作和生活质量，以及民主管理五点。

5. 劳动合同是劳动者与用人单位确立劳动关系、明确双方权利和义务的协议。

6. 集体谈判，又称集体协商，是劳动者代表或者工会与用人单位针对劳动问题进行商谈的行为。集体谈判有分配谈判、一体化谈判和让步谈判三种。

7. 集体谈判分为接触、磋商、敲定和结尾四个阶段。

8. 集体合同是指用人单位与本单位职工根据法律、法规、规章的规定，就劳动报酬、工作时间、休息休假、劳动安全卫生、职业培训、保险福利等事项，通过集体协商签订的书面协议。集体合同具有当事人特定、劳动协议和要式合同三个特征。按照合同内容详细与否，可将集体合同分为纲领性的集体合同和特别集体合同；按照合同内容，可将集体合同分为专门集体合同和一揽子集体合同；按照合同主体范围，可将集体合同分为行业集体合同、产业集体合同和企业集体合同。

9. 集体合同和劳动合同的区别在于主体不同、侧重点不同、效力的范围不同和法律的效力不同。

10. 订立集体合同时应当遵循合法、协商一致、合同双方地位平等以及合同双方义务一致原则。

11. 劳动争议，又叫做劳动纠纷。广义上的劳动争议指的是围绕劳动关系发生的所有争议，其中包含劳动关系纠纷以及与劳动关系相关联的其他纠纷。狭义上的劳动争议指的是劳动关系的当事人或团体之间发生的有关劳动关系权利和义务的纠纷。劳动争议产生的原因在于劳动关系双方的利益矛盾和法律地位平等性、劳动关系变化性以及劳动双方对法律法规的解释不同。

12. 劳动争议的处理方式有调解、仲裁和诉讼三种。

13. 三方协商机制指的是政府劳动行政部门、用人单位和劳动者三方的代表，按照相关制度、规则以及程序，为协调劳动关系形成的一种组织体系和运作机制。三方协商机制有主体独立、权利平等、民主协商、充分合作和定期协商五个特征。三方协商机制的形式多样，主要有常设机构、劳动大会、三方专业委员会、三方劳动争议处理机构和综合性三方联系制度五种。

14. 劳动保护指的是以保障劳动者在劳动过程当中的健康和安全为目的，在法律、组织制度、教育、技术和设备等方面采取的综合措施。劳动保护的必要性和重要性体现在劳动保护是现代化大生产的客观要求、劳动保护是发展生产力的保证、劳动保护是提高经济效益的前提。用人单位应该从安全生产和职业健康两个方面对劳动者进行劳动保护。

【复习思考题】

1. 什么是劳动关系？劳动关系的主体有哪些？

2. 劳动关系有哪些性质？

3. 改善劳动关系的原则和途径有哪些？

4. 改善劳动关系的途径有哪些？

5. 什么是劳动合同？如何订立、变更、终止和解除劳动合同？

6. 集体谈判的方法、特征和分类有哪些？

7. 集体合同和劳动合同有什么区别？

8. 劳动争议产生的原因有哪些？如何处理劳动争议？

9. 劳动保护的必要性和重要性体现在哪些方面？用人单位应该从哪几个方面对劳动者进行劳动保护？

10. 如何理解职业健康的重要性？人力资源管理与员工职业健康有何关系？

【推荐阅读】

1. Jones P，Comfort D，Hillier D. Corporate social responsibility and the UK's top ten retailers. International Journal of Retail and Distribution Management，2005，33（12）：882－892.

2. Jenkins H. Corporate social responsibility and the mining industry：conflicts and constructs. Corporate Social Responsibility and Environmental Management，2004，11（1）：23－34.

3. Castka P，Balzarova M A，Bamber C J，et al. How can SMEs effectively implement the CSR agenda? a UK case study perspective. Corporate Social Responsibility and Environmental Management，2004，11（3）：140－149.

4. Nowak M. INSDECM：an interactive procedure for stochastic multi-criteria decision problems. European Journal of Operational Research，2006，175（3）：1413－1430.

5. Nowak M. Aspiration level approach in stochastic MCDM problems. European Journal of Operational Research，2007，177（3）：1626－1640.

6. 詹姆斯·N·巴伦，戴维·M·克雷普斯. 战略人力资源管理. 北京：清华大学出版社，2005.

7. John W. Sentrock. 心理调适. 北京：高等教育出版社，2008.

参考文献

阿德里安·J·斯莱沃茨基．价值转移：竞争前的战略思考．北京：中国对外翻译出版公司，2000.

彼得·德鲁克．管理的实践．北京：机械工业出版社，2006.

彼得·德鲁克．21世纪管理的挑战．北京：机械工业出版社，2009.

彼得·德鲁克．管理前沿．北京：机械工业出版社，2009.

彼得·S·潘德，罗伯特·P·纽曼，罗兰·R·卡瓦纳．6σ管理法：追求卓越的阶梯．北京：机械工业出版社，2001.

陈万思，任玮，姚圣娟．中国企业人力资源管理人员胜任力模型实证研究．华东经济管理，2012，(12)：96－100.

陈仙歌．人力资源经理的胜任特征．人力资源开发，2005，(2)：27－28.

丹尼尔·奎因·米尔斯．劳工关系．北京：机械工业出版社，2000.

多米尼克·库珀，伊凡·罗伯逊．组织人员选聘心理．北京：清华大学出版社，2002.

弗雷德里克·泰勒．科学管理原理．北京：机械工业出版社，2007.

加里·德斯勒．人力资源管理．北京：中国人民大学出版社，2012.

H·伊戈尔·安索夫．战略管理．北京：机械工业出版社，2010.

赫尔曼·阿吉斯．绩效管理．北京：中国人民大学出版社，2012.

John W. Sentrock. 心理调适. 北京：高等教育出版社，2008.

赖尔·约克斯．战略人力资源开发．大连：东北财经大学出版社，2007.

劳伦斯·R·詹姆斯，米歇尔·D·马兹勒．工作组织中的人格．上海：上海财经大学出版社，2005.

劳伦斯·S·克雷曼．人力资源管理：获取竞争优势的工具．北京：机械工业出版社，2009.

雷蒙德·A·诺伊，约翰·霍伦拜克，巴里·格哈特，帕特雷克·赖特．人力资源管理：赢得竞争优势．北京：中国人民大学出版社，2001.

雷蒙德·A·诺伊，约翰·霍伦拜克，巴里·格哈特，帕特里克·M·赖特．人力资源管理：赢得竞争优势．北京：中国人民大学出版社，2005.

李原，孙健敏．组织中心理契约的变化：当代人力资源管理面对的挑战．经济与管理研究，2009，(4)：94－100.

联合国开发计划署．中国人类发展报告2007—2008：惠及13亿人的基本公共服务．北京：中国对外翻译出版公司，2008.

Lioyd L. Byars，Leslie W. Rue. 人力资源管理．北京：华夏出版社，2002.

刘善士，周巧笑，黄同圳，刘学．企业战略、人力资源管理与企业绩效的关系研究．中国管理科学，2008，16（3）：181－192.

罗伯特·格雷戈里．心理测量：历史、概述与应用．北京：北京大学出版社，2005.

罗伯特·L·马西斯，约翰·H·杰克逊．人力资源管理．北京：北京大学出版社，2006.

玛莎·芬恩．人力资源管理人员职业发展指南．北京：人民邮电出版社，2005.

迈克尔·希特，杜尔·爱尔兰，罗伯特·霍斯基森．战略管理．北京：机械工业出版社，2012.

南希·科布．制造业项目人员管理工作手册．北京：机械工业出版社，2005.

彭剑锋．21世纪人力资源管理的十大特点．中国人才，2000，（11）：4－9.

彭剑锋．变革时期的人力资源发展趋势．中国人力资源开发，2013，（22）：21－22.

乔治·米尔科维奇，杰里·纽曼．薪酬管理．北京：中国人民大学出版社，2008.

Richard L. Daft. 组织理论与设计精要．北京：机械工业出版社，2002.

Sandra A. Mclntire，Leslie A. Miller. 心理测量．北京：中国轻工业出版社，2009.

斯蒂芬·罗宾斯．组织行为学．北京：中国人民大学出版社，1997.

斯蒂芬·罗宾斯．组织行为学．北京：中国人民大学出版社，2012.

苏珊·E·杰克逊．管理人力资源：合作伙伴的责任定位与分工．北京：中信出版社，2006.

苏中兴．转型期中国企业的高绩效人力资源管理系统：一个本土化的实证研究．南开管理评论，2010，（4）：99－108.

孙健敏．欧洲各国人力资源经理的培养与教育及对我国的启示，南开管理评论，2000，（2）：35－41.

孙健敏．人力资源管理中工作设计的四种不同趋向．首都经济贸易大学学报，2002，（2）：58－62.

孙健敏．国际企业管理者的选拔与培养．经济理论与经济管理，2003，（2）：48－51.

孙健敏．国内薪酬调查的现状及存在的问题．人力资源开发与管理，2003，（3）：26－27.

孙健敏．人才流动的“社会协同论”．中国人才，2004，（9）：57－59.

孙健敏．我国人力资源管理的发展趋势．中国人才，2005，（3）：52－53.

孙健敏．人力资源管理的热点与难点分析．人力资源管理，2006，（4）：6－9.

孙健敏．人才管理中的资质模型．中国人才，2007，（13）：30－32.

孙健敏．人力资源管理．北京：科学出版社，2009.

孙健敏．欧洲各国人力资源经理的培养与教育及对我国的启示．南开管理评论，2000，（2）：35－41.

孙健敏．加拿大企业经营者的薪酬．经理人，2001，(Z1)：49.

孙健敏，穆桂斌．中小民营企业人力资源管理的状况．经济管理，2009，(4)：82－87.

孙健敏，张明睿．所有制对高绩效工作系统与员工满意度关系的调节作用．经济理论与经济管理，2009，(10)：5－13.

孙健敏．人员测评理论与技术．南京：南京师范大学出版社，2009.

威廉·安东尼．人力资源管理战略方法．北京：中信出版社，2004.

韦恩·蒙迪，罗伯特·诺埃．人力资源管理．北京：中国人民大学出版社，1998.

肖剑科，赵曙明．基于情景分析的未来人力资源经理胜任力研究．南开管理评论，2010，(1)：50－58.

亚当·斯密．国富论．西安：陕西人民出版社，2002.

亚瑟·W·小舍曼，乔治·W·勃兰德，斯科特·A·斯耐尔．人力资源管理．大连：东北财经大学出版社，2001.

詹姆斯·N·巴伦，戴维·M·克雷普斯．战略人力资源管理．北京：清华大学出版社，2005.

詹姆斯·沃克．人力资源战略．北京：中国人民大学出版社，2001.

Armstrong M. Human resource management：strategy and action. London：Kogan Page，1992.

Arthur Jr W，Bennett Jr W，Edens P S，et al. Effectiveness of training in organizations：a meta-analysis of design and evaluation features. Journal of Applied Psychology，2003，88 (2)：234－245.

Birkinshaw J，Hamel G，Mol M J. Management innovation. Academy of Management Review，2008，33 (4)：825－845.

Bjornskov C，Dreher A，Fischer J A. The bigger the better? Evidence of the effect of government size on life satisfaction around the world. Public Choice，2007，130 (3－4)：267－292.

Boyaxzis R E. The competent manager：a model for effective performance. New York：Wiley，2009.

Brooks R M. May D O，Mishra C S. The performance of firms before and after they adopt accounting-based performance plans. The Quarterly Review of Economics and Finance，2001，41 (2)：205－222.

Cabrera A，Cabrera E F. Knowledge-sharing dilemmas. Organization Studies，2002，23 (5)：687－710.

Cabrera A，Collins W C，Salgado J F. Determinants of individual engagement in knowledge sharing. International Journal of Human Resource Management，2006，17 (2)：245－264.

Cabrera E F，Cabrera A. Fostering knowledge sharing through people management practices. International Journal of Human Resource Management, 2005, 16 (5): 720-735.

Carroll A B, Buchholtz A K. Business and society: ethics and stakeholder management. Cincinnati: South-Western College Publishing House, 2000.

Castka P, Balzarova M A, Bamber C J, et al. How can SMEs effectively implement the CSR agenda? a UK case study perspective. Corporate Social Responsibility and Environmental Management, 2004, 11 (3): 140-149.

Chowdhury S. The role of affect and cognition-based trust in complex knowledge sharing. Journal of Managerial Issues, 2005, 17 (3): 310-326.

Conte J M, Dean M A, Ringenbach K L, et al. The relationship between work attitudes and job analysis ratings: do rating scale type and task discretion matter? Human Performance, 2005, 18 (1): 1-21.

Costanza R, Fisher B, Ali S, et al. Quality of life: an approach integrating opportunities, human needs, and subjective well-being, Ecological Economics, 2007, 61 (2-3): 267-276.

Costanza R. Toward an ecological economy. Futurist, 2006, 40 (4): 26.

Dar A A, Amirkhalkhali S. Government size, factor accumulation, and economic growth: evidence from OECD countries. Journal of Policy Modeling, 2002, 24 (7): 679-692.

Davies A. Human development and the optimal size of government. Journal of Socio-Economics, 2009, 38 (2): 326-330.

Delaney J T, Godard J. An industrial relations perspective on the high-performance paradigm. Human Resource Management Review, 2001, 11 (4): 395-429.

Dyer J, Nobeoka K. Creating and managing a high performance knowledge-sharing network: the Toyota case. Strategic Management Journal, 2000, 21 (3): 345-367.

Eppler M J, Sukowski O. Managing team knowledge: core processes, tools and enabling factors. European Management Journal, 2000, 18 (3): 334-341.

Fleming P. 'Kindergarten cop': paternalism and resistance in a high-commitment workplace. Journal of Management Studies, 2005, 42 (7): 1469-1489.

Folster S, Henrekson M. Growth effects of government expenditure and taxation in rich countries. European Economic Review, 2001, 45 (8): 1501-1520.

Gupta V. Culture, leadership and organizations: the GLOBE study of 62 societies. Thousand Oaks, CA: Sage Publications, 2004.

Hansen C P, Conrad K A. A handbook of psychological assessment in business. New York: Quorum Books, 1991.

Harvey R J, Lozada-Larsen S R. Influence of amount of job descriptive information on job analysis rating accuracy. Journal of Applied Psychology, 1988, 73 (3):

457 - 446.

Harvey R J. Job analysis//Dunnette M D, Hough L M. Handbook of industrial and organizational psychology (Vol. 2) . Palo Alto, CA: Consulting Psychologists Press, 1991: 71 - 164.

Harzing A W, Pinnington A. International human resource management. Thousand Oaks, CA: Sage Publications, 2004.

Heath R L. Crisis management for managers and executives. London: Financial Times Management, 1998.

Hirschfeld R R, Jordan M H, et al. Becoming team players: team members' mastery of teamwork knowledge as a predictor of team task proficiency and observed teamwork effectiveness. Journal of Applied Psychology, 2006, 91 (2): 467 - 474.

Hough L M, Oswald F L. Personnel selection: looking toward the future-remembering the past. Annual Review of Psychology, 2000, 51: 631 - 664.

Jay R. Get what you want at work: complete personal skills guide for career advantage. London: Financial Times Management, 2002.

Jenkins H. Corporate social responsibility and the mining industry: conflicts and constructs. Corporate Social Responsibility and Environmental Management, 2004, 11 (1): 23 - 34.

Jensen M C, Murphy K J. Performance pay and top-management incentives. Journal of Political Economy, 1990, 98 (2): 225 - 264.

Jian G, Jeffres L W. Understanding employees' willingness to contribute to shared electronic databases. Communication Research, 2006, 33 (4): 242 - 261.

Jones P, Comfort D, Hillier D. Corporate social responsibility and the UK's top ten retailers. International Journal of Retail and Distribution Management, 2005, 33 (12): 882 - 892.

Kleiman L S. Human resource management: a managerial tool for competitive advantage. Cincinnati: South-Western College Publishing, 1999.

Lahdelma R, Salminen P. SMAA-2: stochastic multicriteria acceptability analysis for group decision making. Operational Research, 2001, 49 (3): 444 - 454.

Landy E J, Vasey J. Job analysis: the composition of SME samples. Personnel Psychology, 1991, 44: 27 - 50.

Lawler E E. From human resource management to organizational effectiveness. Human Resource Management, 2005, 44 (2): 165 - 169.

Leap T L, Crino M D. Personnel/human resource management. New York: Macmillan, 1989.

Levy P E, Williams J R. The social context of performance appraisal: a review and framework for the future. Journal of Management, 2004, 30 (6): 881 - 905.

Mathis R L. Human resource management. Cincinnati: South-Western College

Publishing, 2001.

McCormick E J, Jeanneret P R, Mecham R C. A study of job characteristics and job dimensions as based on the Position Analysis Questionnaire (PAQ) . Journal of Applied Psychology, 1972, 56 (4): 347-368.

McCormick E J. Job and task analysis//Dunnette M D. Handbook of industrial and organizational psychology. Chicago: Rand McNally, 1976: 651-696.

Mello A. Strategic human resource management. Stamford: Cengage Learning, 2014.

Milkovich G T, Boudreau J B. Human resource management. Homewood, IL: Richard D. Irwin, 1994.

Morgeson F P, Campion M A. Social and cognitive sources of potential inaccuracy in job analysis. Journal of Applied Psychology, 1997, 82 (5): 627-655.

Morgeson F P, Delaney-Klinger K, Mayfield M S, et al. Self-presentation processes in job analysis: a field experiment investigating inflation in abilities, tasks, and competencies. Journal of Applied Psychology, 2004, 89 (4): 674-686.

Nowak M. Aspiration level approach in stochastic MCDM problems. European Journal of Operational Research, 2007, 177 (3): 1626-1640.

Nowak M. INSDECM: an interactive procedure for stochastic multicriteria decision problems. European Journal of Operational Research, 2006, 175 (3): 1413-1430.

O'Connor G C. Major innovation as a dynamic capability: a system's approach. Journal of Product Innovation Management, 2008, 25 (4): 313-330.

Panuwatwanich K, Stewart R A, Mohamed S. The role of climate for innovation in enhancing business performance: the case of design firms. Engineering Construction and Architectural Management, 2008, 15 (5): 407-422.

Pearce C L, Herbik P A. Citizenship behavior at the team level of analysis: the effects of team leadership, team commitment, perceived team support, and team size. Journal of Social Psychology, 2004, 144 (3): 293-310.

Pedler M, Burgoyne J, Boydell T. A manager's guide to leadership. Maidenhead, UK: McGraw-Hill, 2004.

Sanchez J I, Levine E L. Accuracy or consequential validity: which is the better standard for job analysis data? Journal of Organizational Behavior, 2000, 21 (7): 809-818.

Sarros J C, Cooper B K, Santora J C. Building a climate for innovation through transformational leadership and culture. Journal of Leadership and Organizational Studies, 2008, 15 (2): 145-158.

Schippmann J S, Prien E P, Katz J A. Reliability and validity of in-basket performance measures. Personnel Psychology, 1990, 43 (4): 837-859.

Schmidt F L, Ones D S, Hunter J E. Personnel selection. Annual Review of Psychology, 1992, 43 (1): 627－670.

Schuler R S, Jackson S F. Linking competitive strategies with human resource management. Academy of Management Executive, 1987, 1 (3): 207－219.

Schuler R S. Strategic human resource management: linking the people with the strategic needs of the business. Organizational Dynamics, 1992, 21 (1): 18－32.

Schultz M. The uncertain relevance of newness: organizational learning and knowledge flows. Academy of Management Journal, 2001, 44 (4): 661－681.

Sigler K J, Haley J P. CEO pay and company performance. Managerial Finance, 1995, 21 (2): 31－41.

Sofo F. Human resource development: perspectives, roles and practice choices. Warriewood, Australia: Business & Professional Publishing, 2000.

Spangenberg H H. A systems approach to performance appraisal in organizations. Paper presented at the 25th International Congress of Psychology, Brussels, Belgium, 1992.

Therrien P, Léonard A. Empowering employees: a route to innovation. Ottawa: Statistics Canada, 2003.

Ulrich D, Lake D. Organizational capability: competing from inside out. New York: John Wiley & Sons, 1990.

Whetten D A, Cameron K S. Developing management skills. Upper Saddle River, NJ: Prentice Hall, 2004.

Witt L A, Burke L A. Using cognitive ability and personality to select information technology professionals//Mahmood M A. Advanced topics in end user computing (Vol. 2) . Hershey, PA: Idea Group Publishing, 2003: 1－17.

Zaras K. Rough approximation of a preference relation by a multi-attribute stochastic dominance for determinist and stochastic evaluation problems. European Journal of Operational Research, 2001, 130 (2): 305－314.

图书在版编目（CIP）数据

人力资源管理/孙健敏编著．—北京：中国人民大学出版社，2015.4
21世纪应用心理学系列教材
ISBN 978-7-300-21014-8

Ⅰ．①人… Ⅱ．①孙… Ⅲ．①人力资源管理-高等学校-教材 Ⅳ．①F241

中国版本图书馆CIP数据核字（2015）第060408号

21世纪应用心理学系列教材
名誉主编　张厚粲　杨玉芳
主　　编　孙健敏

人力资源管理

孙健敏　编著
Renli Ziyuan Guanli

出版发行	中国人民大学出版社		
社　　址	北京中关村大街31号	邮政编码	100080
电　　话	010－62511242（总编室）		010－62511770（质管部）
	010－82501766（邮购部）		010－62514148（门市部）
	010－62515195（发行公司）		010－62515275（盗版举报）
网　　址	http://www.crup.com.cn		
	http://www.ttrnet.com(人大教研网)		
经　　销	新华书店		
印　　刷	北京东方圣雅印刷有限公司		
规　　格	185 mm×260 mm　16开本	版　　次	2015年5月第1版
印　　张	18.25插页2	印　　次	2015年5月第1次印刷
字　　数	388 000	定　　价	35.00元

关联课程教材推荐

书号	书名	作者	定价
978-7-300-16896-8	发展心理学（第 2 版）	雷雳	39.80 元
978-7-300-17101-2	社会心理学（第 2 版）	乐国安	39.90 元
978-7-300-17187-6	心理测量与测验（第 2 版）	郑日昌	45.00 元
978-7-300-17934-6	变态心理学（第 2 版）	王建平　张宁	55.00 元
978-7-300-16029-0	实验心理学	白学军	39.90 元
978-7-300-12100-0	心理与教育统计学	辛涛	22.00 元
978-7-300-19545-2	人才素质测评	徐世勇 等	28.00 元
978-7-300-13311-9	人才测评概论	苏永华	25.00 元
978-7-300-13310-2	人才测评操作实务	苏永华	16.00 元
978-7-300-13309-6	人才测评案例集	苏永华	16.00 元

配套教学资源支持

尊敬的老师：

衷心感谢您选择使用人大版教材！相关配套教学资源，请到人文分社网站（www.crup.cn/rw）下载，或是随时与我们联系，我们将向您免费提供。

欢迎您随时反馈教材使用过程中的疑问、修订建议并提供您个人制作的课件。您的课件一经入选，我们将有偿使用。让我们与教材共成长！

联系人信息：
地址：北京海淀区中关村大街 31 号 211 室　　龚洪训 收　　邮编：100080
电子邮件：gonghx@crup.com.cn　　电话：010—62515637　　QQ：6130616

如有相关教材的选题计划，也欢迎您与我们联系，我们将竭诚为您服务！
选题联系人：张宏学　　电子邮件：zhanghx@crup.com.cn
电话：010—62512127　　QQ：66828707

俯仰天地　心系人文
人文分社网站　www.crup.cn/rw

心理学专业教师 qq 群：
259019599

欢迎您登录分社网站浏览，了解图书信息，共享教学资源
期待您加入专业教师 qq 群，开展学术讨论，交流教学心得